LIEBE LESER........ :SER,

Ihnen viel Freude bei der Lektüre der einmaligen Geschichte des kleinen frechen Jungen, der in der Lindenstraße zum reifen Mann heranwuchs.

MEIN LIEBER HASE, LIEBER KLAUSI, LIEBER KLAUS, MEIN LIEBER MORITZ,

nichts kann deine Lebensgeschichte treffender beschreiben als diese vier Anreden. Fast jedes Kind träumt heute davon, für das Fernsehen oder die Bühne entdeckt zu werden. Kleine Mädchen gehen zum Ballettunterricht und ihre Mütter sehen sie schon in Tüllröckchen und Spitzenschuhen als Primaballerina im Ballettolymp. Die Tochter ist ja so begabt. Kleine Jungen treten in Castingshows auf und hoffen auf den großen Durchbruch als Sänger.

All das war nicht das Ziel deiner Eltern, auch du selbst wolltest dies nie. Du wolltest spielen, rumhampeln, albern sein, die Erwachsenen ärgern und ihnen Streiche spielen. Du wolltest am Set nichts als deinen kindlichen Spaß haben. Du warst einfach ein frecher süßer Fratz mit viel Charme. Wegen dieser Unbefangenheit warst du von Anfang an so echt, so natürlich. Und deswegen hast du nie deine Freude am Spiel verloren. Genau richtig für die Lindenstraße. Für mich warst du von der ersten Minute an mein Sohn, mein Hase.

Wie hart es neben all den schönen Erfahrungen sein würde, vor aller Augen erwachsen zu werden, alle Entwicklungsstufen vom Kind über die Pubertät hin zum erwachsenen Mann öffentlich zu durchleben, darum muss man dich nicht beneiden. Und das stellt sich auch niemand so vor.

34 Jahre bist du nun mein Film-Sohn. Alle Höhen und Tiefen habe ich mal mehr, mal weniger intensiv miterlebt. So, wie es auch im realen Leben ist.

Jetzt, wo die Kamera uns nicht mehr zuschaut müssen wir beide loslassen. Wir müssen uns neu orientieren, entscheiden in welche Richtung wir gehen. Ohne Drehbuch, ohne Regisseur, nur auf uns selbst gestellt.

Deine Film-Mama und ich wünschen dir Mut und Kraft und Weitsicht die richtigen Entscheidungen zu treffen und den richtigen Weg zu finden.

Deine Film-Mama

Marie-Luise Marjan

Moritz A. Sachs

ICH WAR
KLAUS
BEIMER

Über den Autor

Moritz A. Sachs, geboren 1978, stand im Alter von nur sieben Jahren zum ersten Mal am Set der Lindenstraße. 34 Jahre lang, bis zum Aus der Serie im Jahr 2020, verkörperte er die Rolle des Klaus Beimer. Heute arbeitet er neben der Schauspielerei als Moderator, Autor, Produktionsleiter, Veranstalter, Eventmanager und Regieassistent. Er lebt in Köln.

Moritz A.
Sachs

ICH WAR
KLAUS
BEIMER

Mein Leben
in der
Lindenstraße

Meinen Eltern,
stets da, immer nah, so treu und liebevoll.
Danke.

INHALT

PROLOG		13
KAPITEL 1	GESUCHT	17
KAPITEL 2	GEFUNDEN	28
KAPITEL 3	DREHBEGINN	37
KAPITEL 4	EIN KIND AM SET	56
KAPITEL 5	KLEINE MACKEN IM LACK	66
KAPITEL 6	SCHWERE ZEITEN IN DER SCHULE	73
KAPITEL 7	TECHNISCHE TÜCKEN	87
KAPITEL 8	TEENAGER WERDEN	95
KAPITEL 9	ES WIRD POLITISCH	107
KAPITEL 10	FREUNDE FINDEN	120
KAPITEL 11	DIE DAILYS KOMMEN	130
KAPITEL 12	DREHEN UND FEIERN	140
KAPITEL 13	ERSTE LIEBE	148
KAPITEL 14	NACHTLEBEN	156
KAPITEL 15	MINA	163
KAPITEL 16	SOZIALE ARBEIT	170
KAPITEL 17	AUF REISEN	177
KAPITEL 18	DREHALLTAG WOANDERS	194
KAPITEL 19	EIN NEUER ANFANG	205
KAPITEL 20	NEUE WEGE HINTER DER KAMERA	211
KAPITEL 21	GOOD TIMES	223
KAPITEL 22	KÖRPERFÜLLE	231
KAPITEL 23	BAD TIMES	236
KAPITEL 24	ABSCHIED AUF RATEN	245
AUF WIEDERSEHEN		269
NACHTRAG		271

PROLOG

Moritz, hast du deine Mails in den letzten Minuten gelesen? Die Lindenstraße wird abgesetzt! Die ARD wird gleich eine Pressemitteilung rausgeben."

Es war Moritz Ziehlke, der mich am 16. November 2018 um 11 Uhr vormittags aufgeregt anrief. Man kennt ihn auch als Momo Sperling, langjähriger Protagonist ebender Serie, die nun eine Ende finden würde und deren Teil auch ich seit meinem siebten Lebensjahr war.

Die Nachricht kam aus heiterem Himmel.

Kurze Stille.

„Hallo", fragte Moritz mich, „bist du noch da?"

Ich war noch da.

Und wie ich da war. Meine Gedanken rasten, und ich versuchte, das schlagartig aufkommende Chaos in meinem Kopf zurückzudrängen. Ich würde nun bald arbeitslos sein. Wir alle! Und viel schlimmer: Meine zweite Familie würde aus meinem Leben verschwinden. Mein berufliches und in großen Teilen auch emotionales Zuhause würde ab 2020 der Vergangenheit angehören. Kein Weg mehr ins Studio nach Köln-Bocklemünd, kein Kaffee in der Kantine. Keine Wohnung Beimer mehr. Kein „Klaus – oh, Entschuldigung, *Moritz* natürlich …" seitens der Kollegen am Set. Nach 34 Jahren, die ich in der Lindenstraße verbracht hatte, war nun also Schluss. Wie es weitergehen würde, war mir nicht klar. Nur, dass alles kopfstehen würde, sobald die Pressemitteilung rausging. Und das würde noch maximal eine Stunde auf sich warten lassen.

Ich fasste mich schnell, dankte Moritz für den Anruf, schaltete mein Telefon vorsichtshalber ab und machte mich wie immer mit dem Rad auf den Weg ins Studio. Ich wollte so schnell wie möglich sehen, wie es allen ging. Dringend musste ich mit unserer Presseabteilung und den Produzenten Hans und Hana Geißendörfer sprechen. Ohne Informationen aus erster Hand konnte und würde ich mich in der Öffentlichkeit nicht zu einer Absetzung der Lindenstraße äußern. Was sollte ich auch sagen? Dass ich es schade fand?

Vor Ort wurde ich von blassen Gesichtern empfangen. Alle schauten konsterniert und waren fassungslos, einige der Kolleginnen und Kollegen weinten sogar. Ich umarmte jeden, den ich sah, und landete schließlich mit unserem Produktionsleiter, der Pressechefin und mit Jack-Darstellerin Cosima Viola im Büro von Hans Geißendörfer. Seine Tochter Hana war ebenfalls anwesend. Gemeinsam berieten wir über das weitere Vorgehen.

Zeit, die Nachricht zu verdauen, würden wir nicht haben. Cosima und ich sollten einen Interviewmarathon hinlegen, der sich gewaschen hatte. Egal ob Radio Bremen, die Bild, Hier und heute, die Aktuelle Stunde oder die Tagesthemen, die Fragen waren immer die gleichen: Warum wird das Format abgesetzt? Warum jetzt? Wer hat das entschieden? Bis wann läuft die Lindenstraße noch? Wie erklärt man das den Fans? Und immer wieder: Wie wir uns fühlen würden.

All das war nicht leicht zu beantworten. Ich hatte keinen Schimmer, warum die Lindenstraße gerade jetzt abgesetzt werden sollte. Einiges hatten wir zwar im Gespräch mit den Produzenten erfahren können, aber Details kannten Cosima und ich nicht. Um ehrlich zu sein, stand ich auch etwas unter Schock. Immerhin hatten wir unser Format in den letzten Jahren im Rahmen von Qualitätskontrollen und Umstellungen im Sinne des Senders angepasst und stark modernisiert, die Zuschauerzahlen stabilisiert und sogar etwas steigern können. Ein passendes Jubiläum, das ein fulminantes Ende rechtfertigen würde, stand auch nicht an. Unsere Antwort war also immer die gleiche: Die Lindenstraße abzusetzen war eine Entscheidung der ARD. Wir begrüßten sie nicht, hatten aber keinen Einfluss darauf.

So erstaunlich wie traurig fand ich, dass niemand fragte, was denn mit den Mitarbeitern passieren würde. Bei Firmen- oder Standortschließungen ist das in der Presse sonst immer das Hauptthema. Bei uns interessierte dies erst mal niemanden. Dabei arbeiten auch bei einer Fernsehserie Menschen. In unserem Fall viele seit Jahrzehnten.

Erst um etwa 21 Uhr strichen Cosima und ich die Segel und gesellten uns zu unseren Kollegen in den Innenhof des Studiogebäudes, um auf uns alle anzustoßen. Wir feierten bis in den Morgen. Dass mein Leben sich nun umfassend ändern würde, war offenkundig. Aber das sollte mir, uns allen, an diesem Abend noch einmal egal sein.

Und nun sitze ich hier in meinem kleinen Garten am Rande von Köln an einem vermosten Holztisch, dort, wo ich Sommer wie Winter, mal in kurzen Hosen, mal im Schneeanzug, Drehbücher gelesen habe, und schreibe über mein Leben mit Klaus. Wenn ich mit dem letzten Kapitel fertig bin, wird er bereits zu meiner Vergangenheit gehören.

Ich bin mit und als Klaus Beimer erwachsen geworden. Seit ich sieben war, spielte er in meinem Leben eine Hauptrolle. Ich bin aufgewachsen in der Öffentlichkeit; alle beruflichen und viele private Entscheidungen in meinem Leben sind sehr eng mit meiner Rolle Klaus verbunden, wenn nicht sogar direkt und ausschließlich dem Job in der Dauerserie Lindenstraße geschuldet.

Es gibt mich zwar als private Person. Es gibt mich aber auch und untrennbar als Klaus, als Schauspieler, als Person, die sich nicht erinnern kann, einmal nicht in der Öffentlichkeit gestanden zu haben. Ich bin mir sicher, dass es mir sehr schwerfallen wird loszulassen. Umso mehr freue ich mich darauf, beim Schreiben all die Jahre und Erlebnisse nochmals durchleben zu können. Mich an Situationen zu erinnern, die längst verblasst sind. Ich habe vergilbte Fotos herausgekramt, mit Kollegen und Familie gesprochen, alte Folgen geschaut und vergilbte Drehbücher nochmals zur Hand genommen.

Klaus und ich, wir sind eins. Nun steht er an seinem Lebensende. Ihn zu verlieren wird für mich ebenso einschneidend sein, wie ihn 1985 in mein Leben gelassen zu haben.

KAPITEL 1

GESUCHT

Meine Schwester Susanne muss drei oder vier Jahre alt gewesen sein, ich war fünf, als eine Fotografin durch den Kölner Volksgarten, einen Park mit See und Spielplatz, lief und auf uns aufmerksam wurde. Sie war auf der Suche nach Kindern, die sie in eine Kartei für Model- und TV-Auftritte aufnehmen konnte.

Anfang der 80er-Jahre gab es noch nicht allzu viele Schauspielagenturen, und für Kinder existierten gar keine, denn der Bedarf an Jungschauspielern war eher gering. Die Fernsehsender konnte man an einer Hand abzählen. Sonderlich viel TV-Werbung wurde auch noch nicht gezeigt. Also wurden Eltern auf der Straße angesprochen, ob ihre Kinder fotografiert und als Polaroid mit Namen und Kontakt in einem Karteikasten gesammelt werden dürften. Dort konnten Produzenten und Caster suchen und fündig werden, wenn doch mal ein Kind gebraucht wurde. Auf so einer Mission war auch besagte Fotografin.

Wer denn das Mädchen da hinten im Sandkasten sei und zu wem es gehöre, fragte sie auf dem Spielplatz herum. „Die kleine Süße dahinten mit den goldenen Locken, die aussieht wie eine Miniaturversion eines blonden Jackson-Five-Mitglieds?"

Das war meine Schwester. Und meine Mutter meldete sich stolz. *Das süße Kind dahinten?* Da sagt man doch gerne mal, das ist meins. Und weil die Freude meiner Mutter über ein offensichtlich besonders süßes Kind groß genug war, sagte sie auch dazu Ja, das Foto meiner Schwester für eine Gebühr von zwei Mark in die Kartei aufnehmen zu lassen.

„Sagen Sie, der Junge dahinten auf dem Klettergerüst, zu wem gehört der? Wissen Sie das?", fragte die Fotografin, nachdem sie die Münzen weggesteckt hatte. „Den würde ich auch gerne fotografieren."

„Auch mein Kind", antwortete meine nun noch stolzere Mutter.

Mutter Beimer hätte zu Hause wohl umgehend ein Dutzend Spiegeleier in die Pfanne gehauen. Denn egal, ob gut oder schlecht, jede aufregende Lebenssituation führte bei ihr unweigerlich zu den berühmten Spiegeleiern. Aber Helga Beimer, über Jahrzehnte die Mutter der Nation, existierte unvorstellbarerweise zu dieser Zeit noch nicht. Und auch der Junge, der dann im Park fotografiert und archiviert wurde, war nicht Klausi. Er war ich.

Denn die Lindenstraße lebte 1983 noch einzig im Kopf von Hans Geißendörfer, ihrem Erfinder und Produzenten. Weder Finanzierung noch Sender, geschweige denn ein Sendeplatz standen fest. Nicht einmal ihren Namen hatte die Serie.

Hätte es damals schon Kinderschauspielagenturen gegeben, wäre ich sicherlich nie zur Lindenstraße gekommen. Denn dort muss man sich aktiv bewerben, und das wäre meinen Eltern niemals in den Sinn gekommen. So aber sollte mein Leben eine besondere Wendung nehmen. Welche Folgen diese schicksalhafte Begegnung haben würde, war damals aber noch nicht im Entferntesten absehbar.

Für meine Mutter war es ein gelungener Tag. Dabei hielt sich die Aufregung, anders als es bei Helga gewesen wäre, sehr in Grenzen. Ihre Kinder wurden als süß angesehen. Das Mutterherz freute sich. Punkt. Also, Foto, noch mal zwei Mark – danke und tschüss. Das Ereignis geriet schnell in Vergessenheit, und tatsächlich meldete sich lange Zeit niemand.

Logisch. Es müssen Hunderte, wenn nicht Tausende Kinder gewesen sein, die in solche Karteien aufgenommen wurden. Sonst hätte sich der Aufwand für die Fotografen nicht gelohnt.

Keinesfalls also rechneten meine Eltern damit, was diese Fotos auslösen würden. Hätte meine Mutter geahnt, wie sehr dieser Tag mein Leben und das Leben meines Umfelds beeinflussen würde, sie hätte sich sicher zweimal überlegt, ob sie die zwei Mark investieren sollte.

Ich selbst kann mich kaum an eine Zeit vor der Lindenstraße erinnern. Was diesen Lebensabschnitt betrifft, muss ich den Erzählungen und Erinnerungen meiner Eltern vertrauen. Geboren wurde ich als Sohn zweier Juristen, Dagmar und Michael, als kräftiges Kerlchen am Sonntag, den 13. August 1978 in Köln.

Dorthin waren meine Eltern einige Jahre zuvor für ihr Jurastudium aus Duisburg und Moers gezogen. Zum Zeitpunkt meiner Geburt war meine Mutter noch mit ihrem Ersten Staatsexamen beschäftigt, während mein Vater keine vierzehn Tage zuvor zum wissenschaftlichen Assistenten ernannt worden war. Ganz klassisch also für eine damalige Familie. Der erste richtige Job ist da, das Kind kann kommen.

Wäre ich ein Mädchen geworden, hätte ich Patrizia geheißen. Aber ich wurde ein Junge. Ursprünglich fiel damit die Wahl meiner Eltern auf Maximilian. Frei nach dem Motto „Ein mieser Reim, der ist nicht fein", haben sie sich dann aber dagegen entschieden. Max Sachs erschien ihnen doch etwas gewagt. Wobei ein solcher Name für einen Schauspieler ja durchaus hätte zuträglich sein können. Aber wer denkt schon über so etwas nach, wenn man den Namen für sein erstes Kind auswählt?

Maximilian durfte es also nicht werden.

Max und Moritz, damals wie heute ein recht bekanntes Frechdachsduo, boten sich aus offensichtlichen Gründen zur Anlehnung an. Und so wurde aus Max eben Moritz. Der Name erwies sich als passend, denn frech, das war ich. Mit ein Grund dafür, dass ich in der Lindenstraße gelandet bin. Aber ich greife vor.

Zu dieser Zeit hießen nur sehr wenige Kinder Moritz. Dafür aber umso mehr Dackel und andere Haustiere. Auf den Anruf meines Vaters bei seiner Schwiegermutter, meiner Oma Inge, der *Moritz* sei nun da, kam prompt die Antwort: „Ach wie schön, wie heißt er denn?"

Was folgte, war betretenes Schweigen.

Und dann: „Na, Moritz!"

Meine Oma war ganz und gar nicht begeistert von der Wahl. Für den Fall, dass der Name mir irgendwann mal Schwierigkeiten bereiten könnte, entschied man sich also für einen zweiten Vornamen. Nur zur Sicherheit. Und so wurde ich dann Moritz Alexander Sachs. Den Alexander habe ich nie verwendet, denn Schwierigkeiten hatte ich durch meinen Namen nicht. Heute freue ich mich trotzdem über den zweiten Vornamen, macht er doch im digitalen Zeitalter das Leben ein wenig leichter, zum Beispiel, wenn man eine neue E-Mail-Adresse braucht.

Da Moritz mir aber gut gefällt und nur selten zu Verwunderung, geschweige denn zu Problemen führte, ist er mein Rufname geblieben. Einem kleinen Spaß geschuldet, war ich seit der ersten Folge für die Öffentlichkeit trotzdem Moritz A. Sachs. Das kam so: Im Abspann hatten nur wenige Personen eine Mittelinitiale, die ja immer eine gewisse Wichtigkeit suggeriert: Hans Geißendörfer, Horst D. Scheel (unser Caster) und Joachim H. Luger (mein Filmvater). Unser damaliger Aufnahmeleiter und meine Mutter fanden den Gedanken, einen Siebenjährigen in diese Reihe zu stellen, höchst amüsant, und so kam es zu Moritz A. Sachs. Dass ich diese Variante meines Namens nun immer benutze, wenn ich in der Öffentlichkeit stehe, kam wiederum durch die Ansage bei „Let's Dance", wo ich im Jahr 2010 mitmachte, zustande: „Moritz A. Sachs und Melissa Ortiz Gomez mit einem Cha-Cha-Cha" wurde dort zum Beispiel angekündigt. Offenbar war mein Name einfach aus dem Abspann der Lindenstraße übernommen worden. Mir war es recht, denn ich fand, es machte bei den Ansagen ordentlich etwas her.

Von alldem wussten meine Eltern bei meiner Geburt jedoch noch nichts. Obwohl mein Vater gerade seinen ersten Job angetreten hatte, war es in den Anfangsjahren nicht ganz leicht. Viel Geld war nicht im Hause, allerdings – und das erscheint mir aus heutiger Perspektive noch wichtiger als damals – war zumindest viel gemeinsame Zeit vorhanden.

Papa konnte den überwiegenden Teil der Woche von zu Hause aus arbeiten. Er saß zwar an mindestens sechs Tagen pro Woche um die zehn Stunden am Schreibtisch, aber er war anwesend.

An ruhiges Arbeiten war mit mir allerdings nicht zu denken. Meine Mutter berichtet bis heute gerne und regelmäßig von ihren kläglichen Versuchen, für das Staatsexamen zu büffeln. Ich schlief zwar viel, anfangs bis zu 18 Stunden am Tag, allerdings natürlich nicht, wenn Mami oder Papi etwas anderes tun wollten, als mich zu bewundern. Im Mittelpunkt stand ich schon damals gern. Wie meine Mutter es trotzdem schaffte, ein gutes Examen zu machen, ist mir ein Rätsel.

Allzu viel von größerem Interesse dürfte ich in meinen ersten Lebensjahren ansonsten nicht vollbracht haben. Das meiste, was ich damals von mir gab, war etwas für den Wickeltisch und nichts für die Öffentlichkeit, und das Interesse an einem Klaus Beimer aus der Lindenstraße war vor 1985 nicht mal eine einzige Windel wert. Ihn gab es ja noch nicht.

Besonderheiten gibt es aus der Zeit nicht zu vermelden, außer, dass ich schon mit acht Monaten meine ersten freien Schritte machte. Nur, um mir danach nochmals zwei Monate Zeit zu lassen, bis ich mich endgültig und immer noch recht früh aus dem krabbelnden Stadium erhob. Selbstverständlich erweiterte dieser Umstand meine Bewegungsfreiheit, während er den Betreuungsaufwand meiner Eltern rasch noch mal deutlich erhöhte.

Abgesehen davon ist noch festzuhalten, dass ich damals schon gut und ausdauernd rumhängen konnte. Den kleinen Moritz an eine Hangelstange im Kölner Volksgarten zu hängen war, so wird es mir berichtet, sowohl mir als auch meinem Vater eine wahre Wonne.

Mein Schwesterchen Susanne folgte mir eineinhalb Jahre später. Ein Spielkamerad, wie mir vor der Geburt versprochen wurde, war Sanne, wie ich den Namen damals aussprach, zu meiner größten Entrüstung aber vorerst nicht. Sie lag die ersten Lebensmonate hauptsächlich rum.

Wir wohnten damals in einer schönen kleinen Wohnung in der Kölner Innenstadt direkt neben dem Volksgarten, in dem wir, begleitet von unserer Mutter, so gut wie täglich spielen und toben konnten. Am Ufer des Sees im Lehm zu buddeln oder auf einer umgestürzten Trauerweide waghalsige Klettermanöver zu vollbringen wurde meine und meiner Freunde Lieblingsbeschäftigung. Sehr zum Leidwesen der anwesenden Erziehungsverpflichteten, die immer wieder nasse und prustende Nachkommen aus dem See fischen durften. Mit dem Volksgarten verbinde ich zahlreiche solcher Kindheitserinnerungen. Bis heute bin ich zu Hause, sobald ich ihn betrete.

Unsere Straße war eine Platanenallee, und von unserem gemeinsamen Kinderzimmer aus sahen wir die Baumwipfel dieser wunderschönen und riesigen Bäume, die ihre Blätter auf den Balkon abwarfen. Ihn sauber zu halten wurde bald meine Lieblingsbeschäftigung. Kaum konnte ich mich recht ordentlich auf den Beinen halten, fegte und schrubbte ich, was das Zeug hielt. Meine Leidenschaft fürs Putzen hält sich heutzutage eher in Grenzen. Die majestätischen, großblättrigen, sich schälenden Platanen aber sind meine Lieblingsbäume geblieben. Wo immer sie eine Straße säumen, fühle ich mich wohl.

Für Pflanzen scheine ich sowieso schon früh ein Faible gehabt zu haben: Laut Erzählungen saß ich lange Zeit am liebsten hinter einem Ficus im Wohnzimmer, von wo aus ich, auf dem Pinkel-Töpfchen thronend, alles im Blick hatte. Das hat sich geändert. Als Erwachsener eignet sich ein Töpfchen hinter einem Ficus nicht wirklich als Wohlfühlfaktor. Und selbst wenn, böte sich diese Situation in der Fremde wohl kaum als Möglichkeit zu sentimentaler Heimeligkeit an. Vielleicht hat sich damals meine Begeisterung für Wald und Natur entwickelt – und meine Vorliebe, alles im Blick zu haben.

Vielleicht war es aber auch nur das erste Aufblinken des Bedürfnisses nach Abgeschiedenheit und Ruhe während der Verrichtung eines gewissen Geschäftes. Wer weiß so etwas schon. Mein Verständnis für Mitmenschen, die sich im Reality-TV selbst auf dem Klo noch öffentlich beobachten lassen, hält sich jedenfalls in Grenzen. Was Menschen alles tun, um ins Fernsehen zu kommen, ist immer wieder ein Quell des Staunens für mich. Und wer schaut sich das bloß an und vor allem warum?

Als meine Schwester 1980 geboren wurde, war meine Mutter im Referendardienst. In dieser Zeit kümmerte sich auch mein Vater verstärkt um uns. Nach ihrem zweiten Staatsexamen entschloss sich meine Mutter, mit zwei kleinen Kindern zu Hause erst einmal nicht arbeiten zu gehen und sich stattdessen um uns zu kümmern. Auch in den frühen 80ern wurde eine solche Entscheidung schon kritisch beäugt, ist doch auch eine hoch qualifizierte Frau als Hausfrau eben *nur* Hausfrau. Dass Kindererziehung neben viel Arbeit eben auch viel Verantwortung, beizeiten sogar Freude, bestenfalls Erfüllung bedeutet, wird dabei bis heute leider oft vergessen. Als Kind fand ich den Umstand, meine Mami bei mir zu haben, selbstredend gut. Dass ein Elternteil, egal ob Mutter oder Vater, in den ersten Lebensjahren zu Hause bleibt, erscheint mir nach wie vor erstrebenswert, wenn nicht gar notwendig.

Ich verbrachte also eine recht normale und gut behütete Kleinkindheit. So wie Klaus Beimer wohl auch. Mein

Leben bestand aus vielen Ausflügen, Toben im Park und natürlich dem Besuch des Kindergartens. Eigentlich wäre es der konfessionslose Waldorfkindergarten im besagten Volksgarten gleich vor der Tür geworden, wären dort nicht jegliches Treten, auch das gegen einen Ball, als aggressiver Akt tabu gewesen. Kinder ohne einen Fußball aufwachsen zu lassen kam für meinen Vater auf keinen Fall infrage. So lange ich denken kann, spielt er für sein Leben gern. Noch heute kickt er jeden Sonntagvormittag auf einer Wiese im Grüngürtel. Dass ich bei seinem Versuch, mir den Fußball näherzubringen, gleich den ersten bereitgestellten Ball, statt wie gewünscht in Richtung Tor zu schießen, in die Hand nehmen und damit gemütlich zur Mittellinie spazieren würde und auch danach nie ein gutes Verhältnis zu irgendeiner Ballsportart entwickelte, konnte damals noch keiner ahnen.

Erst als Klaus Beimer musste ich mich mit Fußball wieder auseinandersetzen. Einmal sollte er einen fußballerischen Wettkampf zwischen den Lindenstraßenfiguren Erich Schiller, Hajo Scholz und Andy Zenker moderieren. Den Text dafür habe ich sogar persönlich zusammengeschustert. Da ich selbst nicht mitspielen musste, lief das gut.

Als Klaus Beimer mit seiner Tochter Mila dann Jahre später aber im lindensträßlichen Mini-Park hinter den Pappfassaden der Außenkulisse kicken sollte, legte ich mich ordentlich auf die Nase. Mein Sturz war an Eleganz und Anmut kaum zu überbieten, brachte ich zu dieser Zeit doch etwa 125 Kilogramm auf die Waage. Ich schlug nieder wie eine gefällte Linde.

Als Kind stürmte ich noch flink und beschwingt durch den Park. Obwohl wir, wie gesagt, in der Kölner Innenstadt lebten, verbrachten wir Kinder fast unsere gesamte Zeit draußen, hatten Dreck an den Händen und aufgeschlagene Knie, tobten und lärmten. Wenn das Wetter es zuließ, waren wir am Wochenende im Bergischen Land wandern. Ich habe eine Fülle von Waldweg-Wanderungs-Wurzelkletter-Jetztsindwirabermüde-Erinnerungen, die zwar in der Regel diffus, aber doch bis heute positiv präsent sind.

In der Nachbarschaft hatte sich eine Gruppe von engen Eltern- und Kinderfreundschaften entwickelt. Es wurde zusammen gespielt, geschwommen, geausflugt und geurlaubt. Auch gefeiert wurde ausgiebig. Die meisten der Eltern waren gerade mal Ende zwanzig. Babysitting kam an solchen Abenden nicht zum Einsatz. Wir Kinder wurden mitgenommen und spielten im jeweiligen Kinderzimmer, bis wir auf Matratzenlagern gestapelt einschliefen.

Feiernde Menschen sind mir bis heute ein vertrautes, gerne gehörtes Geräusch. Auch mein schier unermüdliches Sitzfleisch auf Festen jeder Art hat seinen Ursprung hier, da bin ich sicher.

Wenn es regnete, stellten wir Kinder drinnen alles auf den Kopf. Abends wurde oft gemeinsam gelesen oder vorgelesen. *Traumfesserchen*, *Na warte, sagte Schwarte*, *Wo die wilden Kerle wohnen*, *Maulwurf Grabowski*, *Die kleine Raupe Nimmersatt* und so weiter. Wer in dieser Zeit Kind war oder Kinder hatte, wird diese wunderbaren Bücher noch kennen.

Fernsehen kam allenfalls an Wintertagen vor, an denen meine Schwester Susanne und ich eine halbe Stunde die „Sesamstraße" oder die „Sendung mit der Maus" schauen durften. An dem einen oder anderen verregneten Sonntag ausnahmsweise auch mal einen Film wie „Der Dieb von

Bagdad". Erwähnenswert finde ich dies aus zwei Gründen: Zum einen war das viele Draußensein prägend. Ich verbringe bis heute so viel Zeit wie möglich vor der Tür, mache Wander- oder Fahrradurlaub und ausgedehnte Spaziergänge mit dem Textbuch am Rheinufer oder im Wald um die Ecke. Die meisten meiner Arbeitstage verbringe ich mit meinem Laptop am Gartentisch, den ich wie gesagt selbst im Winter oft über Stunden zu meinem Arbeitsplatz mache. Ich sitze dann im Schneeanzug so lange dort, bis ich wirklich zu sehr friere.

Zum anderen, weil die mangelnde Fernsehbegeisterung meiner Eltern mein bald kommendes Engagement bei der Lindenstraße als das zeigt, was es war: ein ungeplanter, unverhoffter und immer wieder kritisch hinterfragter Zufall.

1984, ein Jahr, nachdem die folgenschweren Fotos im Park gemacht worden waren, wurde ich auf einer katholischen Grundschule eingeschult – und das, obwohl ich nicht getauft war. An den wöchentlichen Kirchenbesuchen musste ich trotzdem teilnehmen. Und so saß ich dann gemeinsam mit zwei türkischen Kindern etwas ratlos auf einer hinteren Kirchenbank, während die anderen Kinder Gottes Segen am Altar in Form von Esspapier vertilgen durften.

Sonst machte ich mich gut in der Schule. Meinem Namenspaten entsprechend war ich zwar frech, aber aufgeweckt und interessiert. Schule machte mir Spaß. Und das Glück wollte es, dass ich auch noch eine besonders engagierte und freundliche Lehrerin hatte.

Das erste Schuljahr war gleichzeitig das letzte Jahr völlig normalen Lebens für mich. Denn bereits zu Beginn des zweiten begannen die Dreharbeiten zur Lindenstraße.

KAPITEL 2

GEFUNDEN

Bis heute ist es vielen Zuschauern ein Rätsel, warum die Lindenstraße in Köln gedreht wurde, obwohl sie doch in München spielte. Gerne würde ich ja glauben, dass es daran lag, dass ich als Klausi so unglaublich gut passte. Dass die ganze Lindenstraße meinetwegen nach Köln umziehen musste. Aber so war es natürlich nicht – vielmehr hätte um ein Haar ein anderer Junge mein Leben geführt.

Denn die Lindenstraße sollte ursprünglich tatsächlich in München gedreht werden. Hans Geißendörfer hatte sie dort entwickelt, in der Stadt, in der er seit Jahren wohnte und arbeitete, die er kannte und liebte. Sie sollte gemeinsam mit dem Bayerischen Rundfunk produziert werden. Die ersten Bücher wurden entwickelt, die Figuren erfunden, einige Schauspieler wurden ins Auge gefasst. Irgendwann, kurz bevor es richtig ernst wurde, bekam jemand beim BR kalte Füße und blies das Ganze ab. Das hätte fast das Aus für die Lindenstraße bedeutet, die damals noch nicht einmal so hieß. Gunther Witte, der damalige Fernsehspielchef des WDR, holte die Serie zum WDR, nachdem der BR abgesagt hatte. Der Mann übrigens, der den Tatort ins Leben rief. Von ihm stammte dann auch der Name Lindenstraße.

Dass die Serie in München spielte, war aufgrund der fortgeschrittenen Vorbereitungen der Geschichten und der bereits entwickelten Figuren, die auf München zugeschnitten waren, nicht mehr zu ändern. Weil der WDR aber die Aufgabe hatte, in Nordrhein-Westfalen zu produzieren und nicht in Bayern, zog die fiktive Straße, die fortan Lindenstraße heißen sollte, nach Köln. Mit Konsequenzen. Neben dem bereits erwähnten Gunther Witte kamen noch andere Mitarbeiter aus Köln und aus dem WDR ins Lindenstraßenboot, die das Produkt Lindenstraße maßgeblich mit entwickelten und nachhaltig prägten. Außerdem wurden aus logistischen und kostentechnischen Gründen nicht so viele Schauspieler aus Bayern verpflichtet wie ursprünglich vorgesehen. So viele Menschen immer anreisen zu lassen, das kam einfach nicht infrage. Vielleicht war auch ein Förderinstitut beteiligt. Die sorgen mit Auflagen dafür, dass bestimmte Gelder auch im entsprechenden Bundesland ausgegeben werden.

Der Familie Beimer wurde daher ein Vorleben in Bochum angedichtet, das erklären soll, warum sie kein Bayerisch reden. Sowohl Marie-Luise Marjan als auch Joachim Hermann Luger stammen aus dem Ruhrgebiet.

Ich würde behaupten, wenn die Lindenstraße nicht nach Köln hätte umziehen müssen, wären sicher 80 Prozent ihrer Bewohner mit anderen Schauspielern besetzt worden. Nicht nur Klausi, sondern die ganze Lindenstraße hätte ein vollkommen anderes Gesicht bekommen, im wahrsten Sinne des Wortes. So aber sollte ein Schnappschuss aus dem Park mein ganzes Leben auf den Kopf stellen.

Die erste Anfrage kam im Frühjahr 1985. Meine Eltern erhielten einen Anruf, in dem ihnen mitgeteilt wurde, dass für eine neue TV-Serie ein Junge in meinem Alter gesucht würde. So ganz war das nicht ihr Ding. Das eigene Kind soll im TV herumhüpfen? Nein. Sicher nicht.

Allerdings hatte Hans Geißendörfer damals bereits mehrere deutsche Filmpreise gewonnen und war just 1985 für den Film „Die gläserne Zelle" für den Oscar nominiert gewesen. Er war somit ein sehr bekannter und anerkannter Autorenfilmer. Es musste sich also bei dieser neuen TV-Serie zumindest um ein seriöses Format handeln.

Zum Casting gingen wir trotzdem nicht. Ein Freund feierte am gleichen Tag seinen Kindergeburtstag, und das schien uns, beziehungsweise meinen Eltern, wichtiger als eine „Pumuckl-Party" mit Hunderten Kindern, aus denen dann der Junge für besagte neue Serie ausgesucht werden sollte.

Und tatsächlich wurde ein potenzieller Klausi gefunden. Die Eltern des Jungen, der an diesem Tag gecastet worden war, sagten dann allerdings wieder ab. Interessanterweise kannte ich ihn sogar. Wir haben als Kinder oft miteinander gespielt. Man sagt nicht ohne Grund, Köln sei ein Dorf. Dass er Klausi hätte werden sollen, habe ich aber erst Jahre später erfahren. Das Ergebnis blieb das gleiche. Kein Junge gefunden.

Allerdings hatte die Fotografin zwei Jahre zuvor im Park offensichtlich einen guten Job gemacht. Aufgrund der Bilder nahm man mich in die engere Auswahl, und es folgte ein zweiter Anruf bei meinen Eltern, bei dem sie sich überzeugen ließen.

„Moremännchen, hättest du Lust, im Fernsehen mitzuspielen? Als Schauspieler?", fragten sie mich, während ich mit Kreide den grünen Teppichboden unseres Kinderzimmers in eine Straßenlandschaft für meine Matchbox-Autos verwandelte. Ich fand die Idee offenbar top, denn wir fuhren zu einem Casting nach Köln-Bocklemünd in das Studio der Lindenstraße.

Nach unserer Ankunft wurde erst einmal eine Weile gespielt, mit Bauklötzen oder Ähnlichem. Erst danach begegnete ich Mutter Beimer. Im Vorfeld hatte ich einen Text für eine Szene mit ihr erhalten, den meine echte Mutter mit mir einstudiert hatte und die nun, nach einem kurzen Kennenlernen, gespielt werden sollte. Was ich da noch nicht wusste: Tatsächlich handelte es sich nur um eine Ersatz-Mutter Beimer. Denn Marie-Luise Marjan war zwar schon verpflichtet, stand allerdings zeitlich just zu diesem Termin noch nicht zur Verfügung, und so wurde eine andere Schauspielerin für das Casting gebucht. Ich soll durchaus verwundert gewesen sein, als ich später Marie-Luise kennenlernte.

Um zu sehen, inwieweit ich Änderungen und Anweisungen umsetzen konnte, wurde dann ein wenig an mir heruminszeniert. Das alles machte mir großen Spaß. Die Lust auf das Schauspielen ist bei Kindern mindestens ebenso wichtig wie ein gewisses Maß an Talent. Ich würde sogar sagen, sie ist noch wichtiger. Kinder, die fremdeln oder Angst haben, vor anderen Menschen zu agieren, sind am Set oder auf der Bühne nicht nur fehl am Platz, es wäre für sie sicher sogar schädlich, ihrer Furcht regelmäßig ausgesetzt zu sein. Also werden stets Kinder ausgesucht, die von Natur aus frech, aufgeweckt und zumeist auch laut sind. Genauso war ich.

Die Entscheidung, dass ich die Rolle bekommen sollte, fiel dann einige Tage später. Bevor meine Eltern zusagten, sprachen sie mit mir darüber. Fast schon Mantra-artig wiederholten sie dabei, dass ich nichts, aber auch gar nichts machen müsste. Ich könnte jederzeit Nein sagen, zu allem, und auch insgesamt. Und das blieb auch später so. Ich glaube, dass ich vor allem deswegen in all den Jahren als TV-Kind nie die Lust verlor, zu drehen. Ich war mir stets im Klaren darüber, dass ich bei der Lindenstraße mitspielen *durfte*, es aber nicht musste. Eigentlich sollte ein solch verantwortungsvolles Verhalten gegenüber Kindern selbstverständlich sein, es halten sich aber bei Weitem nicht alle Produktionen und auch nicht alle Eltern daran.

Bevor es dann losgehen konnte, musste ich erst noch vertraglich verpflichtet werden. Wie viele Tage oder Folgen sollte ich dabei sein? Welche Gage gab es? Welche Rechte musste ich abtreten? All dies musste geregelt sein. Und da ich mit meinen sieben Jahren noch nicht geschäftsfähig war, wurde der Vertrag selbstverständlich mit meinen Eltern für mich geschlossen.

„Kaufen Sie sich von der Gage Ihres Jungen aber bitte keinen Pelzmantel", soll Hans Geißendörfer in diesen ersten Verhandlungen zu meiner Mutter gesagt haben.

Sie war darüber so erbost, dass das Projekt Moritz-Goes-Lindenstraße daran fast gescheitert wäre. Am Ende jedoch ging das Gespräch gut aus.

Alle Hürden waren damit aber noch nicht genommen: Die Mitwirkung als Schauspieler an einem kommerziellen Projekt gilt nämlich als Beschäftigung, und das Amt für Arbeitsschutz hat da sehr strikte Regeln für Kinder. Es mag auf den ersten Blick etwas komisch anmuten, das Schauspielern als Kinderarbeit zu sehen, immerhin spielen Tausende Kinder in Theatergruppen und stehen als Hobby auf der Bühne. Allerdings ist ein Set oder eine professionelle Theaterbühne schon etwas anderes. Hier entwickelt sich schnell eine Dynamik, die dem Kindeswohl abträglich sein kann: Hektik, lange Zeiten, Stress. Erlaubt sind daher nur wenige Tage Arbeit im Jahr und an diesen Tagen nur wenige Stunden. Es muss einen separierten, altersgerechten Rückzugsort und klare Pausen geben. Und ab einer bestimmten Anzahl von Arbeitstagen, ich meine damals wie heute ab mehr als dreißig pro Jahr, muss zusätzlich eine professionelle Betreuung zur Verfügung gestellt werden. Spezielle Medienpädagogen prüfen, ob diese Bedingungen erfüllt werden. Am Set der Lindenstraße war das bereits geregelt, allerdings mussten noch diverse Genehmigungen her. Neben meinen Eltern mussten auch meine Schule und das Jugendamt zustimmen. Erst als das geschehen war, durfte ich Klausi werden.

Meine Eltern haben sich die Entscheidung nicht leicht gemacht. Sie hätten sicher nicht zugestimmt, wenn sie geahnt hätten, welchen Bekanntheitsgrad ich einige Monate später von einem Tag auf den anderen erreichen würde. Der riesige Erfolg der Serie war jedoch nicht abzusehen. Außer Hans Geißendörfer glaubte niemand so richtig daran, dass die Lindenstraße länger als ein Jahr laufen würde.

Er aber war dafür umso überzeugter: „Der Klaus wird noch seine erste Freundin in der Lindenstraße haben", prophezeite er. In seiner Vision sollte die Serie ein so fundamentaler Bestandteil der Fernsehwelt werden wie ihr britisches Vorbild „Coronation Street", die damals bereits seit fünfundzwanzig Jahren erfolgreich über die englischen Fernseher flimmerte. Zehn Jahre später sollte er recht behalten haben: Als ich Mitte der Neunziger in den Drehbüchern las, dass Klaus seine Julia kennenlernen würde, sprach ich Hans auf seine alte Prophezeiung an und fragte ihn frech: „War's das jetzt, hören wir auf mit der Lindenstraße?" Doch der legte nach: Klaus sollte in der Lindenstraße noch Enkelkinder bekommen.

Mit dieser Vorhersage behielt er letztlich leider nur recht, wenn man ganz großzügig denkt und das Enkelkind von Klaus' Ex-Frau Iffi Zenker als seinen Stiefenkel gelten lässt.

All das konnten meine Eltern im Jahr 1985 jedoch nicht ahnen. Ich werde oft gefragt, ob sie denn keine Angst um mich hatten. Hatten sie nicht. Es gab keinen Anlass dazu. Dass mich die Lindenstraße über Nacht zu einem der bekanntesten Gesichter des Landes machen würde, damit hatte, wie gesagt, niemand gerechnet. Und was die Arbeitszeiten angeht, gab es ebenfalls keine Bedenken. Geplant waren im ersten Jahr gerade einmal dreißig Nachmittage mit mir. Ich sollte in etwa alle ein bis zwei Wochen einige Stunden vor Ort sein. Das schien ihnen nicht viel zu sein. Solange ich mich dort wohlfühlte und Spaß an der Sache hätte, sahen sie in meiner Drehtätigkeit kein Problem. So ein Jahr würde schließlich schnell rumgehen. Außerdem war die Atmosphäre beim Casting und in den Gesprächen mit den Verantwortlichen vertrauenserweckend genug gewesen. Also hieß es eines Tages dann endgültig: „Okay, wir versuchen es. Mal sehen, ob du Spaß daran findest, dieser Klausi zu sein."

Mein erster Drehtag war ein verregneter Herbsttag im September 1985. Wir starteten mit einer Massenszene, bei der viele Schauspieler gleichzeitig vor der Kamera stehen, auf einer Wiese vor einer Kirche. Das war gleich schon etwas Besonderes, denn Außendrehs jenseits der Straßenkulisse in Köln-Bocklemünd (dem berühmten Straßenzug) waren selten. Sie sind verhältnismäßig teuer und aufwendig. Das Equipment muss ausgeliehen und verladen werden, was viel Arbeitszeit kostet. Daher wurden damals alle Außendrehs des Jahres am Anfang des Produktionsjahres gemacht.

Im ersten Jahr der Lindenstraße sollten zwei Hochzeiten stattfinden, die uns also zu Beginn der Drehzeit vom Studiogelände herunterzwangen. Die von Berta und Gottlieb Griese und die von Elfi und Siggi Kornmeier.

Jeder, der mal ein Festival oder Sommerfest besucht hat, das im Regen endete, weiß, was viele Menschen mit einer nassen Wiese anstellen. Innerhalb kürzester Zeit verschwand das Gras, und zurück blieb ein knöcheltiefer brauner Brei aus Wasser, Dreck und Pflanzenresten. Da standen wir also gemeinsam mit schmutzigen Schuhen und einigen Regenschirmen bewaffnet vor einer der kleinen Kirchen in der Nähe von Köln und warteten darauf, dass die Technik den Startschuss zum Dreh gab. Im Grunde lernten wir uns alle in einer Schlammsuhle kennen.

Für mich als Kind war es ein denkbar langweiliger Tag. Nachdem wir endlich in die Kirche durften, hieß es wieder warten, warten und nichts als warten. Als dann endlich gedreht wurde, passierte auch nichts Spannendes: Als Familie Beimer waren wir nur Gäste auf diesen Hochzeiten und hatten nichts weiter zu tun, als herumzusitzen und nett aus der Wäsche zu gucken. Während meines ganzen Schauspielerlebens fand ich Szenen mit vielen Kollegen, bei denen man selbst nichts zu tun hatte, als einfach anwesend zu sein, mit Abstand das Langatmigste, was am Set vorkommen konnte. So lernte ich gleich am ersten Tag die vielleicht wichtigste Tugend des Schauspielerdaseins: Geduld. Anthony Hopkins soll mal gesagt haben, wir Schauspieler würden fürs Warten bezahlt, arbeiten täten wir umsonst. Da ist durchaus etwas Wahres dran.

Allerdings lernte ich an diesem ersten Tag eher, *dass* ich Geduld bräuchte, und nicht, *wie* ich sie bekommen könnte.

Aber wer will einem Siebenjährigen schon mit derlei Spitz-findigkeiten daherkommen. An jenem Septembertag 1985 führte die Kombination aus lebhaftem, lautem Kind und lähmender Langeweile nicht gerade auf direktem Wege zu einer ordentlichen Arbeitsruhe.

Bald schon aber musste ich zumindest *etwas* disziplinier-ter werden: Der erste Drehtag, der sich auch wie einer an-fühlte – also einer mit Anweisungen, Aufgaben und sogar Text –, folgte. Einer, an dem ich mehr zu tun hatte, als ir-gendwo im Hintergrund ab und an ins Bild geschwenkt zu werden.

KAPITEL 3

DREHBEGINN

Nun halt noch einen kleinen Moment still, es dauert nicht mehr lange, bitte!" Seit mehr als einer Stunde saß ich auf einem Stuhl, der mich stark an das Interieur einer Zahnarztpraxis erinnerte. Neonlicht flackerte in dem fensterlosen, verspiegelten Raum. Ganz ruhig und langsam tupfte mir eine fremde Frau mit einem feinen Pinsel kleine weiße, stinkende Hügelchen auf Gesicht, Hals und Arme, die sie nach dem Trocknen mit einem weiteren Pinsel nach und nach rot färbte, und mühte sich redlich, mich in Schminkposition zu halten. Den scharfen synthetischen Gestank habe ich bis heute in der Nase. Nach zwei Stunden sah ich aus wie ein Streuselkuchen. Und warum das Ganze? Klaus hatte Masern, durfte nicht in die Schule, langweilte sich im Bett und erwachte damit in der ersten Folge der Lindenstraße zum Leben. Bevor das geschehen konnte, musste ich aber erst einmal mit ebendiesen Masern im Gesicht im Studio-Kinderzimmer „Benny und Klaus" eintreffen.

Meine allererste Probe stand an. Zuvor hatte unser lichtsetzender Kameramann mich schon mit auf eine verglaste Plattform gleich unter der Studiodecke genommen, damit ich mir einen Überblick über das ganze Studio verschaffen konnte. Von hier aus wurde in den ersten Jahren das Licht gesteuert. Blickte man von dort oben über die blinkenden

Punkte und Steuerungseinheiten auf die Wohnungen der Lindenstraßenbewohner, erinnerte das Ganze stark an eine Flüchtlingsunterkunft in einer Sporthalle. Sämtliche Räume hatten keine Decke, sondern bestanden nur aus tapezierten oder gestrichenen leichten Holzwänden mit klapprigen Fake-Fenstern, die von den Außenseiten mit Metallstützen und schweren metallenen Bühnengewichten einigermaßen in Position gehalten wurden. Einige der Wände waren nur mit Gelenken und Scharnieren befestigt, sodass man sie jederzeit schnell herausnehmen konnte. Ganz stabil waren diese Konstruktionen daher nicht, sodass beim Dreh jedes Mal, wenn man eine Tür zu feste zuschlug, die ganze Deko wackelte oder Lampen von der Wand fielen.

Das Zimmer von Benny und Klaus war ganz besonders klein. Als ich dort angekommen war und nach oben schaute, blickte ich auf eine sieben Meter hohe Leichtbauüberdachung aus Blech, große Neonröhren und riesige, mit schwarzem Stoff bespannte Holzrahmen. Diese sollten den Hall der großen Halle für den Ton etwas dämpfen. Für mich war das alles neu und sehr aufregend.

Inzwischen waren Regie, die Kolleginnen und Kollegen der Requisite und meine Filmmutter Marie-Luise ebenfalls am Set angekommen. Noch im Arbeitslicht der Deckenbeleuchtung, ohne Technik und ohne den größten Teil des Drehteams, starteten wir mit einer Schauspielprobe, in der Text und Positionen, aber auch die Emotionen geprobt werden. Erst im Anschluss wurde durch die allgegenwärtige Durchrufanlage das restliche Team vom Aufnahmeleiter in die Wohnung Beimer gerufen, um sich anzuschauen, was erarbeitet worden war. Wir spielten unsere geprobte Szene also noch einmal allen vor, während die Regie, damals noch

Hans Geißendörfer persönlich, die Kamerapositionen und geplanten Schnitte zwischenrein sprach, damit alle wussten, was aufzubauen war. Danach war für uns Schauspieler Pause. Marie-Luise schnappte mich: „Na, komm, Moritz, wir proben das Ganze noch mal draußen, solange hier gebaut wird." Ich wollte lieber zuschauen, was denn genau aufgebaut werden würde, aber sie hatte kein Erbarmen.

„Nein, nein, wir haben auch zu arbeiten", beharrte sie. „Wir wollen doch eine schöne Szene abliefern, das sind wir unserem Publikum schuldig. Du wirst noch genug Gelegenheit haben, dir alles genauer anzuschauen." Diese Frau hatte eine Disziplin, die bis zum letzten Arbeitstag nicht nachließ.

Also gingen wir in mein Kinderzimmer, und sie arbeitete mit mir an Text, Emotionen, Blicken und Bewegungen, bis es aus dem kleinen, blechern klingenden Lautsprecher an der Decke meines Aufenthaltsraumes hallte: „Liebe Kollegen, weiter geht es mit einer technischen Probe für das Bild 1/8, dazu bitte Marie-Luise, Moritz, das Team und die Regie in die Wohnung Beimer."

Im Studio war es nun dunkel, das grelle Licht der Neonleuchten verloschen. Aus einer Ecke, da, wo die Wohnung Beimer sein musste, wagte sich ein kleiner gelblicher Schein um die Ecken der Holzwände der Praxis Dressler, die gleich am Studioeingang lang. Farbige Linien auf dem Betonboden wiesen den Weg in die jeweilige Wohnung. Die Halle war groß, und noch kannte niemand die Wege, die uns mit den Jahren so in Fleisch und Blut übergingen, dass wir jeden Raum mit geschlossenen Augen fanden. Es ging etwa 20 Meter nach rechts, dann nach links und wieder rechts. Unser Studio war ein sich stets veränderndes Labyrinth. Einige der Holzwände, sogenannte Sprungwände, waren herausgenommen worden, um ein Durchkommen für die Kameras und das Team zu schaffen. So gelangte man durch ein Bad, das mal den Beimers und mal – natürlich leicht umgebaut – den Grieses gehörte, je nachdem, welche Wohnung gerade bespielt wurde, in den Beimer'schen Wohnungsflur, an dessen Ende das Zimmer von Benny und Klaus lag.

Inzwischen war auch hier die Fensterwand herausgenommen worden und durch drei Kameras sowie zahlreiche Menschen ersetzt worden, die Kabel oder Mikrofone hielten oder drauf warteten, die Requisiten nach der ersten Probe für die zweite Probe oder den Dreh gleich wieder auf Anfang zu bringen. Im grellen Gegenlicht der Scheinwerfer, die das Set nun in warmes, gleißendes Licht tauchten, war die hohe Studiodecke oberhalb der hölzernen Zimmerwände vom Dunkel verschluckt worden.

Und dann war es so weit: Endlich durfte ich meinen ersten Text auch vor laufenden Kameras aufsagen. „Drehfertig bitte," rief der Setaufnahmeleiter. Und schon wuselten alle Gewerke durcheinander. *Zupf* und *Tupf* kamen schnell noch mal zu mir. So nannte ich insgeheim die Garderobiere, die ein letztes Mal an meinem Schlafanzug zupfte, und die Maskenbildnerin, die mir schnell noch die Stirn tupfte, damit sie nicht glänzte. Mein zur Probe noch leeres Glas, aus dem Klaus trinken sollte, wurde nun für den Dreh mit Orangensaft gefüllt. Dann wurde die MAZ, unser Magnetisches Aufzeichnungsband, abgefahren. Als Warnung an alle, nun bitte leise zu sein, tönte eine Sirene drei Mal laut durch die Studiohalle, die Szenennummer wurde über Lautsprecher von der Tonregie abgelesen: „Folge eins, Bild acht, die erste", gefolgt von einem energisch motivierenden „Uuuuund BITTE!" von Hans Geißendörfer.

Die Szene war an sich recht einfach. Mutter Beimer kam in ihre Wohnung und wollte wissen, ob ich, besser gesagt Klaus, ordentlich Fieber gemessen hatte. Klaus wollte in die Schule, ist ja schließlich langweilig, den ganzen Tag im Bett rumzuliegen.

„Mama, mir ist langweilig, ich möcht in die Schule gehen", sollte ich sagen. Es wurde: „Mama, mir ist langweilig, ich möcht" – tiefer Einatmer – „in die Schule gehen." So spricht selbstverständlich niemand. Jeder Mensch atmet automatisch am Ende eines Satzes oder zumindest eines Halbsatzes. Hätte man mir natürlich sagen können und im Anschluss die Szene noch mal drehen. Aber anscheinend war ich klein und süß genug, dass es egal war. Oder, um es weniger verklärt darzustellen: Wir hatten für so etwas einfach keine Zeit.

Also wurde weitergedreht. „Komm, Mama, machen wir später nicht lieber gleich!?", sollte ich auf Mutter Beimers Ansage, dass Klausi erst später aufstehen dürfe, antworten. Der Satz kam gut – soweit alles, wie es im Drehbuch stand. Allerdings schaute ich gleich im Anschluss fragend in die Kamera, um zu checken, ob ich alles richtig gemacht hatte. Diesen Fauxpas konnte ich dann auch mit meiner Niedlichkeit nicht wettmachen. Direkt in die Kamera zu schauen ist in szenischen Formaten jeder Art strikt verboten. Der Zuschauer würde sich unweigerlich angesprochen fühlen und „aus der Geschichte" fallen.

Das mussten wir dann also noch mal drehen. „Alles auf Anfang, gleich noch mal bitte", schallte Geißendörfers Stimme von der Decke. „Und nicht in die Kamera schauen, Moritz, ja?", ermahnte er mich. Ich nickte eifrig und störte damit die Maskenbildnerin, die gerade nachschaute, ob die Masern noch richtig saßen. Die Sirene erklang erneut, gefolgt von der Nummernansage und dann: „Und bitte!"

Diesmal konzentrierte ich mich so darauf, nicht wieder in die Kamera zu schauen, dass ich am Ende der Szene mit den typischen übergroßen, frisch entschlüpften Schneidezähnen eines Grundschulkindes an meiner Unterlippe herumknabberte.

Dabei blieb es dann. Die Szene ging in die Nachbearbeitung und später auch auf Sendung.

In einer Szene, die wir drei Tage vor dem finalen Drehschluss der Serie drehten, haben wir diesen Moment noch einmal zitiert. Klaus geht es schlecht, und er liegt auf dem Bett in seinem früheren Kinderzimmer. „Komm, Mama, machen wir später nicht lieber gleich!?", sagt er mit nun einundvierzig Jahren nochmals zu Mutter Beimer und trinkt dazu eifrig seinen Saft.

An meinem ersten Tag drehten wir noch eine weitere Szene, in der ein Wortspiel vorkam. Klausi sollte den damaligen Lindenstraßenarzt Dr. Dressler, der während der Untersuchung „Na ja, Na ja" murmelt, korrigieren: Kobra, Kobra heiße das, denn in Indien gebe es eine Schlangenart mit Namen „Naja Naja" – die Brillenschlange.

Im Vorfeld der Szene machte unser damaliger Requisiteur Wolfgang darüber so viele Späße mit mir, dass ich völlig vergaß, nervös zu sein. Ludwig Haas, der den Dr. Dressler spielte, griff Wolfgangs Scherze auf und konnte so schnell mein Vertrauen gewinnen. Er strahlte immer eine unglaubliche Ruhe und Sicherheit am Set aus. Ich hatte richtig Spaß bei der Sache. „Kobra, Kobra" blieb lange fest in meinem Vokabular. Selbst zu Hause bei meinen Eltern wurde es aufgegriffen und häufig anstelle eines „Na ja" verwendet.

Requisiteure wuseln meist gleich neben den Schauspielern herum, um schnell alles richten, etwas anreichen oder wieder „auf Anfang" bringen zu können. Daher war Wolfgang viel am Set, und ich schloss ihn schnell ins Herz. Wir wurden dicke Freunde, sofern das zwischen einem Kind und einem Erwachsenen möglich ist.

Vom restlichen Tag ist mir nicht mehr viel in Erinnerung, außer, dass ich unendlich viele Fragen stellte: nach den Kameras, den Kabeln, den Tonangeln, dem Schneidetisch. Und laut meiner Mutter dauerte es später dann noch mal zwei Stunden, die „Masern" in der heimischen Badewanne nach und nach wieder abzuknibbeln. Es war wohl zu allem Überfluss auch nicht besonders angenehm. Aber Geduld war ja damals schon meine Stärke ...

Meine Drehtage verliefen in den folgenden zwölf Jahren nach dem gleichen Muster. Nachdem ich vormittags die Schulbank gedrückt hatte, wurde ich abgeholt und ans Set gefahren. Anfangs noch von meiner Mutter, die in der ersten Zeit an jedem Drehtag dabei war, bald aber von einem Fahrer der Produktion. Die Übersicht, was an einem Drehtag zu schaffen war, die sogenannte Disposition, war dann zuvor bereits als Matrizen-Abzug per Post zu uns nach Hause gekommen. Bis heute weckt diese Art der Vervielfältigung übrigens Kindheitserinnerungen in mir. Ich fand immer, dass die bräunlichen Zettel mit der verschwommenen blauen Schrift besonders gut und nach Möhren rochen – in Wahrheit war es wohl reine Chemie.

Am Set ging es dann in mein „Kinderzimmer", einen Extra-Raum, in dem ich spielen oder Hausaufgaben machen konnte oder beides. Betreut wurde ich dabei von meiner

Kinderbetreuerin Christine Gensel, die darauf achtete, dass meine Arbeitszeiten eingehalten wurden, ich Pausen machen konnte, spielen durfte und nicht zu viel Druck ausgesetzt war. Sie ging den Text noch mal mit mir durch, bespaßte mich in kleinen Pausen, legte mir an heißen Sommertagen einen feuchten Lappen auf den Bauch oder Rücken und pustete mir ins Gesicht, um mich abzukühlen. Wenn das Wetter mitspielte, gingen wir bei längeren Wartezeiten in den kleinen Wald, der hinter dem Studio in Bocklemünd liegt, und sammelten allerlei Zeug ein, mit dem wir basteln konnten. Innerhalb kürzester Zeit fühlte ich mich durch sie aufgehoben, und auch meine Eltern waren schnell bereit, mich ihr anzuvertrauen.

Wenn Christine gerade nicht für mich zuständig war, half sie in der Kantine. Sie kochte und schaute auch hier stets, dass es niemandem an etwas fehlte. Wenn ich aber in der Produktion war, dann war sie ganz für mich da. Wir haben wirklich viel Zeit miteinander verbracht. Sie ist übrigens die Frau von Raimund Gensel, der den Franz Schildknecht spielte.

Jahre später, als ich erfuhr, dass sie uns verlassen würde, um nach Nürnberg zu ziehen, habe ich bitterlich geweint und war völlig verzweifelt. Eine Lindenstraße ohne Christine war undenkbar, ja beängstigend. Ganz ähnlich, wie es heute für mich ist, gleich die ganze Lindenstraße zu verlieren. Ein Leben ohne sie ist schlicht nicht denkbar, auch wenn es bereits Realität ist. Über die Jahre habe ich mich zu sehr an sie gewöhnt.

Zu Beginn jedoch war für mich alles aufregend. Selbst das Warten war spannend, es gab so viel Neues zu beobachten. Zumindest in den ersten Tagen.

Anstrengend fand ich den Dreh zu dieser Zeit noch nicht. Insgesamt war ich nur wenige Stunden vor Ort, von denen ich, sobald ich mit meinen angeschminkten Masern aus der Maske raus war, die meiste Zeit damit verbrachte, alle kennenzulernen und meine nicht enden wollenden Fragen zu stellen

Am Ende des Tages ging es dann trotzdem müde nach Hause. Der Rest ist bekannt. Badewanne, zwei Stunden Masern abpulen. Willkommen in der Parallelwelt TV.

Die erste Folge der Lindenstraße wurde am 8. Dezember 1985 ausgestrahlt. Meine Eltern waren der Meinung, es sei besser, meine kleine Nebentätigkeit bis dahin geheim zu halten. Sie wollten weder, dass man mich für einen Angeber hielt, noch dass ich blöd dastand, falls die Sendung abgesetzt oder Klaus Beimer umbesetzt werden würde, was den Eindruck, ich wollte nur aufschneiden, ja noch verstärkt hätte.

Vor Drehbeginn erfuhren erst einmal nur meine Großeltern davon. Meine Omas reagierten beide gleich: Sie waren der festen Überzeugung, das Talent käme von ihnen oder zumindest aus ihrem Teil der Familie. Schließlich hätte Tante Soundso in der Schule auch schon so schön Theater gespielt. Meine Eltern freuten sich über den Stolz ihrer Mütter und gaben beiden amüsiert recht. Tatsächlich war ich natürlich dermaßen talentiert, dass mein Können seinen Ursprung in der Summe aller Familienmitglieder haben musste – es gehörte schließlich schon einiges dazu, als süßer „Fliegenpilz" um die Ecke zu schauen.

Dezember wurde es allerdings nicht, bis bekannt wurde, dass ich im Fernsehen mitspielen würde. Eine Zeitung veröffentlichte Namen und Bilder der beteiligten Schauspieler bereits vor dem ersten Sendetermin. Dass die Pressestelle des WDR und der Lindenstraße es versäumt hatten, uns davon in Kenntnis zu setzen, hatte leider Konsequenzen. Dass wir Freunden und Mitschülern nicht im Vorfeld Bescheid gesagt hatten, wurde mir nämlich umgehend als Arroganz ausgelegt. Genau das, was meine Eltern hatten verhindern wollen. Plötzlich war ich der Junge aus dem Fernsehen und bekam als erste Amtshandlung eine ordentliche Abreibung auf dem Schulhof. Viel mehr passierte erst einmal nicht (obwohl das ja schon schlimm genug war).

Eine Woche vor der ersten Sendung liefen dann Beiträge mit uns Schauspielern über den Sender. Die ARD kündigte damit offiziell das neue Format an. Und so lernte die Öffentlichkeit dann Klausi Beimer kennen: aus der Haustür rauslaufend, die Platanenallee entlangspringend, den Schulrucksack auf den Schultern, in jeden herbstlichen Blätterhaufen springend, der am Wegesrand lag.

Und dann ging es richtig los, raketenmäßig. Gleich die erste Folge schauten mehr als zehn Millionen Menschen. Und das blieb so für viele Jahre. Jeder sechste Mensch in Deutschland kannte mich nun. Und man sah mich nicht nur einmal, wie in einem Film, sondern regelmäßig jede Woche. Das hatte ganz erhebliche Folgen. Schlagartig war es für mich unmöglich, unerkannt über die Straße zu gehen. Binnen kürzester Zeit war allen Beteiligten klar, dass es mit der Lindenstraße und meiner Rolle als Klausi eben nicht nach einigen wenigen Drehtagen und einem Jahr Sendezeit getan sein würde.

Wenn ich heute mit meinen Eltern über diese Zeit spreche, ist immer eines ganz klar zu spüren: ihre Zweifel. Ob es richtig war, ihr Kind mit nur sieben Jahren einem solchen

Rummel auszusetzen. Ob sie es nicht hätten besser wissen müssen. Ob sie den Vertrag nicht sofort hätten auflösen sollen, als klar wurde, wie beliebt die Lindenstraße wurde und wie groß der Einfluss auf mein Leben.

Die Zweifel sind sicher angebracht. Kinder sollten Kinder sein und nicht Personen des öffentlichen Lebens, die außerhalb der eigenen vier Wände keine Ruhe haben.

Meine Eltern waren damals tatsächlich drauf und dran, mich umgehend aus der Lindenstraße herauszunehmen. Vertrag hin oder her.

Aber was hätte das gebracht? Selbst wenn man mich umgehend aus der Sendung genommen hätte, ich war bereits so bekannt, dass diese Maßnahme auf absehbare Zeit nichts genutzt hätte.

Was als Fußnote in meinem Leben gedacht gewesen war, als kleine Anekdote, an die ich mich später mal rührig zurückerinnern könnte, würde so oder so zumindest ein ernsthaftes Kapitel werden. Ob es uns nun gefiel oder nicht. Der Schaden war bereits angerichtet.

Wichtiger aber war, dass ich selbst nicht aufhören wollte. Am Set und in der Lindenstraße fühlte ich mich sichtlich wohl. Dort war ein sicherer Hafen, mit Menschen, die mich mochten und mich ganz normal behandelten. „Hey, Moritz, wie war es in der Schule?", bekam ich immer als Erstes zu hören.

„Na ja", antwortete ich nur zu oft. „Ich hatte wieder Ärger auf dem Weg, einige Kinder liefen die ganze Zeit hinter mir her und riefen ‚Klausi Beimer ist im Eimer, Klausi Beimer ist im Eimer'."

Dann setzte sich Christine zu mir und hörte sich erst mal alles an. Nahm mich in den Arm oder lenkte mich ab, machte mit mir meine Hausaufgaben oder verschwor sich mit mir, sie nicht zu machen, wenn es mal ein wirklich harter Vormittag gewesen war.

Bei jeder Gelegenheit büxte ich aus, um in der Produktion mein Unwesen zu treiben. Unser Aufnahmeleiter etwa steckte mich jedes Mal, wenn ich wieder frech um die Ecke seines Büros lugte und ihm die Zunge herausstrecke, mit dem Po zuerst in seinen Büromülleimer, sodass ich eingeklemmt Lachanfälle bekam, bis der Eimer umfiel und ich mich befreien konnte. Willi von der Baubühne zeigte mir nach und nach das ganze Studio, alle Werkzeuge und Lagerräume.

Für mich war es ein Riesenabenteuer, durch die Dekorationen zu laufen und jeden Schrank, jedes Kabel und jeden Stecker kennenzulernen. „Messer, Schere, Gabel, Licht sind für kleine Kinder nicht", sagt man gerne, dabei sind doch genau das die Dinge, die Kinder magisch anziehen. Im heimischen Umfeld lässt sich das noch gerade so beherrschen. Was aber, wenn ein sehr lebhafter Siebenjähriger zwischen über eintausend Lampen und Scheinwerfern rumwuselt, erst in der Wohnung Griese unter das Bett krabbelt, von dort aus durch das Kling'sche Bad turnt und an der Duschstange hochhangelnd versucht, über die Holzwand der Dekoration ins Akropolis hinüberzuschauen? Wenn man mich nicht rechtzeitig erwischte, landete ich im zweiten Stock der Treppenhausdekoration, wo die Stufen im Nichts endeten und es einige Meter hinunterging. Ohne begrenzendes Geländer, gesichert nur durch die Deckenhöhe selbst. Die Erwachsenen konnten dort gerade mal aufrecht sitzen, wenn sie nicht mit dem Kopf gegen die Studiodecke stoßen wollten, ich aber konnte, sehr zum Leidwesen der Großen, dort durchaus stehen und herumtollen ...

„Stopp, nicht bewegen!", rief jeder, der mich bei derlei Aktionen zu Gesicht bekam.

Fortan landete ich häufiger mit meinem Hinterteil im Eimer des Aufnahmeleiters, wo mich Christine abholen kommen konnte, wenn ich mal wieder irgendwo geschnappt worden war, wo ich nicht hingehörte.

Bald war klar, dass ich nur zu bändigen sein würde, wenn ich alles erkunden durfte. Die Leute mussten zwar arbeiten, aber wenn ich schon überall mein Unwesen trieb, dann wenigstens unter Aufsicht.

Bei unserer Cutterin Helga und bei Co-Regie Uschi durfte ich die Knöpfe drücken, mit denen wir damals noch von einer Kamera in die andere umschalten konnten. Dem Schneidetisch stattete ich regelmäßig Besuche ab.

„Kaaaharl? Wofür ist dieses Rädchen hier, was passiert, wenn ich daran drehe?", fragte ich unseren Kameramann.

„Stopp!", rief Karl dann hastig. „Warte kurz, bin gleich da und zeig's dir!"

Er brachte mir mit viel Ausdauer die gesamte Technik nahe. Manchmal erlaubten er oder die anderen Kameramänner mir, auf die schwere Basis der Studiopumpen zu klettern, auf denen die Kameras montiert waren.

„Hiermit kannst du näher heranzoomen", erklärte Karl dann, „und in die andere Richtung wieder weiter weg."

„Und dieses schwarze Rädchen mit den drei abstehenden Dingsis?", wollte ich wissen.

„Mit diesen Dingsis kann man das Rädchen besser bewegen, es ist für die Schärfe."

Ich war unermüdlich. Hätte man mir nicht von Anfang an eingeimpft, dass es eine Kiste Bier kostet, die Kameras unerlaubt anzufassen, dann wäre ich sicher daran festgewachsen.

Zwischendurch stattete ich Wolfgang im Requisitenlager einen Besuch ab oder ließ mich von unseren Szenenbildnern Agnette oder Rolf durch die hintersten Bretterverschläge führen, die hinter den Pappfassaden der Außenkulisse zu finden sind. Bald kannte ich Studio und Produktionsräume wie mein eigenes Kinderzimmer. Ach was: Sie *waren* mein Kinderzimmer!

Anke, die Regieassistentin und spätere Chefdramaturgin, übte mit mir so oft und so geduldig den Text, dass meine Mutter und ich sogar hin und wieder auch privat bei ihr zu Hause waren. Und natürlich ist da Hans Geißendörfer, der bis vergangenen Winter fast mein gesamtes Leben lang mein Chef war und irgendwo zwischen Autoritätsperson, Arbeitgeber, väterlichem Freund und Familienmitglied in meinem Herzen verankert ist. Die Liste der Menschen, die ich damals kennenlernen durfte und in mein Herz schloss, ist lang, wenn ich so darüber nachdenke.

Im Flur unseres Produktionsbüros hingen Fotos, je mit Name und Funktion, von allen Mitarbeiterinnen und Mitarbeitern. Ich hing auch dort. „Moritz A. Sachs / Schauspieler", stand auf dem etwas verblichenen Schwarz-Weiß-Bild von 1985. Diese Ahnengalerie wurde mit den Jahren immer umfassender, bis sie an beiden Wänden in drei Reihen übereinander den gesamten Flur ausfüllte. Noch ein oder zwei Jahre, und wir hätten anbauen müssen. Hier bin ich in den vergangenen Monaten oft entlanggelaufen, um mir alle nochmals ins Gedächtnis zu rufen.

Doch zurück zur Anfangszeit der Lindenstraße. Schnell waren mir nicht nur meine Kollegen ans Herz gewachsen, sondern auch Klausi. Vor der Kamera zu spielen war nämlich noch aufregender, als dahinter herumzutollen.

All dies merkten meine Eltern natürlich. Außerhalb der Lindenstraße war meine Welt aus den Fugen geraten, aber meine nach den Drehtagen manchmal müden, jedoch immer glücklich glänzenden Kinderaugen ließen meine Eltern meinem Bitten nachgeben, mir das nicht mehr wegzunehmen. Hinzu kam, dass sich nach wie vor niemand ernsthaft vorstellen konnte, dass die Lindenstraße dauerhaft so erfolgreich sein würde. Als der Produktionsvertrag der Lindenstraße seitens des WDR schon Anfang 1986 um zwei Jahre verlängert wurde, ließen sie mir also meinen Willen und meinen Klausi. Danach wäre dann sicher ganz von allein Schluss mit der Lindenstraße. Spätestens als Teenager, davon gingen meine Eltern aus, würde ich wieder ein ganz normales Leben führen. Der Hype um die Lindenstraße und uns Schauspieler würde sich bis dahin von alleine gelegt haben. Dazu kam es bekanntermaßen nicht.

In dem Maße, in dem die Fernsehsendung Lindenstraße sich mehr und mehr in das Herz der Nation spielte, schlichen sich die Produktion Lindenstraße, das Team, die Atmosphäre, das Studio in mein Herz. Bereits in den ersten ein, zwei Jahren wurde sie ein ebenso großer und fester Teil von mir wie der kleine Klausi Teil der Lindenstraße und die Familie Beimer Teil der deutschen Fernsehgeschichte. Untrennbar verwoben. Das hier? Das war ich. Punkt aus.

Ich drehte also fleißig weiter. Gleich in den ersten Folgen feierten die Beimers Weihnachten. Die schief und krumm von der versammelten Familie vorgetragene Hausmusik brannte sich als Inbegriff der heimatlichen Spießigkeit in das kollektive Gedächtnis der Republik. Meine Aufgabe war es, als jüngster Spross der Vorzeigefamilie ab und an auf eine

Triangel zu dreschen. Außerdem sollte Klaus, nachdem er sein Geschenk bekommen hatte, fragen: „Hat das Fahrrad auch einen Tachometer?"

Im Gegensatz zu meinem Alter Ego kannte ich, anders als die meist autobegeisterten Altersgenossen, das Wort „Tachometer" noch nicht. Und deswegen konnte ich mir diesen Satz partout nicht merken. Eine schnelle und effektive Lösung musste her, das Team stand bereit, man musste fertig werden. Und so kam unsere damalige Regieassistentin, die liebe Anke, auf die Idee, dass man mir den Text einfach in das Kinderbuch kleben könnte, das ich für den Dreh in der Hand hielt. Text abzulesen, anstatt ihn auswendig zu können, ist nicht die feine Art, trotzdem ist es bei einigen Kollegen durchaus üblich. Die Idee schien also nicht ganz abwegig. Angeblich soll sogar Marlon Brando in der berühmten Szene in „Der Pate", in der er am Anfang des ersten Teils Bittsteller empfängt, nicht aufgrund seiner herausragenden schauspielerischen Leistung so herrlich sinnierend nach unten geschaut haben, sondern weil er seinen Text ablesen musste. Der Satz wurde also auf einen kleinen Zettel geschrieben und in das Buch geklebt. Das sollte doch wohl klappen.

Nun war ich im Sommer 1985 gerade einmal in die zweite Klasse gekommen und war des Lesens noch nicht mühelos mächtig. Unsere Lehrerin hatte uns zwar anhand eines von ihr selbst entwickelten Fingeralphabets bereits langsam an das Lesen herangeführt, die Betonung lag allerdings auf *langsam*.

Und so las ich dann eifrig, aber eben so, wie ein Siebenjähriger liest, meinen Text.

Auf der Aufnahme sieht man ganz deutlich, wie mir noch in der Szene dämmerte, was für einen Mist ich da von mir gab, und wie die Scham so ganz leise in mir hochkroch. Und als siebenjähriger Knirps wusste ich mir nicht anders zu helfen, als mich unter der Wolldecke auf dem beimerschen Sofa zu verkriechen. Und da war ich vorerst auch nicht wegzubewegen. Geduldig musste Anke mich trösten und tätscheln, bis ich mich wieder heraus traute.

Mit diesem ersten Hänger landete ich selbstredend auch im sogenannten Klappenfilm, einem Zusammenschnitt möglichst vieler, möglichst lustiger Pannen, die bei einem Filmdreh oder einer Serienstaffel vorkommen. Damals waren diese Pannenfilme nur für interne Zwecke vorgesehen. Heutzutage werden sie zur allgemeinen Erheiterung auch veröffentlicht. Sogar die alten – mein erster Hänger wird besonders oft rausgekramt. So süß, der kleine Junge kann nicht richtig vorlesen. Sehr lustig. Danke, liebe Kollegen.

Ein Bild von mir mit dem Fahrrad samt Tachometer hing übrigens noch im Treppenhaus vor meiner Garderobe, als ich zum letzten Mal das Gebäude verließ. Ich strahle als Klaus über beide Ohren.

Weihnachten gab es für mich von diesem Jahr an übrigens immer gleich drei Mal. Beim Drehbuchlesen im März, zum Dreh im September und an den eigentlichen Weihnachtstagen im Dezember. Beim Einstudieren des Textes fühlte ich mich meist noch wenig besinnlich, aber spätestens wenn Ende August die Weihnachtsdeko in die Außenfassaden und Fenster der Lindenstraße geklemmt wurde und fröhlich in den Spätsommer funkelte, war für mich das erste Mal Weihnachten im Jahr. Die Schokoladenindustrie passte sich diesem Rhythmus irgendwann an. Auch für sie beginnt Weihnachten ja bereits Ende August.

Das schönste Weihnachten war aber immer das echte. Zu Hause, mit meiner Familie. Auch 1985 ging es wie jedes

Jahr zu den Großeltern, Heiligabend zu den Eltern meiner Mutter (den Schüllers) und am ersten Weihnachtstag zu denen meines Vaters (den Sachsens). Stundenlang Lego oder Playmobil – ich weiß beim besten Willen nicht mehr, was zu der Zeit mein Favorit gewesen sein mag –, leckeres Essen und etwas Musik. Fertig war der Sächsisch-Schüllerische-Weihnachtsmischmasch. Und das ganz ohne Triangel für mich. Obwohl ich sonst bei jeder musikalischen Gelegenheit dank Klausi so ein Ding in die Hand gedrückt bekam, um darauf herumzuklöppeln.

Zu Hause war ich ein ganz normales Kind. Wir haben in der Familie immer gerne und viel gespielt. Ob Hase und Igel, Mensch ärgere dich nicht, Malefiz oder Sagaland. Vor allem aber Doppelkopf, das spielen meine Eltern für ihr Leben gern. Manchmal bin ich mir nicht ganz sicher, ob die Familienplanung nicht auch der Tatsache geschuldet war, dass man dafür zu viert sein muss. Vielleicht gäbe es weder Susanne noch mich, wenn sie keine treuen Mitspieler gebraucht hätten?

Behutsam wurden wir also in die Welt der Karten eingeführt, zuerst nur ich, da spielten wir Maumau oder Bauernskat, für die nur zwei oder drei Mitspieler vonnöten sind. Dann konnten wir langsam auch Susi einbinden. Bis heute spielen wir.

1985 wurde eine weitere Familientradition eingeführt. Wir schauten alle gemeinsam die Lindenstraße. Und nicht nur das: Obwohl die Dinger noch unsäglich teuer waren, schafften meine Eltern sich einen VHS-Rekorder an und zeichneten wirklich jede Folge auf. Ich sollte als Erwachsener die Möglichkeit haben, mal in die alten Schätzchen reinzuschauen. Bis die Kassetten im Zuge der Digitalisierung

irgendwann überflüssig wurden, häuften wir drei Umzugs-
kisten voll damit an, und das, obwohl wir früh dazu übergingen, sie auf dem sogenannten Longplay zu bespielen,
also mit doppelt so viel Zeit, wie eine solche Kassette eigentlich hergab.

KAPITEL 4

EIN KIND AM SET

Ich mochte Klaus im Grunde schon immer. Schließlich war er eine meist nette und ehrliche Haut – von einigen Entgleisungen einmal abgesehen.

1985 konnte ich ohnehin noch keine großen Unterschiede zwischen uns ausmachen. Auch meine Eltern stammten aus dem Ruhrgebiet und wohnten mit uns nun in Köln; und wie Helga Beimer war auch meine Mutter hauptsächlich als Hausfrau bei uns Kindern. Das machte es für mich damals leichter, Klaus zu verkörpern. Natürlich kann man auch Kinder durch intensive Arbeit an andere Lebenswelten heranführen, aber dafür hatte die Lindenstraße weder die Zeit noch die Mittel. Wohl auch deswegen bekam ich die Rolle.

Die Unterschiede zwischen uns entwickelten sich dann aus Klaus' Erlebnissen und deren Konsequenzen. Figuren in fiktiven Geschichten jeder Art sind ja meist in irgendeiner Form Extremen ausgesetzt. Situationen, die man als Schauspieler im Zweifel nicht oder noch nicht durchlitten hat. Allein die Anzahl an Morden, die so manch ein Darsteller schon miterlebt hat, reicht locker für zehn Leben. In der Realität kommen die meisten ja zum Glück mit keinem einzigen in Berührung.

Extremsituationen machen eine Geschichte spannender und erzeugen Reibung, für die Charaktere ebenso wie für den

Zuschauer. Und auch wenn die Lindenstraße das normale Leben widerspiegeln sollte, konnte man selbst hier nicht darauf verzichten, den Figuren mehr anzudichten, als normal wäre. Es bedurfte eines gewissen Maßes an Dramatik.

Nehmen wir etwa die Figur Tanja Schildknecht. Der Vater ist im Suff erfroren, die Mutter hat sich mit Schlaftabletten das Leben genommen, die Schwester ist bereits als Kind an Leukämie verstorben. Sie war Callgirl, Muse und Friseurin, Frau eines älteren, reichen Mannes, wurde mit Mitte dreißig lesbisch und war dann mit einer Rauschgiftsüchtigen liiert, die ihr Ehemann ermordete. Und der saß auch noch im Rollstuhl. Wer das alles geballt im wirklichen Leben durchleiden muss, ist sicherlich irgendwann reif für die Klapse. Allerdings sind es eben alles Schicksalsschläge, die Menschen in Deutschland *tatsächlich* passieren.

Die Lindenstraße erzeugte in der Verdichtung Spannung und nicht durch das Ungewöhnliche. Als Sybille Waury, die mit fünfzehn in die Rolle der Tanja schlüpfte und sie über all die Jahre verkörperte, ihren letzten Drehtag hatte, wurde ihr in der Abschiedsrede der Produzentin Hana Geißendörfer insbesondere dafür gedankt, dass sie dieser Figur und ihrer vollkommen überzogenen Geschichte so viel Liebe und Leben eingehaucht hatte, dass sie trotz allem immer glaubhaft blieb.

Auch Klaus musste so einiges durchleiden. Gleich zu Beginn, mit acht oder neun, drückte ihm sein Großonkel Franz, unverbesserlicher Altnazi und Waffennarr, ein Luftgewehr in die Hand, um damit schießen zu üben. Aus dem Wohnzimmerfenster heraus sollte er versuchen, ein Straßenschild zu treffen, und schoss stattdessen dem vorbeifahrenden Stefan Nossek ins Gesicht. Einige Folgen später lief der dann, durch den Vorfall erblindet, vor ein Auto und starb. Klaus stellte sich, schwer traumatisiert, wochenlang blind.

So richtig intensiv wurde ich auf den Dreh dazu nicht vorbereitet – einen Coach gab es wie gesagt bei der Lindenstraße nicht. Stattdessen sprachen meine Eltern die Geschichten mit mir zu Hause durch – die Drehbücher gingen damals noch an sie –, und die Regie nahm mich am Set beiseite. „Moritz, dem Klausi geht es nicht gut, weißt du. Er will nachempfinden, was er mit Nossek gemacht hat, und tut so, als sei er blind. Kannst du versuchen, immer geradeaus zu schauen und die Augen nicht zu bewegen?" – „Klar", sagte ich und tat wie geheißen.

Alle waren bei diesen Szenen sehr vorsichtig mit mir. Wie erklärt man eine solche Geschichte einem Kind? Ich sollte keine Angst bekommen.

Angst hatte ich beim Dreh übrigens in keiner Weise.

Am Set war mir zu jeder Zeit klar, dass ich alles nur spielte. Es herrschten rege Betriebsamkeit, Hektik und Lärm. Dutzende Male wurde der Text geprobt, die Technik musste eingerichtet werden, und danach sah das Set aus wie ein Talkshowstudio. Überall waren Menschen, Kameras, Tonangeln, Kabel und Lampen.

„Probe ... und *bitte*", hallte es von den Lautsprechern an der Decke. Ich stellte mich blind. „Stopp – Moritz, kannst du bitte das Gesicht etwas mehr nach links drehen? ... nein, das andere Links. Danke. Probe geht weiter, und bitte!"

Wie man sich gut vorstellen kann, fühlte es sich da eben nicht an, als wäre ich in der Situation der Figur, die ich verkörperte. Das war im besten Fall höchstens beim Dreh an sich so, wenn überhaupt. Bei einer Szene von zwei Minuten Länge also für zwei Minuten. Die restlichen zwei Stunden war ich einfach nur Moritz, dem nichts Schlimmes passiert war, der aber so tun durfte *als ob*. Und ich war viel mehr damit beschäftigt, meinen Text nicht zu vergessen und auch ja richtig im Licht zu stehen. Auch wenn ich Klaus mit den Jahren sehr nahegekommen bin und er mir sehr ans Herz gewachsen ist – ich habe mich nie wie Klaus gefühlt, er war für mich immer eine andere Person.

Ein Dreh kann durchaus chaotisch wirken. Wie ein großes Durcheinander, das sich auf Bitten der Regie kurz in Konzentration verdichtet und danach gleich wieder im Wusel versinkt.

Tatsächlich aber folgt so ein Dreh normalerweise einem recht strengen hierarchischen Ablauf mit klaren Regeln und eigenen Gesetzen. Was geschehen soll, wird schon im Vorfeld diskutiert. Wenn dann mit den eigentlichen Dreharbeiten begonnen wird, ist der Film an sich so gut wie fertig. Je aufwendiger er ist, desto mehr gilt das.

Filme wie „Herr der Ringe" oder „Avatar" müssen Bild für Bild, Einstellung für Einstellung auf dem Papier geplant sein, technische Details müssen geprobt und getestet worden sein, sonst klappt nichts. Der Dreh ist dann abarbeiten oder scheitern.

Bei der Lindenstraße war es nicht ganz so wild. Deko und Technik waren stets vor Ort und eh immer die gleichen. Da musste man nicht alles bis ins Detail planen. Hier kam vor allem Routine zum Tragen. Der immer gleiche Ablauf sorgte für einen reibungslosen Tag. Es gab natürlich vieles, was diesen Ablauf stören kann. Massenszenen, die aus dem Ruder liefen, ungewohnt hoher technischer Aufwand, Zeitmangel, Geldmangel, menschliches Versagen, Regen oder andere widrige Wetterbedingungen, technische Schäden. Auch Tiere sind an jedem Set ein steter Quell des vorprogrammierten Ärgers.

Und eben Kinder. Kinder mögen keine Routine. Routine ist langweilig. Also machte ich allerhand Quatsch und stürzte das Set damit regelmäßig ins Chaos.

Ich vergaß meinen Text, lief in die falsche Richtung oder versteckte Requisiten. Helga Beimer stand einmal ratlos vor dem Telefonschränkchen im Flur, als sie meine Filmschwester Marion anrufen wollte und ins Leere gegriffen hatte. Das Telefon hatte ich kurz vor dem „Bitte" in die Schuhschublade gelegt. An einem anderen Tag fand ich es unglaublich komisch, auf die Petersilienkartoffeln des beimerschen Mittagessens so viel Petersilie zu streuen, dass ich vor lauter Nießen meinen Text nicht mehr sagen konnte, weil ich mir die gehackten Kräuter bei jedem Satz von innen in die Nase blies. Es dauerte eine Weile, bis ich wieder drehen konnte ohne Tränen in den Augen. So was kostet Zeit. Gerade Zeit hat man aber nicht, wenn ein Kind am Set ist, denn das darf ja nur eine begrenzte Zeit bleiben. Also alles schnell, schnell machen, daran scheitern und retten, was zu retten ist, bevor das Kind aus rechtlichen Gründen das Set verlassen muss.

Gleich im zweiten Jahr wurde es dann noch schlimmer: Klausi bekam seinen ersten Hund, Beimer. Aus Kostengründen wurde natürlich kein trainierter Hund mit Betreuer gebucht, sondern einfach ein kleiner süßer Spaniel, der freilich nicht im Geringsten das tat, was er sollte.

Jahre später hat mir Joachim Hermann Luger, der meinen Filmvater Hans Beimer spielte, erzählt, er hätte die Rolle in der Lindenstraße fast abgelehnt, weil ich noch so klein war, als wir begannen. Ab und an mit einem Kind zu drehen war eine Sache. Ein ganzes Jahr lang erschien ihm nicht sonderlich verlockend.

Und er war nicht der Einzige, der gerne auf Kinder am Set verzichtet hätte. Einer unserer inzwischen leider schon lange verstorbenen Regisseure, George Moorse, hat mit seiner tiefen Stimme und seinem englischen Akzent immer gesagt: „Kinder rrraus!" Erst Minuten vor dem Dreh, wenn es wirklich nicht mehr zu vermeiden war, hat er mich ans Set geholt. Mittlerweile ist das Usus bei der Arbeit mit Kindern, aber damals fehlte es noch an Erfahrungswerten. Später, als ich im Teenageralter angekommen war, hat er sich viel Zeit genommen, mir als jungem, nicht ausgebildetem Schauspieler zu helfen.

Mehr als zehn Jahre hat George bei der Lindenstraße verbracht und drehte in dieser Zeit 168 Folgen für uns. Er war ein enger Freund von Hans Geißendörfer und sein filmischer Ziehvater. Ihm zum Gedenken hieß das Café der Serie zunächst „Café Moorse" und dann „Café George".

Bis auf das „Kinder rrraus..!" habe ich aber wenig bis nichts davon zu spüren bekommen, dass ich als Kind ein Stressfaktor für meine Kollegen war. Im Gegenteil, alle kümmerten sich rührend um mich. Wir waren schnell eine eingeschworene Gemeinschaft. Insbesondere Marie-Luise und Joachim Luger stellten ihre Bedürfnisse am Set zurück und halfen mir mit Tipps und Tricks, machten Späße oder erzählten Geschichten.

Einmal brachte mir Marie-Luise Marjan eine Art Gedicht bei. Das habe ich vor Jahren meiner eigenen kleinen Filmtochter weitergegeben, Trixi, die die Mila spielt. Der generationenübergreifende Unsinn funktioniert wie folgt: Zunächst gilt es, eine kleine Zeichnung anzufertigen.

Kann das Gegenüber deren Sinn nicht erraten, folgt die Auflösung: „Das ist ein Baum mit Kokosnüssen, da hat einer hingeschissen, das ist hoch, und das ist niedrig, das ist der Po von Onkel Friedrich, das ist der Hut von Tante Ida, und das ist dieselbe Kacke wie die da."

Wenn auch die Bemühungen meiner Filmeltern nicht mehr halfen, landete ich eben flugs wieder im Eimer des Aufnahmeleiters.

Damals wurde noch viel gefeiert, deutlich mehr als in späteren Jahren. Zu jeder Regiestaffel gehörten ein Warm-up zum Kennenlernen, ein Bergfest in der Mitte der Staffel, und ein Abschlussfest. Bei fünf Staffeln im Jahr, einem Sommerfest und einer Weihnachtsfeier kamen wir auf siebzehn Partys pro Jahr. Und das waren nur die offiziellen Anlässe.

An ein Bergfest erinnere ich mich noch ganz besonders. Es muss unser erstes gewesen sein. Geladen wurde in eine Pizzeria in der Kölner Südstadt. Das Team war damals noch klein genug für eine solche Location. Ich kam in Begleitung meiner Eltern und meiner Schwester Susanne, die mit ihren 6 Jahren die Jüngste war. Für uns beide war es ein Heidenspaß. Kostas Papanastasiou, der den Panajotis Sarikakis spielte, führte uns den halben Abend lustige kleine Zauber-tricks mit Servietten vor, und Dietrich Siegl, der den Stefan Nossek verkörperte, hielt sich, wenn wir mit ihm rumtob-ten, die Nase zu und rief näselnd um Hilfe. „Hippe, hippe, Polizei!" Auch so ein Spruch, den ich seitdem in meinen aktiven Wortschatz aufgenommen habe.

Schauspieler sind ein besonderes Völkchen. Insbesondere wenn es um Unsinn geht. Ich glaube, es ist die Kombina-tion aus extrovertiertem Charakter und viel Langeweile beim Warten am Set. Der König des Unsinns war Knut Hinz, der etwas später als Hajo Scholz zu uns stieß. Auch Irene Fischer, alias Anna Ziegler, hatte stets einen Spruch auf Lager. Im Grunde polterten 34 Jahre lang Witze und Anek-doten auf mich ein. Das hat mir so manche Wartezeit mehr als versüßt.

Gerade zu Beginn, als ich noch klein war, war das Gold wert. Immerhin war ich ganz allein auf weiter Flur. Andere Kinder? Fehlanzeige. Erst im zweiten Jahr zog ein weiterer kleiner Junge in die Lindenstraße: Nachbarn der Beimers, Berta und Gottlieb Griese, adoptierten den sechsjährigen Waisenjungen Manoel. Endlich ein Spielkamerad, mit dem Klaus so manchen Streich spielte. In einer Szene wickelten die beiden Jungs Hundescheiße in Zeitungspapier, zünde-ten sie an, legten sie vor Else Klings Tür und klingelten. Else öffnete und versuchte prompt, das Feuer auszutreten. Der Rest ist Geschichte. In Wahrheit haben wir natürlich nicht Hundescheiße, sondern Schokopudding in die Zeitung ge-wickelt. Für mich und Marcel Kommissin, der Manoel spielte, war es trotzdem ein Riesenspaß. Und aufregend war es auch: Da Feuer in einem Studio voller Holzwände und

Pappdekorationen nicht ganz ungefährlich ist, stand gleich neben uns ein Feuerwehrmann.

In späteren Jahren hat es mal richtig gebrannt bei uns im Studio. Und ein anderes Kind, sogar ein anderer Moritz, hat Schlimmeres verhindert. Moritz Hein, der kleine Max Zimmermann, war in einer Pause im Studio spielend unterwegs, ganz so, wie ich es in seinem Alter getan hatte. Als er durch die Gänge des leeren Studios lief, bemerkte er Rauchgeruch und sagte glücklicherweise sofort Bescheid. Minuten später wäre es wohl zur Katastrophe gekommen. So aber konnte das Feuer, ein Kabelbrand, gelöscht werden, bevor das ganze Studio mit all den Dekorationen in Flammen aufging und vom Akropolis bis Wohnung Ziegler unrettbar abgebrannt wäre.

Wie schnell ein Feuer in Holzdekorationen unkontrollierbar werden kann, konnten wir wiederum viele Jahre später bei einem Dreh beobachten. In einer der letzten Folgen fackelte nach einem Brandanschlag durch rechtsextreme Polizisten Klaus' Küche ab. Helga wurde dabei fast getötet. Für den Dreh dazu haben wir die ganze Küche aus dem Studio ausgebaut und samt Wänden, Tapeten und allem Drum und Dran draußen auf einer Freifläche auf dem WDR-Gelände wieder aufgebaut. Erst wurde mit Gas nachgeholfen, um Teile kontrolliert in Brand zu setzen. Langsam, nach und nach, sollte die ganze Küche runterbrennen. Dabei entzündete sich alles so heftig, dass die Feuerwehr mit dem Löschen nicht mehr nachkam. Unser Kameramann suchte mit qualmenden Klamotten das Weite, und eine Kamera nahm Schaden.

Mit Feuer hantierten Marcel Kommissin und ich zwar nicht, aber mit ihm hatte ich plötzlich einen gleichaltrigen Kollegen

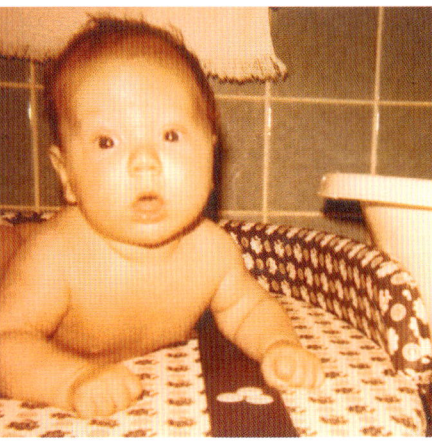

Bild oben: Frisch auf den Tisch. 1978 war die Welt noch ganz neu für mich.

Bild links: Rumhängen konnte ich schon immer gut. Damals war man dafür allerdings noch stolz auf mich.

Bild rechts: Bei einem der vielen Ausflüge musste ich schnell noch eine Stärkung zu mir nehmen, bevor ich mich von Papa weitertragen ließ.

Bild rechts: Kein Baum im Volksgarten war vor mir sicher. Ganz sicher war ich auf dem Baum allerdings wohl ebenfalls nicht.

Bild oben: 1984 wurde ich mit viel Vorfreude eingeschult.

Bild links: Mama, Papa, Susi und ich 1983 auf Balkonien. Ich habe lange suchen müssen, um ein Bild mit uns allen zu finden.

Bild rechts: Das hat gedauert. Am ersten Drehtag wurden die Masern angeklebt.

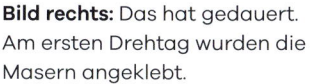

Bild unten: Auf dem Licht-Balkon habe ich oft gestanden und den Blick über Studio wandern lassen.

Bild oben: Ob das Fahrrad der Requisite einen Tachometer hatte, habe ich nie herausgefunden.

Bild links:
In den Drehpausen kümmerte sich Christine um uns.

Bild links: 1986 durfte ich noch nicht alleine an die Kamera.

Bild unten: Ein wenig aufgeregt war ich schon, als ich am Set mit dem Luftgewehr hantieren sollte.

Bild oben: Ab und an war auch Susi am Set. Hier mit Klausis erstem Hund „Beimer".

Bild oben: Der erste
Filmkuss. •

Bild rechts: Echt sah
die Lindenstraße
nur aus, wenn man
drin stand. Von oben
aber kann man die
hohlen Fassaden gut
erkennen.

Bild oben: Der Zeit voraus: Elektroauto Anfang der 90er. Nur optisch nicht ganz getroffen.

Bild oben: Julia und Klaus brechen in den Schlachthof ein – auch als Dreh ein Abenteuer.

Bild links: Etwas übermütig. Aber ich war frisch verliebt in Kai, da konnte ich nicht anders.

Bild rechts: Während Klaus mit Pat viel Ärger hatte, konnte ich Giadas Charme nicht widerstehen.

Bild unten: „Der kann ja laufen!" Sibylle und Ludwig gehen auf „Anfang".

bekommen, mit dem ich die Produktion fortan gemeinsam unsicher machen konnte. Das fand ich klasse. Von nun an hing nicht nur ein frecher Knirps an den Bühnenvorhängen des Akropolis, sondern zwei. Das war selbstredend viel spannender, immerhin konnte man so herausfinden, wer als Erster über dem Tresen auf der weißen Holzplatte zum Sitzen kam, die die Holzwand der Dekoration nach oben begrenzte. Umgehend wurde im Büro des Aufnahmeleiters ein zweiter Mülleimer angeschafft.

KAPITEL 5

KLEINE MACKEN IM LACK

Die Dekorationen im Studio waren eine Sache für sich. Sie waren grundsätzlich aus Holz gebaut, viele Flächen wurden doppelt genutzt. Wenn man zum Beispiel im Wohnzimmer von Dr. Dressler drehen wollte, musste die Küche des Akropolis weichen, ein Treppenhaus gab es nur vor der Wohnung Kling, deren Küche ebenfalls in Teilen Küche Akropolis oder Wohnzimmer Dressler werden musste. Der Boden in allen Wohnungen, egal ob er wie Holz oder wie Fliesen aussah, war aus PVC, damit die Kameras wackelfrei darüber rollen konnten. Nach oben schauen konnte man hingegen nicht, Decken hatten die Wohnungen alle keine. Das fiel im Fernsehen nachher nicht weiter auf.

Was ebenfalls nicht auffiel, war, dass alle Wohnungen einen unterschiedlichen Grundriss hatten. In der einen ging der Flur nach rechts weg, in der nächsten geradeaus. In einer weiteren war das Bad hinten links und bei der ersten wiederum gleich am Eingang rechts. In einem Mietshaus gibt es so etwas in der Regel nicht. Auch hatten alle Wohnungen Fenster in alle Richtungen, obwohl es sich bei Hausnummer 3 um ein Reihenhaus handelte. Man blickte wahlweise auf die Straße oder in den Hinterhof hinaus, auch wenn, wie im Wohnzimmer Beimer, die Fenster sich eigentlich in Richtung Hausnummer 5 befanden. Und im Hausflur war der Fahrstuhl auf dem ersten Stockwerk gleich neben der Eingangstür der Wohnung, im Eingangsbereich des Erdgeschosses mehr als einen Meter weiter hinten, damit die Briefkästen noch Platz fanden. Ein ambitionierter Szenenbildner hat sich mal die Mühe gemacht, ein Modell des Hauses zu bauen, wie es aussehen müsste, damit die Wohnungen hineinpassen. Es wurde ein echtes Chaos. Ich schaute mir alles genau an und bekam große Augen. Dass das niemand merkte, konnte ich nicht glauben. Aber es war tatsächlich nie ein Thema unter den Zuschauern, die ansonsten aufpassten wie die Schießhunde,

um kleine Fehler zu entdecken. Irgendwann zählte ich die Klingelschilder am Hauseingang der Außendekoration und bemerkte, dass wir eine Etage mehr haben müssten, als tatsächlich in Bocklemünd aufgebaut worden war. Die Familien im obersten Stock wohnten eigentlich auf dem Dach. Alles nur Show.

Und ebenfalls wie bei Shows standen bei der Lindenstraße die Kameras mit Zoomoptiken auf großen Studiopumpen. Schwere Ungetüme mit Rollen und einem Druckluft-Turm in der Mitte, der es der Kamera erlaubte hoch- und runterzufahren. Dem Kameramann oder Schwenker – es sind bis heute fast nur Männer – ist es damit möglich, kleine Fahrten zu machen, meist um schnell umzubauen. In aller Regel stehen diese Kameras aber im Halbkreis um die Szenerie herum. Die mittlere macht eine Totale, zeigt also den ganzen Raum, und die anderen beiden schwenken und zoomen von beiden Seiten auf die einzelnen Schauspieler, um diese näher ins Bild zu bekommen. So konnten wir die Szenen wie im

Theater am Stück durchspielen. Das hieß aber auch, dass wir, wenn etwas schief ging, ganz von vorn anfangen mussten.

Außerdem spreche ich zwar immer vom „Dreh" der Lindenstraße, eigentlich zeichneten wir aber auf. Klassische Filmkameras drehen Bild für Bild über eine Spule an der Optik vorbei. Jedes bleibt für einen Moment stehen, die Blende der Optik öffnet sich, Licht fällt ein, die Blende schließt sich. So entsteht der Film auf einer Spule direkt in der Kamera. Digitales Material, wie wir es nutzten, dreht sich aber natürlich nicht. Zwar zeichneten wir auf MAZ auf, also auf einem Magnetband, in späteren Jahren aber direkt auf den Schnittcomputer Avid.

Somit hingen die 200 Kilogramm-Kamera-Monster an Kabeln. Ebenfalls wie bei Shows wurde bei uns noch während des Drehs von der Co-Regie geschnitten. Danach konnten wir uns die fertige Szene beim sogenannten Rückspiel im Studio mit dem ganzen Team anschauen.

So zu drehen war eine feine Sache. Es ging verhältnismäßig schnell, war vom technischen Aufwand überschaubar, gut kontrollierbar und einfach umzusetzen. Abgesehen davon lag das Ergebnis auch gleich vor. Der große Nachteil allerdings war, dass wir jede Bewegung, die vor der Kamera stattfand, nach deren schwerfälligen, minimalen Bewegungsmöglichkeiten ausrichten mussten. Am besten, wir bewegten uns erst gar nicht.

Diesem Umstand geschuldet war die Lindenstraße in den ersten Jahren ein reines Sitz- und Sprech-Kino, nur sogenannte Talking-Heads. Das absolute Gros der Szenen spielte sich in den Wohnungen ab. Meist hatten wir die ganze Szene über eine feste Position, von der aus wir unseren Text aufsagten. Dinge passierten nicht vor der Kamera, wir redeten einfach über die Dinge, die passierten. Wenn Chris

Barnsteg auf eine Demo ging, erzählte sie davon, so wie Klausi immer nur vor der Schule erzählte und sein Vater von der Arbeit. Nichts wurde bebildert. Es hätte nicht viel gefehlt, und wir hätten die Sendung, wie sie war, gleich im Radio mitübertragen können.

Die Serie interessant zu gestalten hing also fast ausschließlich am Drehbuch und der Glaubwürdigkeit der Figuren, die dort vorkamen. Neben einem geschärften Profil der Rollen war es an den Schauspielern, die Geschichten, über die nur geredet wurde, mit Leben und Liebe zu füllen. Keine leichte Aufgabe, insbesondere für ein Kind wie mich, das von Schauspielerei noch nicht den geringsten Schimmer hatte.

Meine Eltern übten mit mir zwar die Texte, waren aber eben Juristen und keine Schauspieler. Sie konnten mir mit den wichtigen Details nicht helfen. Ohne Coach blieb diese Arbeit an Regie und meinen erwachsenen Kollegen hängen. Meine Filmeltern Marie-Luise Marjan und Joachim Hermann Luger waren beide Theaterprofis und hatten auch schon so einige Drehtage hinter sich. Sie halfen mir, das Beste aus unseren Szenen herauszuholen. So entwickelte sich schnell ein sehr enges und inniges Verhältnis zu ihnen. Insbesondere Marie-Luise steckte in den ersten Jahren sehr viel Zeit und Energie in mich. Joachim wohnte nicht in Köln und hatte auch im richtigen Leben eine junge Familie. Also übernahm hauptsächlich sie es, mich in die Szenen einzuführen und mit mir an den Texten zu arbeiten. Ich kann mir vorstellen, dass es mehr Zeit in Anspruch nahm, als ich damals merkte. Der Weg in ein Kinderherz führt über Vertrauen. Sie nahm sich privat viel Zeit und war immer geneigt, neben dem reinen Lernen und Üben auch Ausflüge mit mir zu machen und einen privaten Kontakt aufzubauen.

Marie-Luise ist übrigens weiß Gott keine Mutter Beimer. Sie ist ein Freigeist, Schauspielerin mit Leib und Seele. Und sie hat keine eigenen Kinder. In einem ist sie Helga dann aber doch sehr ähnlich: Auch Marie-Luise ist in ihrer Art und in ihrem Umgang sehr mütterlich und wie die meisten Schauspieler sehr körperlich. Das bin ich mittlerweile auch – das passiert automatisch bei unserer Arbeit. Uns schiebt ständig jemand durch die Gegend, wir werden von Regie oder Kamera in Position gebracht, von der Maske und dem Kostüm betupft und gezupft. Wir arbeiten eng miteinander, Berührungen sind normal und kommen deutlich häufiger vor als in anderen Berufsfeldern, weil wir in den unterschiedlichsten Rollen Liebe, Vertrautheit, Sex, Hass, Prügeleien, Familienleben oder Freundschaften darstellen. Das hat auch Auswirkungen auf unsere Beziehung untereinander am Set: Nach einer Schlägerei hilft es, sich in den Arm zu nehmen, nach einem Kuss schafft es Vertrauen, sich nicht sofort loszureißen. Wir sind halt mehr als Kollegen, die in einem Büro einen Schreibtisch teilen.

Als ich sieben Jahre alt war, mochte ich es allerdings nicht so gerne, geknuddelt zu werden. Es stand aber dauernd im Drehbuch. Helga Beimer musste Klausi knuddeln, anders konnte es nicht sein. Dass sie ihm nicht noch ständig mit einem spuckefeuchten Taschentuch imaginären Dreck aus dem Gesicht tupfte, grenzte an ein Wunder.

Nach einigen Drehmonaten wurde mir das anhaltende Knuddeln zu viel. Ich beschwerte mich bei meinen Eltern, die umgehend reagierten. Nach einem Gespräch mit Hans Geißendörfer wurde Klaus ein neuer Satz angedichtet, der es nachfolgend zu einiger Berühmtheit gebracht hat.

Jedes Mal, wenn Helga fortan ihren Klausi in den Arm nahm und ihr mütterliches „Mein Hase" von sich gab, sollte – und durfte – ich mich möglichst energisch lösen und sagen: „Ich bin kein Hase."

Leider waren nicht alle Knuddeleien, denen ich mich ausgesetzt sah, so einfach abzustellen. Bald schon war es Usus, dass wildfremde Leute mich auf der Straße in den Arm nahmen. Gefühlt jede Dame ab 50, die mich zu Gesicht bekam, lächelte zunächst freudig, begann ausgeprägt zu strahlen, breitete die Arme aus und drückte mich, wenn ich nicht schnell genug war, an ihre Brust. „Ach, Klausi", flöteten sie, „ach Klausi, wie schön, dich mal in Wirklichkeit zu sehen. Du bist ja so ein lieber Junge." Meistens folgte dann noch ein Kommentar zum aktuellen Leben der Familie Beimer. „Sei nicht so frech zu deiner armen Mutter!", oder „Du armer Junge, was machen deine Eltern nur mit dir, musste Hans deine Mutter denn wirklich verlassen?" Jedes Mal konnte ich meinen Kopf nur mit Mühe aus dem wogenden Busen einer solch überglücklichen Dame herausschälen.

Als ich größer wurde, wurde zumindest der stets drohende Erstickungstod unwahrscheinlicher. Allerdings wuchs mit meiner Körpergröße im gleichen Maße auch meine Abneigung dagegen, von fremden Menschen in den Arm genommen zu werden. Ich kann mir beim besten Willen keinen jungen Mann auf der Schwelle zum Erwachsenwerden vorstellen, der es mag, hilflos im Ausschnitt einer älteren Dame liegend, als besonders süßer Junge bezeichnet zu werden. Vor allem, wenn ich vor meiner jeweils aktuellen Freundin besonders cool wirken wollte, waren mir diese Situationen ein steter Quell des Grauens.

Ganz besonders spaßig wurde es, wenn es sich um Gruppen handelte und ich nicht ausweichen konnte. Ich zucke heute noch zusammen, wenn ich eine feucht-fröhlich feiernde Horde Damen in Sektlaune bei der gemeinsamen Anfahrt zu einem Ausflug in einem Zug antreffe. Zu viele Bahnfahrten habe ich in einem glucksenden Rudelkuschel-Fiasko verbracht, aus dem es kein Entrinnen gab. Erst mit Anfang zwanzig war ich anscheinend erwachsen genug, dass diese Übergriffe in der Öffentlichkeit ein Ende hatten.

Marie-Luise hatte meine Knuddelabneigung schon viel früher respektiert, was ich ihr bis heute hoch anrechne. Vor allem aber bin ich ihr dankbar für alles, was ich über die Jahre von ihr lernen konnte. Sie ist eine unglaublich treue Seele. Ich habe schon einige ähnlich berühmte Schauspieler kennengelernt, und beileibe nicht alle schaffen es, so professionell und angenehm zu bleiben.

Marie-Luise backte zu Weihnachten Kekse für das Team, sie vergaß nie einen Geburtstag oder einen wichtigen Termin. Wenn sie zu einer tollen Veranstaltung eingeladen war, nahm sie gerne junge, neue Kollegen mit, um ihnen die Erfahrung auf dem roten Teppich zu ermöglichen. Mit unglaublichem Fleiß und persönlichem Engagement machte sie Pressearbeit für die Lindenstraße und verhalf ihr so über all die Jahre zu viel Öffentlichkeit. Gleiches tut sie immer noch ehrenamtlich für Unicef und Plan International. Ich kann also – genauso wie das Publikum, der WDR und die Geißendörfer Film- und Fernsehproduktion – nur von Glück sagen, dass sie Mutter Beimer wurde.

KAPITEL 6

SCHWERE ZEITEN IN DER SCHULE

Das wahre Leben zu zeigen war der Kern des großen Erfolgs, den die Lindenstraße einfuhr. Die Serie thematisierte vieles von gesellschaftlicher Brisanz, das ansonsten im deutschen Fernsehen so gut wie nicht vorkam. Die Figur Benno Zimmermann zum Beispiel starb 1988 den ersten Aids-Serientod im deutschen Fernsehen. Ich war neun, HIV war noch nicht ganz mein Thema. Dennoch kam auch ich im wirklichen Leben damit in Berührung. In den Medienberufen war die Dichte an Homosexuellen höher als in anderen Berufsfeldern. So wie bei anderen kreativen Tätigkeiten auch. Und da Aids gerade zu Beginn der Epidemie im Schwerpunkt unter homosexuellen Männern vorkam, traf es auch Mitarbeiter der Lindenstraße. Wir verloren einige Teammitglieder, auch solche, die mir besonders ans Herz gewachsen waren. Ausgerechnet der Requisiteur Wolfgang war ebenfalls unter denen, die plötzlich fehlten. Am Set wurde das natürlich besprochen, auch wenn ich als Kind nicht direkt eingebunden wurde. Es dauerte eine Weile, bis ich genau wusste, was los war. Bei anderen Kollegen erfuhr ich erst Jahre später, warum sie nicht mehr bei uns waren.

Ich habe vor Kurzem erst mit meiner Mutter darüber gesprochen. Erstaunlicherweise stellte sich heraus, dass ich als Kind die Verluste zu Hause nicht thematisiert hatte. Anscheinend habe ich, was ich in der Lindenstraße erlebte, auch dort mit mir selbst ausgemacht.

Noch etwas war typisch für die Lindenstraße: Sie vermischte Fiktion und Realität. Mutter Beimer organisierte beispielsweise in der Serie einen „Umwelttag" mit einer Fahrrad-Sternfahrt zu einem Bürgerfest auf dem Münchner Marienplatz, der dann in Kooperation mit Münchens Oberbürgermeister Christian Ude am Sendetag, dem 17. August 2008, tatsächlich stattfand. Viele von uns Schauspielern waren an diesem Tag halb in der Rolle, halb als Privatperson in München mit dabei.

Seinen Höhepunkt hatte dieses Prinzip bereits früh. In einer koordinierten Aktion zwischen der Lindenstraße und der real existierenden Umweltschutzorganisation Robin Wood, der in der Serie auch Benny Beimer angehörte. Als Demonstration gegen Atomkraft sollte eine Lkw-Ladung giftgrüner Tischtennisbälle in die Einfahrt des Privathauses das damaligen Umweltministers Klaus Töpfer geschüttet werden. Wir drehten die entsprechenden Szenen dazu Monate im Voraus, sodass wir zur gleichen Zeit wie die real stattfindende Demonstration auf Sendung gehen konnten. Als die Aktion am 27. November 1989 dann tatsächlich stattfand, sorgte das für einigen Ärger. Dass die Lindenstraße im Vorfeld davon gewusst hatte und sogar mittelbar daran beteiligt gewesen war, fand der WDR überhaupt nicht lustig. Er drohte sogar mit der Absetzung der Sendung.

In Ordnung war dagegen, dass Klausis älterer Bruder Benny, verkörpert von Christian Karmann, in der Serie bei der wirklich existierenden Band „Mini Pigs" Schlagzeug spielte. Mit ihrem Hit „Kuh mach Muh" erreichten sie sogar die Top 20 der echten deutschen Hitparade, bei Auftritten war Christian dann halb er selbst und halb Benny. Diese Vermischung war mir noch nicht bewusst. Ich fand es einfach nur aufregend, dass Christian Musik machte. Das wollte ich auch! Ich quengelte so lange, bis die Produktion mir die Gelegenheit dazu gab: Zu Helgas Beimers Geburtstag durfte ich als Klausi das Lied „Meine Mama" zum Besten geben. Das wurde vorher im Tonstudio von mir eingesungen und anschließend gemischt, so dass wir es beim Dreh im Studio als Play-back vorliegen hatten. Gleichzeitig wurde die Aufnahme auf eine Single gepresst. Bis in die Charts habe ich es aber leider nicht geschafft. Ich glaube ja, schuld war das furchtbare Design des Covers – Marie-Luise und ich eingerahmt in rosa Herzchen, ein Inbegriff des Kitschs – es mag aber auch daran gelegen haben, dass ich weit davon entfernt war, singen zu können, und zu allem Überfluss bei der Aufzeichnung auch noch erkältet. Immerhin kann ich trotz mangelnder Gesangsbegabung tatsächlich von mir behaupten, dass ich einmal in meinem Leben eine Schallplatte veröffentlicht habe.

Christian musste übrigens nicht nur meine Quengeleien aushalten, sondern brauchte auch sonst viel Geduld mit mir. Dabei war er selbst noch ein Teenager und nur wenige Jahre älter als ich.

Ich erinnere mich noch gut an den Dreh unseres zweiten Weihnachtens im September 1986. Ich war gerade aus der

Schule gekommen und hatte wie so oft, wenn die Kollegen schneller gewesen waren als geplant, keine Zeit mehr gehabt, mittagzuessen.

In der anstehenden Szene sollte Klausi Kekse essen und irgendwann im weiteren Verlauf einen einzigen Satz sagen. In den Proben ist das Essen von Requisiten strengstens verboten, daran hielt ich mich eisern. Und so saß ich vor dem eigentlichen Dreh hungrig mit den Keksen in der Hand auf dem beimerschen Sofa, tat so, als würde ich sie essen, und sagte brav meinen Text. Der Duft des Backwerks hatte meinen Appetit dabei noch mal ordentlich gesteigert, sodass ich beim Dreh, als ich endlich durfte, fleißig losfutterte. Ich mümmelte also gemütlich vor mich hin, bis Christian mich genervt von der Seite anfuhr: „Du Lähmer!"

Ich wusste sofort, was er meinte. Ich hatte vor lauter Essen vergessen, meinen Text zu sprechen. Rasch versuchte ich, meinen Fehler auszubügeln, und ratterte hastig meinen Text herunter.

„Jetzt ist es zu spät, du Arschloch", kam von Christian.

„Danke, aus, noch mal bitte", kam von der Regie. Und schon hatte ich meinen zweiten Auftritt in der Klappenfilmgeschichte der Lindenstraße. Immerhin bekam ich fortan vor dem Dreh immer etwas zu essen, wenn ich von der Schule kam.

Der Ausdruck „du Lähmer" begleitete mich dann übrigens, wie sollte es anders sein, für die nächsten Jahre. Immer wenn ich durch kindliche Konzentrationsprobleme auffiel, wurde ich damit aufgezogen – zu Hause wie am Set. Mit einem Augenzwinkern, versteht sich.

Außerhalb der Lindenstraßenwelt, insbesondere in der Schule, wurde ich hingegen leider ohne Augenzwinkern geärgert, und mein Leben wurde zunehmend unangenehm. Auch wenn einige meiner Freundschaften aus der Vor-Lindenstraßen-Zeit erhalten blieben, war ich doch ab Beginn meiner Schauspieltätigkeit über viele Jahre Anfeindungen ausgesetzt.

Vor allem wurde ich gehänselt. Das scheint etwas zu sein, was Kinder gerne mal tun, wenn jemand aus einer Gruppe heraussticht. Das eine oder andere übergewichtige Kind, Kinder mit dicken Brillen, Migrationshintergrund oder Behinderungen können davon sicher ein Lied singen. Dabei ist es wohl nicht ausschlaggebend, ob man sich über etwas gefühlt Positives oder Negatives von der Norm unterscheidet. Auch der sogenannte Klassenstreber oder besonders hübsche Menschen kennen diese Art der Ausgrenzung.

Bei mir war es also die Lindenstraße. „Klausi Beimer ist im Eimer" war in der Grundschule der beliebteste Schulhofspruch. Halb so wild, sollte man meinen, aber die täglichen kleinen Gehässigkeiten setzten mir doch zu. Und auch körperlich wurde ich angegangen.

Gleich nach dem Bekanntwerden meiner Tätigkeit wurde ich von einer Gruppe Mitschüler auf dem Pausenhof so lange mit Schlägen und Tritten versehen, bis ich mir nicht mehr zu helfen wusste und selbst zuschlug. Einer der Jungs verlor dabei einen Zahn. Das tat mir leid, aber was sollte ich machen? Aufgehört hätten sie ohne Gegenwehr nicht.

Hätte ich zu Hause und auch am Set nicht einen solchen Halt gefunden, wäre es sicherlich alles noch viel schlimmer für mich gewesen. Und auch meinen guten Klassenlehrerinnen in der Grundschule habe ich es zu verdanken, dass ich die erste Zeit trotz allem recht unbeschadet überstanden habe. Sie versuchten aufzuklären, wo es ging, behandelten mich wie jedes andere Kind auch und sorgten in den Pausen dafür, dass ich möglichst meine Ruhe hatte.

Mein Leben wurde mit jedem Tag Lindenstraße auch in anderer Hinsicht komplizierter. Inzwischen war ich immer und überall unter Beobachtung. Irgendwann dauerte es mindestens eine Stunde, um zum Beispiel am Kölner Dom vorbeizukommen. Alle paar Meter sprach mich jemand an. Bei einem Zirkusbesuch, auf den ich mich lange gefreut hatte, konnte die Vorstellung nach der Pause nicht wieder aufgenommen werden, weil ich zu viele Autogramme geben musste.

Sosehr es auch schmeicheln mag, angehimmelt zu werden, es war recht schnell Schluss mit lustig, als ich dem Ruhm nicht mehr entkommen konnte. Einen An- und Ausschalter dafür gibt es leider nicht. Was man selbst möchte, ist dann oft einfach nicht möglich. Und das nicht nur für mich: Mein privates Umfeld wurde gleich mit reingezogen. Meine Tante verließ mit meinem Cousin und mir einmal fluchtartig eine Eishalle. Wir wurden derart bedrängt, dass sie sogar die Ausweise zurückließ, die wir als Pfand für die Schlittschuhe hinterlegt hatten. Noch im Auto hat man uns verfolgt.

Es stand bei uns zu Hause immer mal zur Debatte, mich aus der Lindenstraße herauszunehmen. Aber erst später erfuhr ich, dass einmal auch seitens der Produktion erwogen wurde, mein Leben als Klausi frühzeitig zu beenden. 1988 war geplant, mehrere Szenen auf Rhodos zu drehen, wo die Beimers Familienurlaub machen sollten. Und meine echte Familie gleich mit, denn meine Eltern und Schwester hätten mich begleitet. Als dieser Dreh abgesagt wurde, war ich entsprechend enttäuscht.

Im Nachhinein bin ich aber sehr froh darüber. Denn die heile Welt der Familie Beimer sollte bei der dort zu drehenden Geschichte zerschlagen werden. Das einvernehmliche Familienleben hatte sich dramaturgisch erschöpft, ein wirkliches Drama musste her: der Tod des jüngsten Sprösslings. Auf Rhodos sollte Klaus beim Baden zu weit ins Meer hinausschwimmen, von der Strömung mitgerissen werden und ertrinken.

Warum dieses Drama dann wieder gestrichen wurde, ist mir bis heute nicht bekannt. Stattdessen jedenfalls trat Anna Ziegler in Hans Beimers Leben und verwandelte sehr zum Leidwesen vieler Fans das Familienidyll in einen Scherbenhaufen, der uns alle bis zur letzten Folge der Serie begleiten sollte.

Um Ostern 1989 stand mein erster Schulwechsel an. Meine Eltern zogen mit uns aus der kleinen Wohnung am Volksgarten in ein Haus im ländlicheren Kölner Osten. Meine Schwester und ich bekamen von nun an jeder ein eigenes Zimmer. Was uns nicht davon abhielt, weiterhin in vielen Nächten zusammenzuziehen. Wir hatten uns sehr daran gewöhnt, abends in den Betten noch ein wenig zu schwatzen oder kleine Ratespiele zu spielen, bis wir einschliefen. Das wurde erst nach und nach weniger.

Bis zu den Sommerferien, nach denen ich aufs Gymnasium wechseln sollte, wurde ich auf eine neue Grundschule geschickt. Ich freute mich darauf und hoffte, dass die Hänseleien bald meiner Vergangenheit angehören würden. Stattdessen kam es aber noch schlimmer. Ich wurde verständlicherweise von der Schulleitung in die kleinere der beiden vorhandenen vierten Klassen gesteckt. Leider war diese Klasse aber so klein, weil sie eine Problemklasse war. Ein Schüler stellte sich zum Beispiel irgendwann mitten im Unterricht auf das Pult und pinkelte unsere Lehrerin an. Sinnvoller Unterricht konnte da nicht stattfinden.

Aber das war mein geringstes Problem. Einige Mitschüler begannen, mich ernsthaft zu bedrohen.

Auf dem Schulweg war ich nicht mehr sicher. Immer wieder lauerten mir Jungs auf. Anders als zuvor begnügten sie sich nicht damit, mich zu verspotten. So manches Mal landete ich auf der Nase, wenn sie mich schubsten und mir gleichzeitig ein Bein stellten. Sie zogen an meinen Haaren, stießen mich in den kleinen Bach, der am Wegesrand lag. Einmal zog mich ein Mitschüler in ein Gebüsch und setzte mir ein Messer an den Hals. „Wenn ich dich absteche, werde ich auch berühmt", flüsterte er in mein Ohr. „Und, hast du Angst?"

Ich nickte stumm. Natürlich hatte ich Angst. Nach einer gefühlten Ewigkeit ließ er mich dann wieder laufen.

Vollkommen von der Rolle war auch meine Religionslehrerin. Wie gesagt bin ich nicht getauft, aber meine Eltern waren der Meinung, Unterricht in Religion könne nicht schaden und sei allemal besser, als in der Parallelklasse für die Zeit „aufbewahrt" zu werden. Also nahm ich am Religionsunterricht teil, in dem es eines Tages auch um die Hölle ging.

„Wer nicht getauft ist, kommt ins Fegefeuer", erklärte unsere Lehrerin. Das fand ich nicht so prickelnd, schließlich gehörten ich und meine ganze Familie dazu. Ich meldete mich: „In meiner Familie sind alle nicht getauft, aber wir sind ja keine bösen Menschen."

„Das ändert nichts daran", antwortete die Lehrerin. „Ungetauft steht dir zwangsläufig der Weg in die Hölle bevor."

Natürlich erschreckte mich das zutiefst. Und erst nach einigen Gesprächen konnten meine Eltern mich davon überzeugen, dass das Unsinn war. In den Religionsunterricht habe ich nie wieder einen Fuß gesetzt. Bis heute begegne ich jeder Religion mit einer gewissen Skepsis. Der Absolutheitsanspruch von Religion schreckt mich. Ich denke, man sollte keine Akzeptanz und Toleranz erwarten, wenn man sie selbst nicht aufbringt. Dabei kann Religion durchaus etwas Sinnstiftendes sein, so wie es heute in vielen Gemeinden bereits der Fall ist.

Zum Glück war meine Zeit an dieser Schule begrenzt. Die drei Monate waren schnell vergangen, und im Sommer kam ich dann auf ein Gymnasium im nahen Bergisch Gladbach. Andere Schulen wären näher gewesen, aber ich sollte mit Latein als erster Fremdsprache starten, und die Auswahl an Schulen, die das noch anboten, war begrenzt.

Die negativen Erfahrungen mit dem Grundschulwechsel saßen tief, und so blickte ich dem neuerlichen Schulwechsel mit gemischten Gefühlen entgegen. Ich beschloss, niemandem etwas von der Lindenstraße zu sagen, um Ärger aus dem Weg zu gehen. Im Unterricht hoffte ich, nicht erkannt zu werden, und in den Pausen versteckte ich mich auf dem Schulhof. Das konnte nicht gut gehen. Natürlich fand ich so keine Freunde, und meine Mitschüler hielten mich für äußerst arrogant. Und wieder war ich Sticheleien nach dem mir inzwischen nur zu bekannten Muster ausgesetzt. Hinzu kam, dass es Lehrer gab, die – vorsichtig ausgedrückt – nicht besonders glücklich mit der Situation umgingen.

„Moritz, du bist hier nicht in der Lindenstraße", bekam ich häufig zu hören, wenn man mich zur Ordnung rufen wollte. Sonderlich zuträglich war dies meiner Lage nicht.

Brachte es mich doch erst recht in eine Sonderstellung, mal ganz abgesehen davon, dass diese Aussage denkbar blödsinnig war. Immerhin verlangt ein Fernsehset von Kindern mehr Disziplin und Ruhe als jede Schulklasse.

Es gab aber natürlich auch ganz tolle Lehrerinnen und Lehrer, die sich ernsthaft kümmerten. Sie sorgten dafür, dass ich in der Schule halbwegs zurechtkam. In meiner eigenen Klasse wurde es dann trotz meines blöden Verhaltens bei der Einschulung bereits nach kurzer Zeit deutlich besser, bis die Sticheleien ganz aufhörten und ich dort wie jeder andere Mitschüler behandelt wurde. Auch auf dem Schulhof wurde es für mich auf dem Gymnasium bald entspannter. Es wurde noch getuschelt, und ich wurde oft auf Themen der Lindenstraße angesprochen. Wirklich angegangen wurde ich aber nicht mehr.

Auf dem Schulweg sah die Sache dagegen anders aus.

Gleich nebenan war eine Realschule. Einige Jungs von dort waren deutlich angriffslustiger als die Schüler auf meiner Schule und lauerten mir auf dem Weg zur Bahn auf. Regelmäßig bekam ich eins auf die Mütze und musste für einige Zeit von der Schule abgeholt werden, um den Angriffen zu entgehen.

Einmal waren sie zu viert hinter mir her. „Hey, Lindenstraßen-Schwein. Bleib doch mal stehen. Warum läufst du denn weg, du feige Sau", rief einer von ihnen. Ich wusste genau, warum ich nicht stehen blieb, und versuchte, in die Straßenbahn zu entkommen. Aber sie waren etwas älter als ich, da konnte ich rennen, wie ich wollte, sie würden mich ja doch erwischen. Also hörte ich auf zu laufen. Wie erwartet landete die Faust des Anführers in meinem Gesicht, noch bevor ich ganz zu stehen gekommen war.

„Na, tut gut, was?", war das Einzige, was ich noch zu hören bekam, bevor die anderen aufschlossen und sich gemeinsam daran machten, mich zu verdreschen. Ich warf mich auf den Boden, biss mir auf die Lippe, spuckte etwas Blut und wand mich so schmerzerfüllt, wie ich konnte. Das Erhoffte trat ein, denn sie ließen von mir ab. Glück gehabt, dachte ich mir und trottete fast unverletzt nach Hause.

Der Rädelsführer des Angriffs wurde identifiziert. Er kam aus der Nachbarschule und sollte, weil es nicht sein erstes ernstes Vergehen war, nun endgültig von der Schule verwiesen werden.

Gemeinsam mit dem Schulleiter kamen meine Eltern auf eine bessere Idee. Wenn er von nun an dafür sorgen würde, dass mich niemand aus seinem Umfeld mehr angriff, würde, wenn ich einverstanden sei, darauf verzichtet, ihn von der Schule zu werfen. Wir trafen uns für ein Gespräch im Zimmer des Direktors und wurden uns einig. Ein kurzer Handschlag, und der Deal war besiegelt. Ich war natürlich skeptisch, ob das helfen würde, aber wie sich herausstellte, funktionierte es für beide Seiten sehr gut. Immerhin war der Junge als Anführer bekannt. Sein Wort wurde beachtet, auch außerhalb seiner Clique. Tatsächlich haben wir uns sogar etwas angefreundet und spielten einige Male nach der Schule Poolbillard miteinander. Soweit ich weiß, hängte er von diesem Tag an seine Schlägerkarriere an den Nagel. Angriffe auf mich waren nun auf zufällige Zusammentreffen mit Jugendlichen begrenzt, die mich eigentlich nicht kannten. Das entspannte meine Lage ganz erheblich.

Was blieb, war die Anspannung, die ich stets spürte, wenn mich gleichaltrige Jungs länger anblickten, und das ungute Gefühl, das mich bereits beschlich, wenn ich eine Gruppe

Jungs auch nur von Weitem sah. Daran sollte sich nichts ändern, bis ich aus der Schule raus war.

Im krassen Gegensatz dazu standen die Erfahrungen, die ich jenseits der Schule machte. Auf einer Geburtstagsfeier von Marie-Luise etwa saß ich an einem Tisch mit dem damaligen Außenminister Hans-Dietrich Genscher. Ein anders Mal wurden wir in den damals noch in Bonn angesiedelten Bundestag geladen, um dort unter anderem Bundestagspräsidentin Rita Süssmuth Helga Beimers berühmte Maultaschen zu servieren. Zwischen all den Parlamentariern herumwuseln zu dürfen habe ich auch als Kind schon als etwas sehr Besonderes empfunden.

Am deutlichsten wurde der Kontrast zu meinem Leben als Junge, der versuchte, einen ganz normalen Alltag in der Schule zu haben, bei der Bambi-Verleihung 1989, bei der das Ensemble der Lindenstraße ausgezeichnet wurde.

Als Jüngster durfte ich den Preis entgegennehmen. Auf dem Weg von der Bühne wurde ich von einem voluminösen Mann mit langen weiß-grauen Haaren umgerannt und angemault. Ein wichtigtuerischer Schnösel, offenkundig. Den fand ich blöd. Später, beim gemeinsamen Preisträgerfoto auf der Bühne, schob mich besagter Schnösel recht grob hinter sich, um in der Mitte des Bildes besser sichtbar zu sein. Da fand ich ihn noch blöder. Später erfuhr ich, dass er Karl hieß und in Mode machte.

Trotzdem. Es wurde ein herrlicher Abend. Zwischen den Bühnenauftritten und Fototerminen verbrachte ich einen Großteil der Gala damit, das leckere Essen tellerweise heimlich hinter die Bühne zum Backstage-Team zu bringen, damit die Kollegen dort auch die Gelegenheit bekamen, es zu kosten.

Es wurde die erste lange Nacht meines Lebens. Ich fand mich zwischen Tom Jones und Chris de Burgh wieder, tanzte mit Kaoma zu ihrem Lambada. Vom Champagner, der in Flaschen gereicht wurde, die, zumindest in meiner Erinnerung, so groß waren wie ich selbst, hatte ich altersgerecht nichts, ganz im Gegensatz zu meinen Eltern, die diesen Abend ebenfalls sehr genossen. Wir feierten bis in die Morgenstunden.

Dabei wusste ich zwar, dass es etwas sehr Besonderes ist, einen Bambi zu bekommen und Menschen kennenzulernen, die eine solche Ausnahmestellung in der öffentlichen Wahrnehmung haben, aber ich nahm es nicht sonderlich wichtig. Ich war es selbst gewohnt, erkannt zu werden. So wusste ich auch mit neun oder zehn Jahren schon durchaus zwischen dem *Star* und dem Menschen zu unterscheiden. Allzu besonders kamen mir Begegnungen mit anderen Prominenten daher nicht vor.

Zudem sorgten meine Eltern, so gut es ging, dafür, dass ich solche Erlebnisse sinnvoll einordnen konnte. Oft sprachen wir über die Situationen, in denen meine Schauspielerei hochgejubelt wurde. Ebenso oft aber auch über die Nachteile. Ganz grundsätzlich ging es in diesen Gesprächen darum, mir vor Augen zu führen, dass nichts von dem, was von außen an mich herangetragen wurde, etwas daran änderte, wer ich war.

„Moritz, eines ist sicher: Vollkommen egal, ob du im Fernsehen mitspielt oder nicht, wir lieben dich so oder so. Und so sollte es auch bei deinen Freunden sein. Wenn Menschen dich nur mögen, weil du in der Lindenstraße bist, halte dich am besten von ihnen fern.“

Unser Zuhause war ein Anker, der mich auf dem Boden hielt. Und auch die große Unaufgeregtheit meiner Kollegen führte zu einem Gefühl von Normalität. Glanz und Gloria kam am Set nicht auf.

Wie nebenbei wurde aus der viel gesehenen und beim Publikum beliebten Sendung plötzlich eine preisgekrönte Serie, die auch von Kritikern zunehmend weniger belächelt wurde.

KAPITEL 7

TECHNISCHE TÜCKEN

Trotz der hohen Zuschauerzahlen gaben erstaunlicherweise insbesondere in der erfolgreichsten Zeit nur sehr wenige Menschen zu, die Lindenstraße zu schauen. Nur allzu häufig wurde ein Gespräch mit mir auf der Straße eingeleitet mit: „Ich schaue die Lindenstraße eigentlich nicht, aber …", gefolgt von einer Frage zu irgendeinem der jeweils aktuellen Handlungsstränge.

Der Lindenstraße wurde nachgesagt, sie sei billig, spießig, behäbig und zu normal. Und manches davon stimmte ja auch. Wir waren, im Vergleich zu anderen TV-Formaten in den 80ern, ein Billigformat. Und die Lindenstraße mutete auch stets etwas spießig an. Zumindest in der Darstellung der Lebensumstände ihrer Figuren, denn der eigentliche Inhalt der Geschichten war meist das Gegenteil von spießig und verstaubt.

So oder so. Wir hatten keinen guten Ruf, geschaut wurden wir trotzdem. Heute ist das bei noch viel mehr Formaten ein Phänomen. Auch die Daily Soaps wurden lange von vielen ihrer Fans verleugnet. Dann Telenovelas und Skripted-Reality-Formate wie „Lenssen und Partner". Heute sind es Formate wie „Berlin Tag und Nacht" oder „Köln 50667", die am unteren Ende der Nahrungskette der fiktionalen Formate stehen.

Im Vergleich mit diesen Sendungen sah die Lindenstraße später geradezu wie eine Hochglanzproduktion aus. Mit angemessenem Budget und angenehmen zeitlichen Produktionsbedingungen. Aber die 8oer waren ganz andere Zeiten. Es gab niemanden, der damals so günstig produzierte wie wir. Technisch waren wir Trash-TV.

Fiktionale Serien wie die Lindenstraße wurden damals noch in viel kleineren Frequenzen gesendet und gedreht. Wir mussten uns daher technisch mit Formaten wie der Schwarzwaldklinik messen, die ein vielfach höheres Budget pro Sendeminute zur Verfügung hatten und deutlich mehr Zeit zu drehen. Diesen Vergleich konnten wir naturgemäß nicht bestehen. Die Lindenstraße erhob erst gar nicht den Anspruch, echt oder besonders chic auszusehen.

Weil es bei uns schnell gehen musste, arbeiteten wir mit von oben gehängtem Licht. Hunderte Scheinwerfer hingen in jedem Winkel des Studios an wild in alle Richtungen wachsenden Metalltraversen unter der Decke.

„Die 398 bitte auf siebzig Prozent und die 401 bitte mal ganz aus", war eine typische Ansage des lichtsetzenden Kameramanns an seinen Oberbeleuchter, der dies gleich vom Lichtpult an der Hallendecke aus in die Tat umsetzte.

„Okay!," knarrte es aus dem Funkgerät des Kameramanns, das damals noch so groß war, dass man es gerne auch mal mit zwei Händen festhalten musste. „Und bitte etwas nach links neigen!", setzte er hinterher.

Eine lange Stange mit einem Haken am Ende wurde dann von einem weiteren Beleuchter ins Dunkel neben der Lampe gesteckt, um sie in eine bessere Position zu kurbeln.

Hell wurden die Räume auf diesem Wege schnell. Das Licht aber kam immer von oben, und so hatten wir Schauspieler stets Schatten auf dem Gesicht, sahen etwas krank und unsere Augen tot aus. Und nicht nur das: Geleuchtet wurde von allen Seiten gleichzeitig, denn wir drehten ja in dem bereits erwähnten Drei-Kamera-System, wo man halt in drei Richtungen gleichzeitig dreht. Hätte man von oben auf uns geschaut, hätten wir ausgesehen wie Fußballspieler im Flutlicht, die auf dem Rasen vier Schatten werfen. Auch hinter uns an den Wänden waren zahlreiche verschieden intensive Schatten, die hin und her tanzten, wenn wir uns bewegten. Hinzu kam, dass wir verschiedene Bildgrößen gleichzeitig drehten. Nahaufnahmen und deutlich offenere Einstellungen. Das stellt für den Ton ein großes Problem dar. Mit dem Mikrofon muss man bei einer Nahaufnahme eigentlich deutlich näher am Schauspieler sein als bei einer offenen Totalen. Auf solche Details konnte man bei unserem Drehablauf nicht achten.

Ästhetik in Bild oder Ton war kein Maßstab, es musste praktikabel sein. Damit sah die Lindenstraße in den ersten Jahren deutlich schlechter aus als andere Formate und hörte sich dabei auch noch schlechter an. Das blieb so, bis 1992 mit „Gute Zeiten, schlechte Zeiten" das erste szenische Format daherkam, das noch kostensparender und schneller arbeiten musste als wir.

Weil wir aus Zeitgründen also nicht technisch anspruchsvoller produzieren konnten, wurden unsere Drehbedingungen auf anderem Wege verbessert. Im Jahr 1989 wurde der Außenkulisse die Kastanienstraßenfassade hinzugefügt. Das kostete viel Geld, hatte aber enorme Vorteile. Bis dahin war die Kulisse u-förmig gewesen: die beiden Häuserzeilen rechts und links der Straße, an einem Ende begrenzt durch eine T-Kreuzung mit der Fassade des Astor Kinos. Das andere Ende war offen und ließ einen freien Blick auf Wiesen und Bäume rund um das WDR-Gelände zu. Das passte natürlich nicht zur Lage der Lindenstraße in der Münchner Innenstadt, sodass wir möglichst nicht in diese Richtung filmten. In der Szene, in der der durch Klaus' Schuss erblindete Stefan Nossek den Unfalltod stirbt, kann man gut erkennen, wie wir mit einem Lkw versucht haben, diese Lücke im Universum zu kaschieren.

„Wer das sieht, hat den Film nicht verstanden!", sagen wir in solchen Fällen gerne an jedem Set. Soll heißen: Der Inhalt der Szene überlagert (hoffentlich) den Fehler so sehr, dass er niemandem auffällt. Der geneigte Zuschauer achtet zu sehr auf den schweren Unfall, um den fehlerhaften Hintergrund zu bemerken, der nur ganz kurz zu sehen ist.

Durch den Bau der Fassade der Kastanienstraße konnten wir plötzlich mit der Kamera auch ohne Action in diese Richtung gucken und die Lindenstraße vollständig um 360 Grad abfilmen. Das eröffnete uns ganz neue Möglichkeiten in der Inszenierung und der Bildfindung. Für den Ton aber war der Bau der neuen Fassade ein Meilenstein. Gleich neben unserem Produktionsgelände lag die A1, deren Rauschen sich ungebrochen in alle Aufnahmen schlich, die wir nicht im Studio drehten. Die Kastanienstraße diente dann auch als Schallschutzwand. Wer weiß, ob sie je gebaut worden wäre, hätte es die A1 nicht gegeben.

Später wurde hinter den Häuserfassaden der Außenkulisse von Hausnummer 3–7 noch ein kleiner Park hinzugefügt, der dann als Friedhof und schließlich als Spielplatz diente und Autobahngeräuschen bei ungünstigem Wind schlimm ausgesetzt war. Da der restliche Ton sich zu dieser Zeit schon stark verbessert hatte, waren die störenden Nebengeräusche dort so auffällig, dass wir tatsächlich zum letzten Mittel greifen und ab und an Szenen aus dem Park nachsynchronisieren mussten.

Trotz der kleinen Verbesserungen konnten wir nicht darüber hinwegtäuschen, dass die Lindenstraße technisch sicher nicht die Crème de la Crème der deutschen Fernsehlandschaft war. Sie lebte von ihren Inhalten.

Auf den ersten Blick war sie ein Abbild der spießigen Normalität in Deutschland. Bis heute hält sich das Gerücht, dass hauptsächlich Frauen über fünfzig beim Bügeln einschalteten. Das entsprach aber nicht der Wirklichkeit. Insbesondere in der linken Szene war die Lindenstraße sehr beliebt. In Figuren wie Gabi, Gung, Benno, Phil, Chris oder Wolf konnten sich die jüngeren linken Zuschauer wiederfinden. Der Lebenskünstler und charmante Parasit Franz Joseph „Zorro" Pichelsteiner, gespielt von Thorsten Nindel, wurde, als er 1988 in der Lindenstraße auftauchte, schlagartig Kult. Er tingelte von Wohnung zu Wohnung, um Essen abzugreifen oder das Bad zu benutzen. Dabei war er so herzlich, intelligent und lustig, dass die Bewohner der Straße ihm seine Bitten ebenso wenig abschlagen konnten wie die Zuschauer ihm ihre Zuneigung.

Vielerorts traf man sich in Kneipen oder in WGs, um mit Bier und Joint bewaffnet, die Lindenstraße als ironisches Abziehbild der Lebensrealität zu feiern. Mit siebzehn oder achtzehn hatte ich Gelegenheit, in einer Kölner Kneipe zu erleben, wie ein solcher Sonntagabend ablief. Da saß ich dann, ein Bier in der Hand, zwischen einem Trupp Lindenstraßenanhängern und blickte in die Abgründe unseres Formates, die mir bis dahin selbst nicht aufgefallen waren. Und es wurde mitgemacht, als handele es sich um die Rocky Horror Picture Show. Wenn Dr. Dressler sein Wohnzimmer in der dunklen, holzgetäfelten Wohnung mit Wagner beschallte, gab es Kopfschütteln, Zorro wurde umjubelt, als er eine halbe Kühlschrankfüllung absahnen konnte, und Gung in der Hoffnung angefeuert, dass seine heiß geliebte Ursula nicht nur sein durch den harten asiatischen Akzent malträtiertes Deutsch, sondern endlich auch seine innige Liebe verstand. Vergeblich. Helga Beimers obligatorisches Sorgen-Spiegelei wurde von allen angesagt, bevor sie es auch nur in die Pfanne haute, und mit schallendem Gelächter quittiert. Ich habe selten so viel und so herzlich über uns gelacht wie an diesem Abend. Hier war die Lindenstraße besser als jede Comedy. So geht Fernsehen zum Anfassen!

Vor allen anderen aber war es Hausmeisterin Else Kling, die gefeiert wurde. Annemarie Wendel war als Else unschätzbar wertvoll. Ihre unnachahmliche Art, die Figur mit viel Selbstironie zu verkörpern und dabei die deutschen Lebensverhältnisse fast schon karikaturesk zu spiegeln, war es, die Else Kling von Tag eins an in den Olymp der Zuschauergunst brachte. Die Lindenstraße ohne Else? Lange undenkbar. Was hat sie nicht alles von sich gegeben. „Sodom und Gomerra", rief sie immer, wenn ihr etwas anzüglich, chaotisch oder unanständig vorkam. Unvergessen, wie sie Isolde und Enrico Pavarotti immer Herrn und Frau Sarotti nannte. Namen brachte die gute Else konsequent durcheinander.

Für mich war Annemarie Wendel vor allem eine ganz tolle Kollegin. Sie und ich hatten ein besonderes Verhältnis.

Nach und nach war aus der Oma und dem kleinen Jungen ein echtes Team geworden, das sich sehr schätzte. Mit Annemarie zu drehen war stets ein Abenteuer. Nie wusste man genau, was passieren würde. Es gab wohl einen Tag, ich muss noch sehr klein gewesen sein, an dem ich ihr mit unendlich viel Geduld wiederholt erklärte, was in einer Szene meines Erachtens zu geschehen hatte. Sie fand das höchst amüsant und unglaublich süß. Zwanzig Jahre später, Annemarie war inzwischen über neunzig, hatte sie eine wahre Freude daran, wie erwachsen ich geworden war. Bei jeder Gelegenheit erzählte sie von dem kleinen neunmalklugen Schlaumeier, der ich gewesen war. Unser Verhältnis war sehr innig.

Eines Tages, es muss Anfang der 2000er Jahre gewesen sein, schlug sie den Autoren vor, dass Else und Klaus eine Affäre haben sollten, ganz nach dem Vorbild von „Harold und Maude". Dazu kam es dann allerdings nicht.

Unvergessen geblieben ist mir eine Situation zwischen Annemarie und Amorn Surangkanjanajai, der den Gung spielte, während einer der jährlich abgehaltenen Ensembleveranstaltungen.

Hans Geißendörfer saß dann, eingerahmt von seiner Assistenz und der Produktionsleitung, am Kopf einer langen Tafel, in späteren Jahren eines großen Rechtecks, im Sitzungssaal eines Hotels. Um den Tisch versammelte sich das geneigte Ensemble. Der Ablauf war immer gleich: Erst wurde gemeinsam etwas gegessen und, wie sollte es anders sein, auch getrunken. Im Anschluss wurde die Schauspielermeute mit, je nach Tag, mal mehr und mal viel mehr Mühe eingesammelt, platziert und im Rahmen der Möglichkeiten zur Ruhe gebracht, um alles Wichtige für das nächste Produktionsjahr zu besprechen. Wer welche Regiestaffel übernehmen würde, in welchen Abteilungen es nennenswerte Veränderungen gab und ob Sonderveranstaltungen stattfinden würden. Für einige Jahre hatten wir seitens der Lindenstraße zum Beispiel einen Fonds, von dem aus soziale Projekte gefördert wurden.

Selbstverständlich kamen wir auch auf alle Probleme zu sprechen, die wir Schauspieler im vorangegangenen Jahr gehabt hatten. Die kleinen Nickeligkeiten, Liebeserklärungen, Animositäten und Wünsche trugen durchaus dazu bei, dass diese Abende mit fortschreitender Stunde sehr unterhaltsam wurden und die Diskussionen länger und intensiver.

Eine solche Nickeligkeit spielte sich damals auch zwischen Annemarie und Amorn ab. Sein Akzent machte es ihr schwer, ihn zu verstehen. Also ranzte sie ihn auf tiefstem Bayerisch an, er wäre doch nun schon viele Jahre in Deutschland, er möge doch bitte so reden, dass es allen verständlich sei. Die allgemeine Erheiterung hätte größer kaum sein können, als Amorn ratlos in die Runde schaute und ihm keiner sagen konnte, was Annemarie gemeint hatte. Die Nichtbayern unter uns hatten sie tatsächlich noch schlechter verstanden als Amorn.

KAPITEL 8

TEENAGER WERDEN

1990 bekamen Marcel Kommissin und ich gleichaltrigen Zuwachs am Set: Rebecca Simoneit-Barum trat in unser und Iphigenie Zenker damit in Klausis Leben, was ihn schlagartig zum Teenager katapultieren sollte. Schließlich verliebte er sich zum ersten Mal ein bisschen.

Im Gegensatz zu Klausi hatte ich zwar die Phase, in der man Mädchen uncool findet, nie, ganz im Gegenteil, Mädchen waren toll, schließlich waren sie nicht darauf aus, mich auf dem Schulweg zu verhauen, trotzdem gab es jemanden wie Iffi bei mir nicht.

Als wir Rebecca kennenlernten, waren wir zwei Jungs etwas schüchtern. Vielleicht lag es daran, dass sie ein Jahr älter war. Ein Jahr kann mit zwölf die Welt bedeuten. Jedenfalls dauerte es eine Weile, bis ich und auch Marcel uns an sie gewöhnt hatten. Als hätten wir eine „Neue" in der Schulklasse. Noch dazu eine begabte und durchsetzungsfähige junge Frau, die uns durchaus mal darauf hinwies, nicht so kindisch zu sein.

Klausi und Iffi hänselten den armen Manoel damals ordentlich. Gut, dass wir uns nicht dazu hinreißen ließen, es unseren Alter Egos gleichzutun. Marcel und besonders Rebecca waren in der Schule ähnlichen Anfeindungen ausgesetzt gewesen wie ich. Wir alle waren froh, das nicht auch noch bei der Arbeit ertragen zu müssen.

Und dann folgte etwas sehr Aufregendes: Klausis erster Kuss. In der Szene saßen er und Iffi beobachtet von Manoel auf dem Sofa im beimerschen Wohnzimmer. Iffi sollte die Initiative ergreifen, Klausi sollte das Ganze einfach über sich ergehen lassen. Ich aber schlang jedes Mal reflexartig meine Arme um Becky. Und dann wollte ich aus Unsicherheit lustig sein, was wie in den meisten Fällen zu einer saublöden Idee führte: Ich pustete Rebecca in der Probe die Chips, die ich mir schnell noch heimlich in den Mund gestopft hatte, mit so viel Elan in den Mund, dass sie ihr unverzüglich zur Nase wieder herauskamen.

Der Applaus blieb aus, wie man sich vorstellen kann. Glücklicherweise ist Becky nicht nachtragend.

Von Romantik keine Spur. Wie gut, dass es nicht *mein* erster Kuss war, sondern der von Klausi. Für mich war es einfach nur eine Szene, die es zu spielen galt. Leider eine, bei der ich mich einer Kollegin gegenüber unmöglich benommen hatte.

Bis zu meinem ersten echten Kuss dauerte es dann aber auch nicht furchtbar lange. In der fünften Klasse verliebte ich mich in ein Mädchen aus meiner Schule. Wir kamen uns auf der ersten Party näher, zu der ich eingeladen wurde. Beim Bluestanzen zu Kuschelrock. Das war wirklich romantisch. *La Boom* in seiner reinsten Form, wie ich herausfand, als ich diesen Film das erste Mal sah. Ganz hingerissen und vollkommen aus dem Häuschen hatte ich nur noch Augen für dieses ausgesprochen hübsche und nette Mädchen, das sich in meinen Armen so gut anfühlte und so unglaublich toll duftete.

Einige Zeit später meinte ich sie bei uns zu Hause zu erschnuppern, dachte, sie sei zu Besuch gekommen, rannte die

Treppen von meinem Zimmer herunter und stand – Trommelwirbel – vor meiner Mutter. Höchst irritiert stellte ich fest, dass sie das gleiche Parfüm trug wie meine Auserwählte: Joop le Bain. Es war niederschmetternd.

Trotzdem denke ich bei dem Geruch heute noch unwillkürlich an die Kellerparty, auf der mein erster Schwarm und ich uns näherkamen. Sehr zu meinem Leidwesen zog sie in der sechsten Klasse dann aus Köln weg.

Zu dieser Zeit fühlte ich mich wirklich einsam. Auf der Straße war ich bekannt wie ein bunter Hund. Wirkliche Freunde hatte ich aber noch immer keine. Auch wenn viele meiner Mitschüler sehr nett waren, wusste ich einfach nicht, wie ich mich ihnen nähern sollte. Ich hatte verlernt, mich auf andere Kinder einzulassen. Stattdessen spielte ich zu Hause mit Lego und baute riesige Burgen oder Piratenschiffe in meinem Zimmer. Dort hatte ich meine Ruhe. Orte, an denen Menschenansammlungen zu erwarten waren, mied ich für viele Jahre: Weihnachtsmärkte, Freizeitparks, Schwimmbäder, Einkaufsstraßen. Denn wurde ich erkannt, konnte es zu tumultartigen Zuständen kommen. Bei einem gemeinsamen Besuch bei „Holiday on Ice" mussten Marie-Luise und ich in der Pause Hunderte Autogramme geben. Das Publikum nahm die Plätze einfach nicht mehr ein, und die Pause musste verlängert werden.

Heute noch setze ich mich immer automatisch mit dem Rücken zum Raum, wenn ich in einem Restaurant bin. So war jahrelang die Chance größer, einen ruhigen Abend zu haben. Bis mich vor einigen Jahren ein Freund darauf ansprach, war mir nie aufgefallen, dass ich das tue, so sehr hatte ich es verinnerlicht.

Ich möchte hier nicht falsch verstanden werden. Tatsächlich ist es sehr schmeichelhaft, erkannt zu werden. Oft kommen dabei sehr nette Gespräche zustande, und ich freue mich, Menschen mit einem Autogramm glücklich machen zu können. Wenn es nur immer so einfach wäre, anderen eine Freude zu machen. Als Kind und Jugendlicher war es aber je nach Situation schwierig für mich. Nach einer verpatzten Mathearbeit etwa wollte ich mich in Ruhe auf die Beichte zu Hause vorbereiten. Mit meiner ersten Freundin wollte ich alleine sein. Ich fühlte mich der Situation nicht immer gewachsen. Hinzu kam, dass mich das andauernde Mobbing in der Schule sehr verunsicherte.

Besonders schwer war es, freundlich und zuvorkommend zu bleiben, als ein Zuschauer versuchte, mich in ein Gespräch zu verwickeln, während mir meine Mutter am Telefon erzählte, dass mein Großvater verstorben war.

„Entschuldigung, ich kann nicht, ich telefoniere", versuchte ich es höflich. Als das nicht half, wurde ich dann ungehalten und raunzte: „Ich höre hier gerade von einem Todesfall in der Familie, lassen Sie mich also bitte in Ruhe."

Die Lindenstraße war Anfang der Neunziger auf dem Höhepunkt ihres Erfolgs. Die Bindung des Publikums an die Figuren war so eng, dass ich von vielen Zuschauern bis heute nicht nur als Schauspieler, sondern als guter alter Bekannter oder Freund wahrgenommen werde. Selbst Menschen, die vor vielen Jahren aufgehört haben, die Lindenstraße zu gucken, begrüßen mich auf der Straße ganz vertraut, können manchmal nicht einordnen, woher sie mich kennen, und denken, ich wäre ein alter Kollege oder Schulkamerad, ein Freund der Kinder, jemand aus dem Nachbarort. Das aufzuklären kann sehr erheiternd sein.

„Stimmt – ja, nett, deine Bekanntschaft zu machen", drucksen die meisten dann etwas verschämt und bekommen rote Wangen. Was, nebenbei bemerkt, nun wirklich nicht nötig wäre.

Peinlich wird es allerdings, wenn ich in solchen Fällen voller Überzeugung zu jemandem sage: „Entschuldigung, ich glaube, wir kennen uns nicht wirklich, aber schauen Sie zufällig die Lindenstraße?", und sich dann herausstellt, dass ich die Person tatsächlich aus dem wirklichen Leben kenne. Da druckse dann ich herum.

Zwischenzeitlich nahm unsere Beliebtheit Ausmaße an, die man nicht glauben kann, wenn man sie nicht erlebt hat. 1995 etwa feierten wir zehnjähriges Jubiläum und gaben auf dem Studiogelände ein großes zweitägiges Fanfest. Geplant waren Autogrammstunden, Interviews und Diskussionsrunden auf der Open-Air-Bühne der WDR-Live-Show „Hollymünd", die damals auch auf dem Gelände lag. Es wurde ein Event der Superlative. Rund 200 000 Menschen kamen. Das waren fast zehn Mal so viele, wie wir erwartet hatten. Der Platz reichte hinten und vorne nicht. Schnell wurden alle Flächen des Geländes für das Publikum freigegeben und Bodyguards nachbestellt. Nicht zu unserer Sicherheit, schließlich waren die Fans wohlgelaunt, und die Stimmung war prächtig, sondern um es uns überhaupt zu ermöglichen, von A nach B zu kommen, denn das war zwischenzeitlich unmöglich. Als meine Eltern mich besuchen wollten, brauchten sie rund zwei Stunden, um bis zu mir durchzudringen. Trotz entsprechender Ausweise.

Für uns Schauspieler wurden es zwei Marathontage. Wenn ich an die Autogrammstunden denke, läuft es mir heute noch kalt den Rücken runter. Wir hatten in der Außenkulisse eine kleine Bühne aufgebaut, auf der wir mit vier, fünf Schauspielern gleichzeitig vor unseren Autogrammkarten saßen und versuchten, den Ansturm zu bewältigen. Viele Fans waren stundenlang angereist, um uns zu sehen. Alles schob und drängelte, schließlich wollten ja alle 200 000 Anwesenden von möglichst allen Schauspielern ein Autogramm bekommen. Ein Ding der Unmöglichkeit. In der vorderen Reihe wurden erschöpfte Menschen vom Rettungspersonal über die Absperrgitter gehoben und versorgt, ganz so, wie ich es von großen Rockkonzerten kannte.

Um die Situation etwas zu entlasten, wagten sich einige von uns mit Rucksäcken voller Autogrammkarten in die Menge, damit nicht alle gleichzeitig versuchten, bis zur Autogrammbühne vorzudringen. Begleitet von einigen Bodyguards, die Schneisen für uns bahnten, schrieben und schrieben wir, scherzten mit den Fans, versuchten es jedem Gast zu ermöglichen, wenigstens einen von uns zu Gesicht zu bekommen. Ich war gerade siebzehn und bekam fast einen Krampf in der Hand, und meine Schultern schmerzten von all dem Schulterklopfen, Herzen und Drücken. Es war unfassbar anstrengend. Aber es war toll. Nein, es war großartig. Absolut beeindruckend.

Es gab damals Zuschauer, die uns im wahrsten Sinne des Wortes für „echt" hielten. Wir, beziehungsweise die Figuren, wurden als Familienmitglieder, Freunde oder Nachbarn wahrgenommen. Das Gesehene war dann etwas unmittelbar Erlebtes. Wenn man so will, war die Lindenstraße ein Vorgriff auf das voyeuristische Reality-TV der heutigen Zeit. Vielleicht sogar auf den Zwangsexhibitionismus, den uns Facebook, Instagram und Co. heute aufbürden.

Es kamen zum Beispiel immer wieder Bewerbungen für Wohnungen an, wenn in der Lindenstraße mal eine frei wurde. Wir haben uns damals immer gefragt, wer denn freiwillig da einziehen wollte, wo man immer beobachtet wurde. Spätestens seit Big Brother ist klar, dass es offensichtlich viele Leute gibt, die das durchaus reizvoll finden.

Immer wieder bekamen wir auch Briefe, adressiert an eine der Figuren, Lindenstraße, München. Die Post lieferte die Schreiben dann tatsächlich nach Köln-Böcklemünd.

Ein Zuschauer etwa klärte in einem solchen Brief einmal die Figur Vasily Sarikakis über den Verbleib seiner Filmehefrau Mary auf. Sie war in der Geschichte irgendwo in Nigeria inhaftiert worden, und Vasily suchte bereits seit Wochen vergeblich nach ihr. Nun wurde er in diesem Brief eindringlich darüber in Kenntnis gesetzt, er müsse sich keine Sorgen mehr machen, da Mary eben nicht, wie in der Lindenstraße erzählt, in Nigeria im Knast, sondern unter falschem Namen in der Harald-Schmidt-Show aufgetreten sei. Dort saß natürlich Liz Baffoe, die Schauspielerin, die Mary verkörperte. Wer auch immer dies geschrieben hat, möge es mir verzeihen. Es war sicher ganz lieb gemeint. Aber das war echt lustig.

Etwas Ähnliches geschah, als Ludwig Haas, der den im Rollstuhl sitzenden Dr. Dressler spielte, von einem Zuschauer fröhlich herumlaufend gesichtet wurde. Wir hätten es mit einem Simulanten zu tun, schrieb dieser empört. Und wenn jemand in der Geschichte verstarb, erreichten uns unzählige Beileidsbekundungen.

Die Post war es also gewohnt, Briefe an Lindenstraßenfiguren an uns in die Produktion zu liefern. Manchmal allerdings schoss sie übers Ziel hinaus. So wurde etwa ein Brief, adressiert an einen Klaus Beimer, zu mir und meinen Eltern nach Hause geliefert. Und das, obwohl er nach Frankfurt gehen sollte. Dabei war dieser Brief, wie sich herausstellte, tatsächlich für einen echten Klaus Beimer gedacht, der nun einmal in der hessischen Metropole lebte. Ein ganz schlauer Postmitarbeiter muss irgendwo in Deutschland den Namen Klaus Beimer gelesen und den Brief auf den Weg nach Köln gebracht haben. Wo ihn zufällig ein weiter Postbeamter in die Finger bekam, der wusste, wie ich und vor allem meine Eltern heißen, unsere Adresse im Telefonbuch fand und dann den Brief zu uns liefern ließ. Meine Eltern haben ihn dann mit dem Vermerk „an den echten" wieder eingeworfen.

Das meiste trug zur allgemeinen Erheiterung bei. Allerdings gab es auch sehr unschöne Episoden. Willi Herren etwa bekam in der Zeit, als seine Figur Olli Klatt Neonazi war, neben vielen Anfeindungen auch Hitlerposter aus der rechten Szene zugeschickt, mit der Bitte um ein Autogramm. Irene Fischer wurde auf der Straße beschimpft und sogar bespuckt, nachdem ihre Figur Anna Ziegler der armen Mutter Beimer den Hansemann ausgespannt hatte.

Irgendwann stand ich dann doch kurz davor, die Lindenstraße zu verlassen, um endlich meine Ruhe zu haben. Das Dumme war nur: Die Probleme wären mit einem Ausstieg nicht vom Tisch gewesen. Bis sich der Rummel um meine Person beruhigte, würde es dauern. Das schien mir eindeutig zu sein. Als dann mein Filmbruder Christian die Lindenstraße verließ und versuchte, sein Alter Ego loszuwerden, fühlte ich mich in meiner Meinung voll bestätigt. Für ihn änderte der Ausstieg für viele Jahre nichts daran, dass er weiterhin erkannt wurde. Selbst heute noch, fast ein Vierteljahrhundert nach seinem Serientod, wird er immer wieder mit Benny in Verbindung gebracht. Ob er das nun will oder nicht. Die Lindenstraße wurde schließlich regelmäßig wiederholt. Nur weil man nicht mehr dabei war, hieß das nicht, dass man vom Bildschirm verschwunden war. Wie das Internet vergisst auch das Fernsehen nur sehr selten.

Statt mir zu helfen, hätte ein Ausstieg also vor allem bedeutet, den Ort zu verlieren, an dem ich mich zu Hause fühlen konnte, mit all den vielen Kollegen, die ich so mochte. Klar war trotzdem, dass ich nicht mehr lange so weitermachen konnte. Ich wäre wohl irgendwann einfach zerbrochen.

Dann aber änderte sich mein Leben. Ich fand erstmals, seit ich Klausi geworden war, echten Anschluss an Gleichaltrige. Kurz vor meinem dreizehnten Geburtstag machten meine Schwester und ich Urlaub auf einem Ponyhof. Dort gab es fast keine Jungs und somit fast keinen Ärger. Und im Zentrum des Interesses standen die Pferde und die Reitstunden und nicht etwa ich. Dadurch gingen alle normal mit mir um, und in kürzester Zeit fühlte ich mich sicher. Nicht zuletzt lag das an der sehr netten Familie, die den Hof führte, und an einer jungen Frau, Anne, die ihr Pferd dort stehen hatte. Sie hatte es aus dem Rennbetrieb erworben und es hatte Rückenprobleme durch die zu hohe Belastung, der die Tiere im Rennsport in jungen Jahren ausgesetzt sind. Weil ich kräftiger war als die Mädchen auf dem Hof, aber noch nicht zu schwer, wurde ich oft auf dieses Pferd gesetzt. Anne war nett und ganz normal zu mir. Die vielen Stunden mit ihr waren sehr heilsam. Ich begann, Fremden wieder zu vertrauen. Und so wurde ein Ponyhof mein zweites Zuhause.

Dass dort vor allem Mädchen Urlaub machten, hatte noch einen anderen Vorteil: Ich lernte meine erste Freundin kennen. Maren war ein Jahr älter, rebellisch, hörte Punk und Rock, interessierte sich für Politik und tanzte den Erwachsenen auf der Nase herum. Sie war, gelinde gesagt, rotzfrech. Oder, um es aus meiner Perspektive zu sagen: Sie war absolut super.

Von einem Tag auf den anderen verbannte ich das Lego in den Keller und wurde ein typischer Teenager. Maren und ich verbrachten einige sehr intensive Urlaubstage, bevor sich unsere Wege trennten. Denn sie lebte leider nicht in Köln. Unser Kontakt beschränkte sich nach den Ferien also auf einige Wochenenden, an denen wir uns besuchten, und unzählige Telefonate. Meine Güte, ich glaube, ich habe zwischen 1991 und 1994 mehr Abende am Telefon im Arbeitszimmer meines Vaters verbracht als irgendwo sonst. Der Ärger war vorprogrammiert, denn eine Flatrate gab es noch nicht, und Ferngespräche waren teuer. Mein infantiles Verliebtheitsgesäusel muss meine Eltern Hunderte von D-Mark gekostet haben. Aber ich war glücklich, und sie drückten oft genug beide Augen zu.

Natürlich hielt es mit Maren nicht lange, wir waren Teenager. Die Telefonrechnung meiner Eltern wurde trotzdem nicht günstiger: Auch die kommenden Jahre fuhr ich auf den Hof und verliebte mich dort noch zwei Mal in Mädchen aus anderen Städten. Besonders schön war, dass wir uns untereinander nicht verkrachten, nur weil die eine Teenieliebe endete und die nächste begann. Ich hatte einen Freundeskreis gefunden, der sich in der einen oder anderen Konstellation über Jahre dort auf dem Ponyhof traf. Alle anderen kamen zwar nicht aus Köln, aber allein war ich trotzdem nicht mehr.

Und auch das Reiten tat mir gut. Ich wurde immer besser, und der Spaß nahm im gleichen Maße zu, in dem ich Fortschritte machte. Die stundenlangen Ausritte und die Pflege der Tiere hatten eine fast therapeutische Wirkung auf mich. Ich machte Reiterpass und Reitabzeichen und fing sogar an, in Köln zu reiten.

Das alles kam genau zur rechten Zeit und sorgte dafür, dass ich die Kraft fand, mit der Lindenstraße weiterzumachen. Ich öffnete mich mehr und mehr und ging nicht länger jedem neuen Kontakt außerhalb des Sets misstrauisch aus dem Weg. Nach und nach wurde ich auch in der Schule aufgeschlossener und mutiger. Gleichzeitig wurden wir alle älter. Einige Klassenkameraden hatten kleine Jobs neben der Schule oder für die Ferien angenommen. So war ich zumindest nicht mehr der Einzige, der ab und an arbeiten ging. Das half auch dem Letzten zu verstehen, dass mein Engagement bei der Lindenstraße nicht nur ein spaßiger Zeitvertreib war.

Die letzten Hänseleien nahmen allmählich ab. Außerhalb der Schule konnte man das allerdings leider noch immer nicht behaupten. Und es traf nun nicht mehr nur mich: Meiner Schwester – der „Lindenstraßen-Schwein-Schwester", wie die Täter sie nannten – wurden auf dem Schulweg mit einer großen Schere die Haare abgeschnitten. Wäre etwas in der Art mehr als einmal vorgekommen, hätten meine Eltern meine Lindenstraßenkarriere sicherlich beendet. Und ich auch. Aber es wiederholte sich nicht. Neben einigen blöden Bemerkungen hatte Susi zum Glück ihre Ruhe.

Trotzdem war es für sie sicher nicht leicht, immer die Schwester von dem da aus dem Fernsehen zu sein. Zu Hause wurde viel über meine Sorgen gesprochen. Sosehr unsere Eltern und unser Umfeld sich auch bemühten, uns die gleiche Aufmerksamkeit zukommen zu lassen, so ganz konnte es nicht gelingen. Tatsächlich grollt Susi mir deswegen nicht.

Im Gegenteil. Wir haben immer mal wieder über diese Zeit gesprochen. Dass sie ab und an mit zum Dreh und zu Veranstaltungen gehen konnte, hat sie in sehr positiver Erinnerung. Und sie wurde von ihren Klassenkameraden auch nicht angefeindet, sondern nur ab und an neugierig gefragt. Immer wenn ich wegen der Lindenstraße mal ein schlechtes Gewissen ihr gegenüber hatte, konnte sie mir das nehmen.

KAPITEL 9

ES WIRD POLITISCH

Hallo, Moritz, wir brauchen dich morgen kurzfristig am Set. Wir aktualisieren!"

Dieser Anruf kam häufig von der Aufnahmeleitung.

„Okay, welche Szene, und wann soll ich da sein?", antwortete ich dann. Ob ich nun etwas vorhatte oder nicht, sei es Sport oder Freunde treffen, ich musste ran. Das war dem Anspruch der Lindenstraße geschuldet, stets aktuelles Tagesgeschehen in die Folgen einzubauen. Dazu nutzten wir sogenannte Aktualisierungen, also eben erwähnte Nach-Drehs zu späteren Zeitpunkten. Sie waren etwas vollkommen Neues in der Fernsehlandschaft.

Jede Lindenstraßenfolge spielte immer an einem Donnerstag und wurde am darauffolgenden Sonntag gesendet. Das versetzte uns in die Lage, zwischen dem Donnerstag vor dem Sendetermin und dem Sonntag, an dem dann gesendet wurde, noch einzubauen, was geschehen war.

Die einfachste Form der Aktualisierung war ein Radio, aus dem aktuelle Nachrichten quäkten, die wir kurzfristig in den Ton schneiden konnten. Etwas mehr Aufwand war es dann schon, Fernsehberichte einzubauen. Hierzu filmten wir Fernseher separat ab und legten dann am Freitag im Schneideraum einen aktuellen TV-Bericht vom Donnerstag auf die bis dahin leere Mattscheibe.

Oft genug drehten wir Szenen für Aktualisierungen aber gleich ganz neu. Dann hieß es für uns Schauspieler schnell den neuen Text lernen, der so manches Mal erst am Tag des Drehs kam, rein in das Kostüm von vor einigen Monaten und ab ins Studio.

In Ausnahmefällen drehten wir auch unterschiedliche Varianten derselben Szene bereits im Vorfeld. Bei wichtigen Wahlen zum Beispiel gab es solche, die sich mit dem Wahlausgang befassten, immer gleich mehrfach, mit verschiedenen Ergebnissen. Wenn dann um 18 Uhr die ersten Hochrechnungen liefen, musste alles ganz schnell gehen, damit die Version, die am besten passte, pünktlich um 18:40 Uhr, später 18:50 Uhr, laufen konnte.

Sogar bei einer Fußball-WM haben wir einmal versucht, mit vorgedrehten Varianten ganz aktuell zu sein. Klaus, Alex, Murat und einige andere sollten in der Szene eines der Vorrundenspiele anschauen, und Murat sollte den genauen Endstand nennen und kommentieren. Als der Spielplan veröffentlicht war, drehten wir alle Versionen vom 0:0 bis zu einem 4:4. Wir wähnten uns auf der sicheren Seite. Leider ging das Spiel dann 5:3 oder so aus, und wir hatten keine Chance mehr zu reagieren. Pech. Der Teil der Szene musste dann ganz schnell noch rausgenommen werden.

Ansonsten aber waren diese Aktualisierungen ein Markenzeichen der Serie, das maßgeblich dazu beitrug, dass viele Zuschauer die Lindenstraße als „echte" Realität ansahen.

Gleichzeitig behandelten wir politische und gesellschaftliche Themen auch in den langen Handlungssträngen, die sich über mehrere Wochen und Monate streckten. Gerade in den 80er- und 90er-Jahren waren die oft brisant, zu einem guten Teil sind sie es heute noch: Flüchtlinge, Toleranz und Akzeptanz gegenüber Homosexuellen, Überwachungsstaat, Polizeigewalt, die Diskriminierung Andersdenkender.

Auch das zurzeit allgegenwärtige Thema Umweltschutz spielte in der Lindenstraße bereits Anfang der Neunziger eine große Rolle. Da platzierte Benny Beimer Wackersteine im Spülkasten der beimer'schen Toilette, um Wasser zu sparen, besorgte mit Marion einen wiederverwendbaren Weihnachtsbaum und holte sogar eine lebende Gans für den Braten ins Haus, um gegen den Fleischkonsum in der eigenen Familie zu protestieren. Die Figur Hubert Koch stellte ein Windrad aufs Dach, um seine Glühbirnen betreiben zu können, während Timo und Andi Zenker mit Zorro einen Wagen zu einem solarbetriebenen Elektroauto umbauten. Dass es noch zwanzig, fast dreißig Jahre dauern würde, bevor derlei Dinge im allgemeinen Bewusstsein ankommen würden, konnte sich keiner von uns vorstellen.

Ich erinnere mich an eine Wette, die meine Schwester und ich mit unserem Onkel abschlossen, als wir noch sehr klein waren. Unsere kindliche These war damals, dass alle Innenstädte im Jahr 2000 autofrei sein würden. Die Wette ging kläglich verloren. Und nun ist das Thema leider aktueller denn je.

Und weiterhin heißt es, ein Strukturwandel könne nur langsam geschehen. Aber die Frage muss doch erlaubt sein, was die Verantwortlichen der Konzerne und der Industrie neben Geldscheffeln in den letzten Jahrzehnten getan haben. Nichts. Mindestens 30 Jahre wurden verplempert. Und alle wussten es. Von zu schnell kann hier sicher keine Rede sein.

Besonders die „Licht aus!"-Aktion mit Robin Wood aus dem Jahr 1990 ist mir in Erinnerung geblieben. Mein

Filmbruder Benny forderte öffentlich dazu auf, für einige Minuten das Licht auszuschalten, um gegen Atomkraft zu demonstrieren. Diesen Fernsehauftritt sahen dann die Bewohner der Lindenstraße. Fernsehen im Fernsehen sozusagen. Eine erhebliche Zahl unserer Zuschauer schaltete das Licht dann auch in der wirklichen Welt aus. So viele, dass es einen deutlich zu verzeichnenden Verbrauchsrückgang bei den Energieversorgern gab. Das muss man sich mal vorstellen.

Zwanzig Jahre später starteten Pro Sieben und Sat. 1 eine ähnliche Aktion, die tagelang auf allen Kanälen beworben wurde. Der Effekt war nicht annähernd so groß, wie es damals der Lindenstraße spontan gelungen war.

Das lag unter anderem daran, dass wir Themen szenisch umsetzen konnten. Eingebaut in die Geschichten der zwar fiktiven, aber doch vom Publikum sehr lieb gewonnenen Lindenstraßennachbarn. Ein netter Junge wie Benny, den man seit Jahren „kennt", bindet an ein Thema. Wenn eine Figur in der Lindenstraße etwas wollte, hoffte, machte oder tat, dann wollte, hoffte, machte und tat dies ein großer Teil des Publikums auch. Das ist in Filmen, Romanen und Theaterstücken auch so. Die langjährige Bindung an die Figuren verstärkt den Effekt in Serien aber enorm.

Ich würde mir dennoch wünschen, dass wir noch mehr zu wirklichen Veränderungen hätten beitragen können. Denn es gab noch weit mehr gesellschaftliche Themen, die brannten.

Die deutsche Einheit etwa zog mit der Figur Claudia Rantzow in die Lindenstraße ein, die kurz vor dem Mauerfall aus Sachsen geflohen war. Auch das Vorgehen der Treuhand wurde thematisiert: in einer Geschichte um die Figur Hubert Koch, der in die neuen Bundesländer reiste, um die Nähmaschinenfabrikation seines Bruders zu retten.

Und als Hunderttausende Jugoslawen gezwungen waren, ihre Heimat zu verlassen, und in Deutschland Zuflucht suchten, nahm Helga Beimer in der Lindenstraße die beiden Kinder Milena und Ivo bei sich auf. Wie zahlreiche andere Deutsche zu der Zeit auch. Schon damals öffneten viele ihre Herzen und halfen, wo es nur ging, wie dann 2015 wieder.

An anderer Stelle war die Lindenstraße den Ereignissen sogar voraus. Als die Machenschaften in vielen Gemeinden noch totgeschwiegen wurden, musste Lindenstraßenpfarrer Matthias sich schon Missbrauchsvorwürfen stellen. Und der Freitod von Amelie und Prisnitz ist in der aktuellen Debatte um Sterbehilfe ebenfalls noch sehr präsent.

Wenn die Lindenstraße ein sensibles Thema auf den Tisch brachte, war das ein gesamtgesellschaftlicher Schock. Das diskutierten dann am nächsten Tag mal eben 12 Millionen Menschen. Einfach so. Das schaffen heutzutage nur noch YouTuber wie Rezo, der mit seiner Kritik an der CDU ebenfalls 12 Millionen Menschen erreichte. Leider sind viele Themen damals nur im Bewusstsein angekommen, Änderungen aber nicht in die Tat umgesetzt worden.

Da muss ich mir auch an die eigene Nase fassen. Während mein Alter Ego Klaus bereits in jungen Jahren als Tierschützer unterwegs war, hatte ich bis Anfang zwanzig zum Thema Tierhaltung und Fleischkonsum nur eines zu sagen: Warum sollte ich glückliche Tiere essen. Die Unglücklichen sterben doch sicher lieber.

Dabei hätte ich viel aus der Geschichte um Klaus und Julia und den Tierschutz mitnehmen können. Nicht nur, was das unfassbare Leid in den Ställen der Massentierhaltung angeht. Auch die bis heute anhaltende Verseuchung von konventionell erzeugten Fleischmassenwaren mit

Antibiotika und diversen Hormonen oder die Rodungen im Amazonas für Weideland wurde damals in der Lindenstraße schon kritisiert. Es dauerte aber bis zum Jahr 2014, als ich spielte, wie Klaus einen weiteren Fleischskandal aufdeckt, dass ich begann, endlich möglichst Biofleisch zu essen und meinen Fleischkonsum etwas einzuschränken. Seit dieser Geschichte ist das Thema Umweltschutz für mich immer wichtiger geworden. Das Auto wurde abgeschafft, Flüge aus dem Urlaubsplan und für innerdeutsche berufliche Termine gestrichen, mein Kleiderschrank ist deutlich leerer und besteht zum größten Teil aus fair und biologisch hergestellten Klamotten. Erst im Zuge meiner Ernährungsumstellung 2017 schaffte ich es dann, die Menge des von mir kulinarisch so heiß geliebten Fleisches auf ein Drittel zu reduzieren. Es war allerhöchste Eisenbahn.

Auch wenn die Themen der Lindenstraße nicht bei jedem eine direkte Verhaltensänderung zur Folge hatten, meinungsbildende Kraft hatten wir trotzdem, was schon an diversen juristischen Verfahren zu erkennen war. 1988 zum Beispiel klagte sich Peter Gauweiler durch drei Instanzen. Er hatte damals gefordert, das Seuchenschutzgesetz auf HIV-Positive anzuwenden. Die Figur Chris Barnsteg kommentierte daraufhin, dass Gauweiler und seinesgleichen Faschisten seien. Wenn ich mich recht entsinne, verklagte er die Darstellerin Stefanie Mühle-Herberer und Gunther Witte vom WDR wegen Beleidigung. Er verlor in allen drei Instanzen. Man darf Meinungen, die in der Öffentlichkeit vorkommen, im TV szenisch wiedergeben, war die Begründung.

Das bekam auch die FDP zu hören, als deren Sprecher sich über die Aussagen der Rolle Jimmi echauffierte. Dieser hatte sich über die von der FDP eingeführte Senkung der Umsatzsteuer für Hoteliers beklagt, die es nun anscheinend „hinten reingeschoben" bekämen, wohl weil das Handwerk „nicht gespendet hätte!".

Aus der Geschichte um Bennys „Licht aus!"-Aktion stammt übrigens meine Lieblingsszene aus der Lindenstraße: Der schon gealterte Egon Kling fand die Idee so gut, dass er in seiner Funktion als Hausmeister spontan die Haussicherung herausnahm, damit auch wirklich jeder im Dunkeln saß. Er und seine Frau Else, die nach dem Strom schauen wollte, trafen sich daraufhin im Treppenhaus. Egon, geduldig wie er war, bringt Else mit Mühe dazu, sich mit ihm auf die Stufen des dunklen Treppenhauses zu setzen, statt die Sicherung umgehend wieder reinzumachen. Aus einer offenen Zweier verdichtet die Kamera sehr langsam in eine enge Zweier. Ungeschnitten entwickelt sich dann über die nächsten drei Minuten ein hochromantisches und gleichzeitig urkomisches Gespräch. Else schmiegt sich an ihren Egon und fragt, ob sie nun einen „Ba Bi Bumm" zu erwarten hätten im Haus – bayerisch für „Babyboom". Während man als Zuschauer noch kichert, verlieren sich die beiden in der Vorstellung, das ganze Haus würde Liebe machen, wie sie beide vor langer Zeit. Wunderschön. Wirklich. Folge 257. Top.

Übrigens selbst Else hat sich damals um den Umweltschutz verdient gemacht, wenn auch sicher unfreiwillig. Mit einem Sharing-Modell, wenn man so will: ihrem „Waschsalon". Das Geld für die drei Münzwaschmaschinen, die sie im Keller des Hauses platzierte und allen zur Verfügung stellte, hatte sie im Lotto gewonnen.

1991 lud mich Hans Geißendörfer zum ersten Mal allein zu einem Gespräch über meine Rolle: „Hallo, Moritz, komm rein und setz dich."

Mir war ein wenig mulmig zumute, als ich vor ihm Platz nahm. Was hatte Hans vor, der so ungewohnt offiziell hinter seinem Schreibtisch saß und mich eindringlich ansah.

„Klausi soll eine sehr ernste Geschichte erleben", sagte er.

Dann erzählte er mir, was sie vorhatten: Mein Alter Ego sollte Neonazi und Teil einer rechtsradikalen Wehrsportgruppe von Skinheads werden und mit seinen Kumpanen, insbesondere mit Olli Klatt, Asylheime attackieren und Ausländer körperlich angehen, um am Ende geläutert und von den eigenen Schergen verfolgt, unter Gefahr für Leib und Leben zum Aussteiger zu werden.

„Solche Rollen zu spielen birgt durchaus ein gewisses Risiko", sagte Hans Geißendörfer. „Möchtest du das trotzdem machen?"

Mit so einer Geschichte vor einem so großen Publikum auf das aufkeimende Problem von rechts aufmerksam machen zu können fand ich großartig.

Im wahren Leben rief die politische Linke in meinem Herzen nach Aufmerksamkeit. Ich hörte Punk und ließ mir schon seit einer Weile die Haare wachsen. Ich wollte ein Rebell sein und gleichzeitig die Welt verbessern. Inzwischen hatte ich das politische Kapital der Lindenstraße begriffen und wollte gerne meinen Teil dazu beitragen, die glatzköpfigen, kriminellen Idioten in ihre Schranken zu weisen.

Ich sagte sofort Ja.

Wir alle sollten uns noch wundern, wie prophetisch die Drehbuchautoren waren, als sie die Geschichte zu Beginn des Jahres 1991 konzipierten. Niemand konnte wissen, *wie* brisant und aktuell das Thema bei der Ausstrahlung der Folgen zu Weihnachten 1992 sein würde.

Schon im September 1991 kam es in Hoyerswerda durch einen Mob aus Hunderten Menschen zu tagelangen Ausschreitungen und massiven Übergriffen gegen Asylbewerber und Gastarbeiter. Es folgte eine Serie weiterer rechtsradikaler Übergriffe, und im August 1992 gipfelte der Hass im Pogrom von Rostock-Lichtenhagen. Hunderte Neonazis fielen über ein Asylbewerberheim her, belagerten es tagelang und zündeten eines der Häuser schließlich an. Hunderte Betroffene und Polizisten wurden verletzt. Tausende applaudierten. Heute würde man die Beifall spendenden Gaffer verharmlosend als Wutbürger bezeichnen. Es war erschreckend. Ein Horrortrip. Gleichzeitig hatten wir gerade mit dem Dreh der ersten Szenen der Nazigeschichte um Klaus begonnen, und ich fand mich am Set in Springerstiefeln und Bomberjacke wider. In den Drehbüchern wurde ich von nun an als Klaus und nicht mehr als Klausi geführt. Mein Alter Ego war in den Hobbykeller gezogen, konnte sich dem elterlichen Einfluss so entziehen (zumal Erich Schiller gerade bei seiner Mutter eingezogen war, was Klaus so gar nicht in den Kram passte) und geriet in die Fänge der Rechten, als er über seinen Kinderfreund Olli Klatt den Nazigruppenführer Rainer kennenlernte, zu dessen Laufburschen Olli geworden war.

Drei Monate später, bei der Ausstrahlung dieser Folgen, war es gerade mal drei Wochen her, dass in Mölln ein zehnjähriges und ein vierzehnjähriges türkisches Mädchen zusammen mit ihrer Großmutter ermordet wurden. Im Mai 1993 folgte der Brandanschlag von Solingen, dem fünf Menschen zum Opfer fielen – und in der Lindenstraße warf

Klaus Molotowcocktails auf ein Asylbewerberheim. Politisch aktueller hätten wir nicht sein können. Uns alle gruselte es.

Denn der Dreh der Geschichte hatte es in sich – eine Gänsehaut jagte die nächste. In einer Szene etwa sollte Klaus einen Schwur für die Wehrsportgruppe leisten. Dazu versammelten wir fünfzehn männliche Komparsen, kräftig mit kurz geschorenen Haaren, Bomberjacken und Springerstiefeln, um ein Feuer an einem Seeufer. Der Text des Schwurs ist mir bis heute geläufig: „Ich gelobe, dem deutschen Vaterland treu zu dienen …" und so weiter.

Auch wenn wir im echten Leben alle herzlich wenig mit rechtem Gedankengut am Hut hatten, dem Sog einer solch martialischen Verbrüderung konnten wir uns nur mit Mühe entziehen. Den rechten Arm zum Hitlergruß in den Nachthimmel gereckt, versuchten wir uns mit dummen Witzchen und viel Gelächter von dieser grauenvoll eindringlichen Szenerie emotional zu distanzieren. Gemeinsam gelang das dann auch zum Glück.

Den Ruf als politisch eher linkes Format erwarben wir uns früh und behielten ihn bis zum Ende. Hans Geißendörfer lebte mit der Lindenstraße zum Teil seinen politischen Grundanspruch aus, den er aus der Kommunenzeit Münchens behalten hatte. Natürlich legten wir dennoch eine gewisse Neutralität an den Tag, so weit wir das eben als Format des öffentlich-rechtlichen Fernsehens mussten. Nicht alle positiv besetzten Figuren der Lindenstraße waren links. Sogar Altnazi Onkel Franz durfte seine liebevolle Seite zeigen, die beim Publikum sehr beliebte schrullige Else Kling zeichnete sich nicht gerade durch sonderlich linkes Gedankengut aus, und auch Figuren wie Roland oder Iffi, die in der Geschichte AfD-Anhänger waren, wurden keineswegs als ausschließlich böse Menschen dargestellt. Im Gegenteil.

Auch wenn Hans Beimer sicherlich eher der SPD verbunden war, kann ich mir gut vorstellen, dass die FDP Helgas Partei war oder zumindest wurde, nachdem Hans ausgezogen war. Viel positiver als Mutter Beimer kann man in der Lindenstraße wohl kaum dastehen.

Kritik am politischen Geschehen in unserer Gesellschaft haben wir stets in alle Richtungen geübt. Gegen Gewalt, Ignoranz, Intoleranz und politische Dummheit im Allgemeinen wurde gewettert, egal aus welcher Richtung das Problem kam. Warum das rechte Spektrum in solchen Fällen häufiger vorkommt als andere politische Lager? Nun, das kann sich gerne jeder selbst fragen.

Das von der AfD heute gebetsmühlenartig bemühte Argument, der öffentlich-rechtliche Rundfunk sei ein „links-grünversifftes Instrument" und gehöre als solches abgeschafft, läuft grundsätzlich und auch im Fall Lindenstraße ins Leere.

Als sie abgesetzt wurde, ging dennoch das Gerücht um, die AfD hätte, nachdem sie in den Bundestag gewählt worden war, in den Gremien der ARD Einfluss darauf genommen. In den sozialen Medien wurde ich häufig darauf angesprochen. Tatsächlich stellte sich heraus, dass das Gerücht von einer Satirezeitung in die Welt gesetzt worden war. Dass man uns auch im Jahr 2018 noch eine politische Relevanz zutraute, die eine derartige Satire glaubhaft erscheinen ließ, macht mich stolz. Und traurig, dass wir dieses schöne und nicht ganz unwichtige Format verloren haben.

Klaus als Nazi war die erste große Geschichte, die ich zu spielen hatte. Und gleich eine so brisante, dass sie mich schlagartig in den Fokus der Öffentlichkeit rückte. Quasi über Nacht war ich nicht mehr der kleine Junge, sondern ein Schauspieler mit einer ernsten und wichtigen Rolle. Ich wurde zu Talkshows eingeladen und sprach auf Veranstaltungen.

Die größte war ein Konzert gegen Rechts in der Dortmunder Westfalenhalle. Vor 16000 Menschen sollte ich zwischen den Auftritten von Fanta 4 und den Prinzen ein Interview über Rechtsradikalismus geben. Meine Knie waren weich. Zwar sahen mich wöchentlich Millionen Menschen. Eine Bühne dieser Größe jedoch ist etwas vollkommen anderes. Nun hatte ich ein Live-Publikum. Und als dann auch noch nach den coolen Pop-Rock-HipHop-Klängen die aus meiner Teenie-Sicht grauenvoll spießige Lindenstraßen-Tüdelü-Anfangsmusik gespielt wurde, um meinen Auftritt anzukündigen, hatte ich alles Blut im Kopf. Fast wäre ich davongelaufen. Ich erwartete, dass laute Buh-Rufe meinen Auftritt unterbinden würden. Wer will mitten in einem Konzert schon das Gelaber von irgendeinem Schauspieler hören?

Zu meinem allergrößten Erstaunen war das Gegenteil der Fall. Jubelnd wurde ich empfangen. Ein kurzes Interview, viel Applaus. Danke. Für mich war es ein Schlüsselerlebnis. Die Menschenmenge mochte mich. Sie wollte hören, was ich zu sagen hatte. Meine Angst verflog. Es war ein großartiger Tag. Etwa zur gleichen Zeit wurde ich Schirmherr einer Aktion gegen Rechts der Jusos, unter der Leitung von Andrea Nahles. „Zähne zeigen" hieß die.

Diese Art der Aufmerksamkeit war toll, und ich genoss es, das Gefühl zu haben, etwas bewegen zu können.

Aber auch diese Medaille hatte zwei Seiten. Die Nazigeschichte ließ mein Problem mit den Angriffen auf der Straße geradezu explodieren. Rechte wollten mir ans Leder, weil ich mich öffentlich gegen sie aussprach, Linke wollten mir ans Leder, weil sie mich mit Klaus gleichsetzten und selbst als Neonazi ansahen. Desgleichen galt für einige Jugendgangs mit Migrationshintergrund. Ein Spießrutenlaufen.

Ich erinnere mich aber auch an einen Tag, ich war bei Freunden in Dortmund gewesen und wollte mit dem Zug nach Hause, als eine Horde Borussen-Fans mit dem Sonderzug vom Auswärtsspiel auf Schalke zurückkam. Zu Hunderten strömten sie auf den Bahnhofsvorplatz just in dem Moment, in dem ich ankam. Als mich der Erste erkannte, dachte ich, das war's jetzt. Aber statt mich wegen Klaus' oder meiner eigenen politischen Gesinnung anzupöbeln, wie ich es gewohnt war, wurde ich von der gesamten Truppe einfach als „ihr Klausi" minutenlang gefeiert. Es war völlig irre.

Als Klaus aus der Nazi-Szene ausstieg, war es dann endlich ganz vorbei mit den Anfeindungen. Ich bin seitdem nie mehr auf der Straße, in der Bahn oder irgendwo sonst körperlich angegangen worden.

KAPITEL 10

FREUNDE FINDEN

Willi Herren, der den Olli Klatt spielte, hatte hingegen weit mehr mit seiner Rolle zu kämpfen als ich. Er war der Bösewicht der Stunde. Zum Glück konnte er ganz gut damit umgehen. Dass Willi überhaupt bei der Lindenstraße dabei war, ist eine Geschichte für sich. Ich hatte ihn schon ein oder zwei Jahre vor seinem Engagement kennengelernt. Er war ein riesen Lindenstraßenfan und fleißiger Autogrammsammler. In einem Schwimmbad sprach er mich an. „Kannst du mir nicht eine Rolle besorgen?", fragte er geradeheraus. „Ehrlich, ich will ins Fernsehen, und ich will berühmt werden."

Zu seinem Bedauern musste ich ihm mitteilen, dass ich keinerlei Einfluss auf die Besetzung hätte. Aber wir kamen ins Gespräch, und es stellte sich heraus, dass er sehr nett war. Also freundeten wir uns an.

Einige Zeit später nahm ich Willi mit in die Produktion, damit er sich das Set mal anschauen konnte. Die Figur des Olli kam da im Off schon vor, und nun suchte man einen Schauspieler, der ihn verkörpern würde. Willi wusste davon, weil meine Mutter es eines Tages mal erwähnt hatte, als er bei uns zu Besuch war, und so bog er schnurstracks in HWGs Büro ab.

„Ich bin Olli", soll er gesagt haben und muss dabei sehr überzeugend gewesen sein, denn er bekam die Rolle, obwohl eigentlich bereits ein anderer dafür vorgesehen gewesen war: Philipp Neubauer, den Lindenstraßenzuschauern später bekannt als Philipp Sperling.

Sein Olli hätte wohl eher dem gefährlicheren intellektuellen Hintergrund der rechten Szene angehört, während Willi wie die Faust aufs Auge zur schlagenden Front passte. Offensichtlich entschied HWG sich kurz vor Drehbeginn noch einmal um, in welche Richtung er mit der Figur gehen wollte. Oder ihm hat Willis frech-dreiste und sehr nette Art einfach imponiert.

So oder so: Philipp war raus. Nun ist der aber ein vorzüglicher Schauspieler und ein sehr angenehmer Zeitgenosse, weshalb man ihn gerne halten wollte. Zum Ausgleich für die zurückgenommene Zusage für die Rolle Olli Klatt bot man ihm den Philipp Sperling an.

Diese Geschichte erfuhr ich erst Jahre später, als Philipp und ich mehr miteinander drehten und uns anfreundeten.

Und Willi? Er blieb seinem Vorhaben treu, berühmt zu werden. Nach vielen Jahren in der Lindenstraße ist er heute ein gern gesehener Gast in diversen Promiformaten und mit über 150 Auftritten ein gut gebuchter Entertainer im Mallorca-Mukke-Spektrum geworden.

Inzwischen verbrachte ich einen immer größeren Teil meiner Freizeit in der Eishalle in Bergisch Gladbach. Für eine Weile nahm ich am Eishockeytraining teil, aber das musste ich wieder drangeben. Zum einen, weil sich die unregelmäßigen Drehtage nur schlecht mit regelmäßigen Nachmittagsterminen vereinbaren ließen, zum anderen, weil ich angefangen hatte zu rauchen. Als der Trainer mich vor die Wahl stellte – Rauchen oder Eishockey –, qualmte ich Depp lieber weiter.

In der Eishalle blieb ich trotzdem. In den freien Laufzeiten entwickelte sich ein wachsender Freundeskreis aus Jungs und Mädchen, die mich nahmen, wie ich war, und mir so die Chance gaben, mich normal zu fühlen. Meine Zeit als Einzelgänger war endgültig vorbei. Ich verbrachte jedes Wochenende in der Eishalle, dazu noch den Montag- und den Mittwochabend. Nach den Laufzeiten saßen wir gegenüber der Eishalle in einer kleinen Holzhütte auf einem Steg über dem See der Saaler Mühle, tranken Bier, rauchten erste Zigaretten, lachten, schmusten und feierten. Die Lindenstraße spielte an diesen Abenden wenn überhaupt, dann eine sehr untergeordnete Rolle. Schnell schloss sich auch meine Schwester an. Das war bei anderen genauso, die Großen nahmen die Kleineren mit.

Zu meinem neuen wachsenden Freundeskreis gehörten auch zwei Schwestern, bei denen wir oft übernachteten. Ihre Eltern besaßen ein Küchenstudio, und so saßen wir vier nach Geschäftsschluss in wechselnder Küchen-Kulisse, schwatzten und ließen es uns richtig gut gehen.

Ich möchte nicht wissen, was aus mir geworden wäre, hätte ich diesen Anschluss nicht gefunden. Natürlich bauten wir auch viel Mist. Ein Freund und ich zum Beispiel kifften, was das Zeug hielt. Hannes hatte ich ebenfalls in der Eishalle kennengelernt. Plötzlich stand er einfach neben mir, wir fingen an, miteinander zu quatschen, und hörten erst auf, als wir am Ende des Abends aus der Halle gekehrt wurden. Sicher zwei Jahre lang waren wir von da an unzertrennlich.

Mit vierzehn waren wir mit einigen Freunden auf einem Guns-n'-Roses-Konzert. Mit Mühe hatte ich zu Hause die Erlaubnis erhalten hinzugehen. Laut Veranstalter sollte das Konzert zwischen halb elf und elf Uhr enden. Da ich im Anschluss noch durch die ganze Stadt musste, hatte ich die Vorgabe, um spätestens Mitternacht zu Hause zu sein. Für mich war das absolut in Ordnung. Mit vierzehn ist das ganz schön spät, um noch draußen zu sein. Aber wir waren ja in einer größeren Gruppe unterwegs, da ging das schon.

Die Vorbands waren Faith No More und Soundgarden. Immerhin waren sie damals schon fast genauso bekannt wie der Haupt-Act. Insbesondere Faith No More hätten das Müngersdorfer Stadion wohl auch alleine gefüllt. Das Album „Angel Dust" ging gerade durch die Decke. Es war also ein richtig geiler Abend. Und natürlich dauerte das Konzert länger als angekündigt. Und nicht nur das, die Bahnen waren danach so überfüllt, dass wir lange warten mussten, bis wir endlich wegkamen.

Als wir um 0:30 Uhr zu Hause ankamen, hatte meine Mutter bereits alle Eltern meiner Freunde abtelefoniert und sogar bei der Polizei angerufen. „Die haben mich gar nicht ernst genommen", erzählte sie wütend. Kein Wunder: Schließlich hatten sie besorgte Eltern aus halb Köln an der Strippe. Soweit ich mich erinnern kann, war es das einzige Mal, dass ich eine zeitliche Abmachung mit meinen Eltern nicht eingehalten habe. Und so bekam ich recht schnell mehr und mehr Freiheiten.

Wer mich nicht so gut kannte, zeigte sich verwundert, dass ich als ach so reicher Schauspieler nicht öfter mal einen ausgab. Dabei war es genau anders herum. All meine neuen Freunde verdienten sich neben der Schule etwas zum Taschengeld dazu. Das konnte ich nicht. Die Drehtage der

Lindenstraße waren das Maximum dessen, was Kindern und Jugendlichen von Amts wegen erlaubt war.

Es dauerte etwas, bis ich darauf kam, dass ich doch schon Geld verdiente. Dass die Schauspielerei verhinderte, dass ich einen kleinen Job annehmen konnte, lag daran, dass sie Arbeit war und mir weitere Arbeitstage als Jugendlicher nicht erlaubt waren. Nur legten meine Eltern dieses Einkommen damals in Bundesschatzbriefen für mich an. Mit achtzehn sollte ich darauf zugreifen können. Ich bekam ganz normal Taschengeld. Das Problem war nur: Ich brauchte jetzt etwas mehr Geld und nicht erst mit achtzehn. Zum ersten Mal fragte ich meine Eltern nun also danach. Die Eishalle und das Ausgehen mussten schließlich finanziert werden. Nach einiger Diskussion einigten wir uns darauf, dass ich vorerst fünfzehn Mark pro Drehtag bekommen sollte. Damit hatte ich in etwa so viel zur Verfügung wie meine Freunde.

Als ich dann tat, was meines Erachtens von mir erwartet wurde, und an einem Abend mein ganzes Monatsgeld nutzte, um ordentlich einen auszugeben, wurde mir nachgesagt, dass ich ein arroganter Schnösel sei, der mit dem Geld nur so um mich warf. Zum Glück wussten meine Freunde es besser und sprangen mir zur Seite. Es war mir eine Lehre, dass man es nicht immer allen recht machen kann.

Wenn ich nicht in der Eishalle war, trieb ich mich bei den Punks auf der Kölner Domplatte herum, demonstrierte gegen rechts und versuchte mit Lederstiefeln, zerrissenen Jeans, Kutten und langen Haaren in der Szene Fuß zu fassen. Eine unserer Demos lief etwas aus dem Ruder. Die Polizei drängte uns Demonstranten, darunter viele Jugendliche, Familien und Kinder, immer enger zusammen, um einige wenige gewaltbereite Linke in Schach zu halten. Eingekesselt zwischen Plastikschildern, Schlagstöcken und flaschenwerfenden Krawallmachern, fühlte ich mich zunehmend unwohl und machte mich, als sich auf einer Seite eine kurze Lücke auftat, mit vielen anderen aus dem Staub. Gerade rechtzeitig, denn das Ergebnis der Eskalation waren zerstörte Polizeiwagen und Verletzte – damit wollte ich nichts zu tun haben.

Dennoch wurde ich am Ende mit der Gewalt in Verbindung gebracht: Am nächsten Tag prangte mein Foto über einem Artikel des Kölner Stadtanzeigers, in dem über die Ausschreitungen berichtet wurde. Ich saß mit einigen Freunden im Kreis auf der Domplatte. Was man auf dem verpixelten Zeitungsbild zum Glück nicht erkennen konnte, war, dass wir einen Joint kreisen ließen. Ich nahm mir vor, in der Öffentlichkeit etwas vorsichtiger zu sein. Dass ich das Marihuana für mich entdeckt hatte, musste nicht unbedingt in die Zeitung, fand ich. Nur, dass ich etwas später in einem großen Stern-Interview auf die Frage nach Drogen leichtfertig und stolz antwortete: „Nichts Wildes. Ich rauche, ich trinke, ich kiffe!" Das wurde dann die Headline. Wieder was gelernt.

Auch meine Schonzeit am Set war ab 1992 definitiv vorbei. Mir wurde bei der Arbeit mehr abverlangt. Szenen, Texte und Arbeitstage wurden länger, die Inhalte relevanter, die Geschichten größer. Zu kämpfen hatte ich dabei vor allem mit mir selbst. Hatte ich bisher immer ganz unbedarft und spielerisch meine Szenen absolviert, war ich nun mitten in der Pubertät, bekam den ersten Bartwuchs und war fast ausgewachsen. Plötzlich wurden mir meine Extremitäten bewusst, Bewegungen fühlten sich komisch an. Wohin nur mit diesen blöden Händen, die so nutzlos an mir herunterhingen? Sie bedurften mit einem Mal bewusst gesteuerter Bewegungen. Ich aber stand am Set wie ein Schluck Wasser in der Kurve.

Auch der Text kam nicht mehr automatisch. Ich redete viel zu schnell und deutlich zu undeutlich. Es war offensichtlich: Ich musste lernen zu schauspielern. Es dauerte eine ganze Weile, bis wir meine neuen Schwierigkeiten im Griff hatten.

„Knn ich bitte heut Abnd noch schn mit Oli zu einm Schulknzrt gehn?", brummelte ich in meinen noch spärlich sprießenden Bart.

„Nuschel nicht so, Moritz, niemand versteht dich", schallte es so wie viele andere Male aus den Deckenlautsprechern des Studios, wenn ich mal wieder nicht zu verstehen gewesen war.

„Noch einmal, bitte."

Ich glaube, ich habe einer ganzen Generation von Regisseuren und Regieassistenten damit schlaflose Nächte bereitet. Meine Zahnspange, die sich fest eingebaut innen zwischen meinen Zähnen breit machte, war sicherlich ein Faktor für meine mangelnde Artikulationsfähigkeit, vor allem aber war es die neue Unsicherheit, die mich so manches Wort und manchen Satz bis zur Unkenntlichkeit verstümmeln ließ. Nur schnell weg mit dem Text.

George Moorse, der früher das Problem Moritz so gerne mit einem schallenden „Kinder raus" behoben hatte, kam nun auf die grandiose Idee, mir für eine Nahaufnahme eine Orange in die Hand zu drücken, die am Set als Requisit rumlag.

„Dreh sie in der Hand, während du deinen Text sagst", riet er mir. Das funktionierte. Sehen konnte der Zuschauer die Orange nicht, aber ich bekam eine andere Körperlichkeit, stand aufrecht, mit etwas mehr Spannung im Leib, und konnte frei heraus sprechen.

Orangen wurden zu meinen steten Begleitern am Set. Nach und nach merkte ich, dass ich meinen Körper ebenso gezielt einsetzen musste wie den Text. Je mehr ich mir dessen bewusst wurde, desto weniger brauchte ich die Orangen. Denn Requisiten jeder Art boten ja Gelegenheit, dem Wasserschluck-in-der-Kurve-Dasein zu entrinnen. Ich übte fleißig, sie einzusetzen, um der Figur mehr Leben einzuhauchen, bis es in Fleisch und Blut überging. Als Letztes lernte ich, frei zu stehen, ganz bewusst nichts zu tun, als den Text zu sprechen und ihm durch Mimik Leben einzuhauchen. Das empfinde ich bis heute als das Schwierigste und fühle mich gerade in Szenen mit viel Text am wohlsten, wenn ich etwas Handfestes zu tun habe: den Tisch decken, Wäsche falten oder Aktenordner sortieren. Text mit Bewegung zu verknüpfen gibt mir Sicherheit und verleiht vielen Szenen eine alltägliche Natürlichkeit, die bei unserer Proben- und Drehgeschwindigkeit auf diesem Wege leicht herzustellen ist.

Einen großen Anteil an meiner Entwicklung hatte Manfred Schwabe, der es in der Lindenstraße als Ex-Pfarrer Matthias mit seinem „Stör ich?" zum stets falschen Zeitpunkt in den absoluten Kultstatus geschafft hatte. Ich bin ihm sehr dankbar, dass er seine Freizeit investierte und mit mir geduldig an Atemtechnik, Haltung und Rollenstudium arbeitete, als er merkte, dass ich häufig in Haltung und Sprache schlingerte. Er nahm sich in seinen Pausen viel Zeit, um mit mir zu arbeiten. Heute ist Manfred seit vielen Jahren als Coach bei „Unter Uns" tätig, um den Schauspielkollegen zu helfen, mit der hohen Taktzahl der zu drehenden Szenen umzugehen. Ich konnte seine Hilfe gut gebrauchen, denn tatsächlich musste ich ganz neu lernen, einfach zu spielen. In den Jahren als Kind ging das alles von ganz allein.

Aber ich war kein Kind mehr. Einige meiner Kollegen hatten das noch nicht mitbekommen. Die meisten kannten mich ja noch als Knirps. Es dauerte, bis ich fast dreißig Jahre alt war, bis auch der Letzte mich nicht mehr als den „kleinen Klausi" ansah. Irgendwann fand ich das lustig. Zum Ende der Teenagerzeit hin aber war das so richtig schön uncool. Ich wollte erwachsen sein, verdammt noch mal. Und das war ich doch auch. Sah man das denn nicht? Wofür zog ich mir denn die ganzen kaputten Klamotten an? Zum Spaß?

Damals fragte ich mich, wie man so in der Vergangenheit verhaftet sein kann. Viele Jahre später bekam ich die Antwort. Meine junge Schauspielkollegin Cosima Viola erzählte in einer Drehpause etwas vom Autofahren und dem Produktionsgelände.

„Ach, übst du hier schon mal?", fragte ich sie fröhlich.

„Moritz, ich bin 23 und habe den Lappen seit fünf Jahren. So langsam könnte dir auch mal auffallen, dass ich kein Kind mehr bin", feixte sie. Mir blieb nichts, als schief zu grinsen und mich zu entschuldigen. Jetzt war es also an mir, dem wirklichen Alter meiner jüngeren Kollegen hinterherzuhängen.

1992 war für mich ein Wendepunkt. Ich reifte als Mensch und als Schauspieler, fand im Team erste Freundschaften auf Augenhöhe. Durch meine neu gewonnenen Freunde in der Eishalle gewann ich an Selbstsicherheit, lernte, im Alltag mehr und mehr damit umzugehen, auf die Lindenstraße angesprochen zu werden, ohne gleich Beklemmungen zu bekommen. Meinen Spaß am Dreh hatte ich nicht verloren, aber es wurde mehr und mehr zu Arbeit, weniger Hobby.

Und auch in anderer Hinsicht war 1992 ein Wendepunkt. Die Daily Soaps erreichten Deutschland. GZSZ ging auf Sendung und sollte auch die Wahrnehmung der Lindenstraße ändern.

KAPITEL 11

DIE DAILYS KOMMEN

Seit das Privatfernsehen 1984 eingeführt worden war, waren RTL und auch Sat. 1 rasch gewachsen, weitere private Sender waren dazugekommen. Durch die neue Vielzahl an Programmen hatte sich das Fernsehverhalten rasant verändert. Plötzlich hatten mehr und mehr Haushalte ein zweites Fernsehgerät. Man schaute nicht mehr automatisch alles gemeinsam. Das spürte auch die Lindenstraße: Anfang der Neunziger hatten bereits zwei Millionen Zuschauer entschieden, sonntags um 18:40 etwas anderes zu schauen.

Nicht nur aus heutiger Sicht waren unsere Zuschauerzahlen und Marktanteile trotzdem noch berauschend hoch.

Mit GZSZ kam nun eine Sendung auf den Markt, die der Lindenstraße von der Machart glich: Serie, Studiolook, Mehrkamerasystem, vorgefertigtes Licht von oben. Auch wenn GZSZ einen anderen Sendeplatz hatte – das Bedürfnis nach einer durchgehenden Serie konnte jetzt auch ohne uns gestillt werden.

Die Lindenstraße wurde fortan nicht mehr mit anderen Familienserien verglichen, sondern mit den Daily Soaps.

Das hatte für uns zunächst Vorteile, denn unser Image wurde besser. Die Dailys waren technisch sogar uns unterlegen, mussten sie doch täglich liefern, wofür wir eine Woche Zeit hatten. In den Anfangsjahren wackelten dort die Kulissen schon, wenn Türen sanft geöffnet oder geschlossen wurden, bei uns immerhin nur, wenn man sie zuschmiss. Und wenn einer der Schauspieler an einem Fenster entlangging, warf er Schatten auf den Rücksetzer, einen leichten Holzrahmen mit der aufgedruckten Straße. Den Erfolg der Daily Soaps schmälerte dies nicht.

Sie glichen uns auch in ihren etwas gestelzten Dialogen, in die möglichst viel Information gepackt werden musste. Schließlich soll jeder Zuschauer zu jeder Zeit problemlos in die Serie einsteigen können. Dort sogar viel mehr als bei uns.

Figuren in Dauerserien werden zum Beispiel viel häufiger beim Namen genannt, als man dies im Alltag tun würde. Wer würde schon zu seiner Frau sagen: „Neyla, gib mir mal bitte die Zeitung rüber", und einen Moment später: „Neyla, hast du das gelesen?" und so weiter. Je neuer eine Rolle, desto häufiger wird sie beim Namen genannt. Die Zuschauer sollen ihn sich einprägen.

Noch besser wird es, wenn der Dialog noch andere Informationen mitliefern soll. Aus „Iffi kommt heute noch" wird dann: „Iffi, meine Frau, die mit den roten Haaren, Schwester von Walze, die so gut turnen konnte und mit der ich als Kind schon befreundet war, also die nach meiner ersten Frau Nina, die kommt heute auch."

Ich gebe zu, dieses Beispiel ist etwas überspitzt. Fakt ist aber, dass wir als Erinnerungshilfe für den Zuschauer sehr oft Informationen in Sätze einbauen, die man im realen Leben nie mit nennen würde, weil sie allen Anwesenden klar sind. Diese „Erklärbärtexte" nerven beim Spielen ungemein, und sie natürlich rüberzubringen ist schwer bis unmöglich. Das kann jeder ganz leicht ausprobieren. Man nehme den einfach den Satz über Iffi oben und spreche ihn aus. Es ist gruselig.

Heutzutage, wo leider mehr gezappt wird denn je, werden solche Dialoge noch notwendiger. Wir haben in einem Seminar mal den Versuch gewagt und vier unterschiedliche Folgen von unterschiedlichen Dailys parallel geschaut. Wir wollten wissen, ob wir nach 26 Minuten Zapping alle Inhalte mitbekommen hatten. Was soll ich sagen? Natürlich hatten wir.

In den 90er-Jahren verwendeten wir solche Texte vergleichsweise selten. Gerade zu Beginn war der Ansatz der Lindenstraße ein anderer: Wir wollten nicht neue Zuschauer hereinlassen, sondern wollten verhindern, dass die bereits vorhandenen abschalteten. Unser Publikum sollte die Lindenstraße immer schauen. So entstanden die berühmten Cliffhanger – der schnelle Zoom auf ein erschrockenes oder zweifelndes Gesicht, gepaart mit dem dramatischen Tüdelü der Abspannmusik –, die zum Markenzeichen wurden. Eine kleine erzieherische Maßnahme, bitte immer wieder einzuschalten. Heutzutage wird das Prinzip von Streamingdiensten genutzt. Je besser der Cliffhanger, desto eher schaut der Zuschauer im Netz die ganze Serie – ein wichtiger Teil der Kundenbindung. Auch „Erklärbärtexte" wird man in den Hochglanzserien für den Binge-Konsum sicher nicht finden.

Und in noch einem Punkt unterschied sich die Lindenstraße von Daily Soaps: Sie hatte als öffentlich-rechtliche Serie nie einen Werbeauftrag. Der Begriff Soap entstand in den 1930er-Jahren, als ein amerikanischer Spülmittelhersteller eine fortlaufende Radiosendung von einigen Minuten Dauer entwickelte, um Hausfrauen Werbung für ihr Produkt unterzuschieben. Der Inhalt war dabei eher nebensächlich. Es musste simpel genug sein, um es nebenbei zu konsumieren, spannend genug, um es immer wieder einzuschalten, und unauffällig genug, um die direkt enthaltene Werbung, später den Werbeblock, gut zur Geltung zu bringen. Das funktionierte so hervorragend, dass man die Idee übernahm, als das Fernsehen aufkam. Ebenfalls der Werbung geschuldet, immerhin finanziert diese alles, sind die Zielgruppen bei allen Soaps sehr klar definiert. Welche Produkte will ich wem verkaufen?

Die Lindenstraße folgte dieser Ausrichtung nicht. Im Gegenteil: Sie war oft gesellschaftskritisch und unangepasst. Auch wenn die Lindenstraße optisch einer Soap glich, sie war keine. Keine Werbung, keine klar abgegrenzte Zielgruppe: keine Soap! So einfach ist das.

Wer die Lindenstraße mochte, wurde nicht automatisch GZSZ- Gucker. Es waren vor allem jüngere Zuschauer, die abgezogen wurden. Die Dailys brachten spezielle Magazine für die jungen Fans raus und schürten den Rummel um ihren Cast als Geschäftsmodell ganz gezielt. Dadurch änderte sich mein Leben merklich. Waren ein Bravoartikel und Liebesbriefe in der Fanpost zuvor für mich noch ganz normal, verschwanden Teenies in den Neunzigern nach und nach aus unseren Zuschauerreihen. Für mich war das sehr angenehm. Teenager sind eine wirklich anstrengende Fangruppe. Hemmungslos, laut, fordernd.

Briefe bekam ich dennoch immer viele. Neben professionellen Autogramm-Sammlern, die einfach frankierte Umschläge an unsere Pressestelle schickten, schrieben auch viele

Fans. Es war immer schön, solche Briefe zu lesen. Ich muss gestehen, dass ich im Beantworten trotzdem nicht besonders fleißig war.

In jüngeren Jahren wurde meine Post kontrolliert, da nicht alles für Kinderaugen geeignet war. Eines Tages lag dann doch ein Brief in meinem Fach, der dort wohl nicht hätte landen sollen. Ein unappetitliches Schreiben, mit einer sexuell sehr anzüglichen Kurzgeschichte über mich und der Bitte um Nacktbilder in braunen Socken. Mit meinen zwölf oder dreizehn Jahren war ich durchaus irritiert und ging damit zu den Kollegen in die Pressestelle. Sie kannten den Absender schon. Bevor er mich auserkoren hatte, hatte er schon Christian Kahrmann mit solchen Schreiben belästigt. Der Brief musste ihnen durchgerutscht sein. Selbstverständlich hatten sie diesen Absender bereits auf einer schwarzen Liste. Die Kontrollen wurden nach dem Vorfall intensiviert, und mir wurde erklärt, dass es sich um einen geistig kranken Mann handelte, der in einer Anstalt unter Aufsicht lebte. Wo ich jetzt so darüber nachdenke, frage ich mich, wie es sein kann, dass solche Briefe eine Psychiatrie verlassen können. Damals aber machte ich mir keine weiteren Gedanken und war beruhigt. Es kamen noch mehrere solcher Schreiben, wie ich später erfuhr, aber keines erreichte mich je wieder.

In den Neunzigern wurde mein Alltag auf der Straße merklich ruhiger. Das lag auch daran, dass RTL mehr und mehr eigene Sendungen in Köln produzierte und ab 1993 auch VIVA. Junge Schauspieler und Moderatoren in der Öffentlichkeit zu treffen war plötzlich nicht mehr so ungewöhnlich. Dadurch wurde ich nicht mehr ganz so oft angesprochen und wenn, dann etwas zurückhaltender und entspannter. Leute spielten im TV mit. Okay. Na und?

„Hey, du bist doch der aus der Lindenstraße, schön, dich zu sehen", hieß es nun häufiger. „Eben erst habe ich Hella von Sinnen und Harald Schmidt getroffen! Toll hier in Köln. Schönen Tag noch." Und schwups waren sie von dannen. Ganz ohne Schnappatmung.

Ein Segen.

Erkannt wurde ich trotzdem noch, was meinen Absichten nicht immer ganz zuträglich war. Mit unter 16 Jahren Bier zu kaufen ist sowieso nicht ganz leicht, für mich war es fast unmöglich. „Dich kenn ich doch, du bist doch der Klausi, du darfst doch noch gar nichts trinken", bekam ich mehr als einmal zu hören.

Mit dem Aufkommen der kleinen digitalen Fotoapparate kam außerdem eine ganz neue Dimension der Beobachtung hinzu. Seitdem heißt es: Fotos statt Autogramme – ein Phänomen, dass mit den Handykameras noch einmal deutlich zugenommen hat. Wenn ich mir vorstelle, dass es die schon zu meiner Kindheit gegeben hätte, bekomme ich eine Gänsehaut. Als Erwachsener ständig und in jeder Lebenslage Gefahr zu laufen, eine Kamera im Gesicht zu haben, kann problematisch genug sein. Oft wird man als Person des öffentlichen Lebens nicht einmal gefragt. Es wird einfach gefilmt oder geknipst und in den sozialen Medien veröffentlicht.

Aber auch ohne Facebook und Co. musste ich vorsichtig sein. Einmal betrunken, schon wusste es jeder. Ein vermeintlich heimlicher Kuss auf einer Party – sofort bekannt. Ich musste mich ständig selbst kontrollieren. Klar, dass das nicht immer möglich war. Zum Glück waren meine Freunde schon damals sehr verlässlich.

Die riesige Bekanntheit als Kind und Jugendlicher hat Spuren bei mir hinterlassen. Ich mag es immer noch ganz und gar nicht, ungefragt fotografiert oder gefilmt zu werden.

Wenn ich unterwegs auf der Straße oder beim Einkaufen ein Handy sehe, das in meine Richtung zeigt, halte ich mir unwillkürlich eine Hand vor das Gesicht. Dabei ist mir klar, dass ich oft genug gar nicht gemeint bin.

In der inzwischen irrigen Annahme, jeder würde mir gebannt an den Lippen hängen und alles weitererzählen, was ich so von mir gebe, rede ich in der Öffentlichkeit über Privates oft so leise, dass mein Gegenüber mich kaum versteht. Dabei bin ich von Natur aus eher ein lauter Mensch.

Über viele Jahre bezog ich unwillkürlich jedes leise geführte Gespräch in meiner Nähe auf mich. Ich hatte stets das Gefühl, man redet über mein Verhalten, mein Auftreten. So kann man Neurosen züchten. Einfach ich selbst zu sein konnte ich mir lange nicht zugestehen. Zu präsent war noch die Goldwaage, auf die jedes Wort und jede Geste von mir früher gelegt wurden. Aber es ist ja auch nicht immer ein Nachteil, über das eigene Handeln nachzudenken, bevor man es in die Tat umsetzt.

Als Teenager gelang mir das leider nicht immer. Hatte ich früher nur gelegentlich an einem Joint gezogen, wurde Kiffen mit fortschreitendem Alter eine meiner Hauptbeschäftigungen. Und irgendwann probierte ich auch härtere Drogen. Auf der Love Parade in Berlin war ich mal ein ganzes Wochenende auf LSD. Ein echtes Erlebnis, das muss ich zugeben. Im Anschluss hatte ich aber wochenlang Sorge, vielleicht immer noch drauf zu sein. Das fand ich so erschreckend, dass ich das Zeug nie wieder anfasste. Selbstverständlich kam auch Kokain ins Spiel, denn das Vorurteil,

Kokain sei in der Medienbranche recht weit verbreitet, ist vor allem eines: eine Tatsache. Die erste Line zog ich 1993 in einer Kölner Bar. Und obwohl ich es langweilig fand, vor allem nur wach zu sein, habe ich es noch ein oder zwei Mal probiert. Dabei blieb es glücklicherweise. Ich fand zu wenig Gefallen daran, um meine Gesundheit aufs Spiel zu setzen und den Geldbeutel zu leeren.

Kokain spielte etwas später auch beim Dreh eine Rolle. Klaus' Mitbewohnerin Dani hatte einen Koffer mit über 700 000 DM gefunden, und bei der Party zum spontanen Geldsegen durfte in einer Münchner WG auch Kokain nicht fehlen. Mit Koks und Schampus bewaffnet, saßen Klaus, Dani und Phillipp in der heimischen Badewanne. Eine legendäre Szene.

Mehr als eine Stunde klemmten wir dafür nur mit hautfarbenen Minihöschen bekleidet halb auf-, halb untereinander in einer winzigen Badewanne, die mit einem Minimum an lauwarmem Wasser gefüllt war, das mit jeder Minute kälter wurde. Hin und wieder wurde ein Quirl hineingehalten, um den Schaum wieder herzustellen. Und Partystimmung bitte. Nur gut, dass wir Schauspieler, Clelia, Philipp und ich, uns gut verstanden.

Und nicht nur in der Serie, auch am Set wurde immer noch gern gefeiert. Bei den Abschluss- und Bergfesten, Sommerfesten wie Weihnachtsfeiern konnte ich nun endlich so richtig mitmachen. Mit Zigarette und Bier, klar. Im Gegensatz zu meinem Alter Ego habe ich nämlich für mein Leben gern geraucht.

Bis in die 2000er-Jahre hinein wurde in den Büros, den Gängen und den Garderoben der Lindenstraße gequarzt. Kinder hin oder her. In den 80er-Jahren sogar im Studio. Es gibt noch Fotos von mir als sieben- oder achtjährigem Jungen, auf denen mir beim Blick ins Drehbuch von Regisseur und Regieassistenz die brennende Zigarette direkt ins Gesicht gehalten wird. Im Büro der Aufnahmeleitung fanden regelrechte Rauch-Versammlungen statt. Wie bei all dem Trubel dort noch gearbeitet werden konnte, ist mir ein Rätsel.

Das Rauchen war einfach noch nicht so geächtet. Auch nicht im TV. Bei den legendären Massenszenen im Akropolis wurde das Studio sogar mit Bühnennebel vollgedampft, damit es verqualmt aussah. Da liefen dann vor jeder Einstellung immer zwei Kolleginnen oder Kollegen durchs Set, einer mit einer heftig zischenden und dampfenden Nebelmaschine und die andere mit einer Styroporplatte, die sie wild herumwedelte. Sobald der Nebel undurchsichtig waberte, musste es schnell gehen. Denn das Set hatte zwar Wände, aber keine Decke. Der Nebel verschwand in kürzester Zeit. Der unangenehme Geruch blieb: Alles stank nach künstlicher Erdbeere oder Kirsche, süßlich-muffig.

Als ich mit fünfzehn in einer Szene rauchen sollte, kam damals niemand auf die Idee, mir keine echte Zigarette zu geben. Das war bei der dreizehnjährigen Cosima 2001 dann schon anders. Als ihre Rolle, das Straßenkind Jaqueline Aichinger, rauchen sollte, gab man ihr Kräuterzigaretten.

In den letzten Jahren, hat man dann niemanden mehr in der Lindenstraße rauchen sehen. Die letzte Fluppe im Akropolis wurde lange vor dem bayerischen Nichtraucherschutzgesetz von 2010 ausgedrückt. Das Rauchen im Fernsehen konnte sich irgendwann maximal noch Helmut Schmidt leisten – und selbst bei ihm konnte sich Frau Maischberger in einem seiner Interviews eine schnippische Bemerkung nicht verkneifen.

Am Set ist das Rauchen seit einigen Jahren überall verboten. Die Raucher sitzen bei Wind und Wetter im Innenhof unter einem kleinen, löchrigen Sonnenschirm, der auch den Regen abhalten soll.

Und auch ich rauche in der Öffentlichkeit nicht mehr. Schließlich hat man einen gewissen Vorbildcharakter. Wenn mich jemand fotografieren will, verschwinden die Zigaretten bevor es Klick macht.

KAPITEL 12

DREHEN UND FEIERN

Dass die Lindenstraße einen recht langen Vorlauf zwischen Dreh- und Sendetermin hatte, habe ich bereits erwähnt. Die Geschichten entstanden oft Monate, wenn nicht Jahre, bevor sie gesendet wurden. Für die Storylines schlossen sich die Autorinnen und Autoren samt Produzenten zwei Mal im Jahr für etwa zwei Wochen in einem Hotel ein. Abgeschottet und ungestört entwickelten sie die Bücher für einen Zeitraum von einem halben Jahr. Im Anschluss bekamen jede Autorin und jeder Autor die einzelnen Bücher zugewiesen, die sie oder er dann im Detail ausarbeiten sollten. Das dauerte einige Wochen, und danach folgten noch mehrere Runden an Korrekturen, Anmerkungen und Änderungswünschen von der Produktionsfirma und vom Sender. Die dritte Fassung der Bücher war dann die, die wir Schauspieler rund sechs Monate vor dem Drehtermin zu lesen bekamen. Und nach dem Drehtermin vergingen wie gesagt dann noch mal etwa drei bis fünf Monate bis zur Ausstrahlung. Was der Zuschauer zu sehen bekam, war im Kern also bis zu zwei Jahre alt.

Durch den Versatz von einigen Monaten zwischen Dreh- und Sendetermin drehten wir in den Frühjahrsmonaten

Hochsommer und im Spätsommer bereits Weihnachten. Das hatte Konsequenzen. An erster Stelle für die armen Linden, die der Straße und der Serie ihren Namen gaben. Im Sommer wurden sie gerupft, damit sie winterlich kahl waren, und im Winter dann aufwendig mit aus Neuseeland eingeflogenen Zweigen bestückt, die einzeln mit Draht in die Bäume gebunden wurden. Später nutzten wir für eine Zeit Plastikblätter, um im Januar den Mai erzählen zu können. Die armen Namensgeber der Serie sind dadurch in all den Jahren kaum gewachsen.

Ab und an wurde die Straße mit Kunstschnee beflockt, damit es nach tiefstem Winter aussah. Oft genug herrschte ausgerechnet zum Sendetermin in München dann Föhn, und man war von Schnee weit entfernt.

Für uns Schauspieler hieß der zeitliche Versatz, im Winter in Sommerkleidung und im Sommer in Winterkleidung spielen zu müssen. Im Studio war das gerade im Sommer mitunter eine Tortur: Die Scheinwerfer brannten auf uns herunter, unter dem Blechdach des Studios heizte es sich an den warmen Tagen ordentlich auf, und eine Klimaanlage konnte nicht laufen – die hätte man beim Dreh gehört. Also blieb uns nichts anderes übrig, als bei muckeligen dreißig Grad und mehr in dicken Pullis und Wollsocken hilflos vor uns hin zu schwitzen.

Bei Außendrehs war auch der Winter eine echte Qual. Im Februar saßen wir bei Minusgraden in kurzen Hosen und Röckchen bibbernd im Biergarten des Akropolis, standen mit blauen Lippen und Eisfüßen an der Bushaltestelle und versuchten verzweifelt, sommerlich auszusehen.

„Ihr Lieben, ich weiß, es ist kalt, aber wir haben Sommer, also bitte ein sommerliches Leuchten in die Augen und den

Körper locker lassen!", kam dann nicht selten von der Regie. So manches Mal lutschten wir dazu Eiswürfel, damit der Atem weniger dampfte. Deutliches Sprechen ist mit einem fast eingefrorenen Mund extrem schwer, insbesondere für einen Nuschelkünstler, wie ich es war.

Bei Else Klings Beerdigung, die am 5. Mai 2006 ausgestrahlt wurde, war es am Drehtag Anfang des Jahres rund 10 Grad unter Null. Mit einem leichten Frühjahrsanzug bewaffnet, standen Klaus Nierhoff, der den Christian Brenner spielte, und ich einen Tag lang im Schnee. Besser gesagt, wir standen neben dem Schnee. Als wir am Set ankamen, war die Ausstattung gerade dabei, mit Föhn, Besen und Schaufeln die Gräber, die im Bild sein würden, von Schnee und Eis zu befreien, während wir mit einem Wassereis unseren Atem runterkühlten. Weit weg vom Studio hatten wir kaum eine Chance, uns zwischendurch aufzuwärmen. Ich hatte noch nie so gefroren wie an diesem Tag.

Hitze fand ich trotzdem schlimmer. Eine Wärmejacke kann bei Kälte Wunder wirken und Wärmeunterwäsche hilft auch ein wenig. Bei hohen Temperaturen dagegen hilft nichts. Der Wollpulli unter der Winterjacke saugt sich langsam mit Schweiß voll und kratzt wie die Hölle, Mütze und Handschuhe schwimmen, die Maske bekommt das Gesicht nur noch für Sekunden trocken. Ein Grauen.

Vor einigen Jahren drehten wir im Café George – oder hieß es da noch Moorse? – bei deutlich über dreißig Grad. Die Nachmittagssonne brannte durch die großen Fenster in den kleinen Laden. Klaus sollte hereinkommen, wenige Minuten mit Nastja sprechen und gleich wieder gehen. Jacke ausziehen machte also inhaltlich keinen Sinn, obwohl es zwei recht lange Szenen waren. Was in der Folge nach insgesamt fünf Minuten aussah, dauerte im Dreh mehrere Stunden. Ich zerfloss schon bei den Proben. Dabei hatte ich da nur den Pullover an, die Jacke kam erst zum Dreh hinzu. „Moritz, trink am besten ab jetzt nichts mehr, dann schwitzt du weniger", bat unser Regisseur.

Ich war mir nicht so sicher, ob das eine gute Idee war, tat aber wie geheißen. Nach ein oder zwei Stunden wurde mir dann sehr komisch zumute. Es flirrte vor meinen Augen, ich konnte mich weder konzentrieren noch artikulieren. Der Dreh musste unterbrochen werden, ich war vollkommen dehydriert.

Auch in sehr unangenehmer Erinnerung habe ich den Dreh einer Szene, in der Klaus in einen See gestoßen wird. Die Folge spielte, kurz nachdem er bei den Nazis ausgestiegen war und versuchte, wieder Anschluss zu finden. Bei einer Feier mit Gleichaltrigen an einem See wurde er kurzerhand ins Wasser geworfen, um ihm zu verdeutlichen, was man von seiner Nazivergangenheit hielt.

Obwohl wir die Szene im Frühjahr drehten und nicht im Winter, war es an diesem Tag saukalt. Und damit Klaus einmal im See landete, musste ich mehrfach in das eisige Wasser fallen.

„Hey, Moritz, es ist etwas kühl im Wasser, wir haben dir einen Neoprenanzug besorgt", vernahm ich vor Ort.

Super, dachte ich mir, wie nett von den Kolleginnen des Kostüms, sich so um mich zu sorgen. Als ich dann das erste Mal in Wasser fiel, wurde aber schlagartig klar, dass etwas *kühl* deutlich untertrieben gewesen war und dass der Neoprenanzug zudem nichts nützen würde. Wasser muss erst in ihn eindringen und sich am Körper erwärmen, damit das Prinzip funktioniert. Das ständige Rein und Raus machte dies unmöglich. Gejammer half nichts, die Szene musste trotzdem in den Kasten. Es wurde ein langer, nasser und sehr, sehr kalter Drehtag. Brrr.

Beim Silvesterdreh, den traditionell längsten Drehtagen in der Lindenstraße, freuten wir uns allerdings über den zeitlichen Versatz. Meist drehten wir den Jahreswechsel Ende September oder Anfang Oktober, wenn es schon recht kühl war. Beim stundenlangen nächtlichen Dreh auf der zugigen Lindenstraße winterlich dick eingepackt sein zu müssen kam uns da sehr entgegen.

Silvesterdrehs waren auf andere Weise besonders anstrengend: Es mussten fast alle in der Serie mitspielenden Schauspieler anwesend sein, immerhin um die dreißig. Die meisten hatten nichts anderes zu tun, als sitzend oder stehend zu warten, bis einige wenige ihre Szenen gespielt hatten. Edelstatisten nannten wir uns dann selbst.

Solche Massenszenen zogen sich wie Kaugummi. Nach spätestens acht Stunden, meist war es dann bereits nach Mitternacht, gesellte sich eine tief sitzende Müdigkeit zur Langeweile. Feierlaune zu verkörpern, während einem die Augen zufallen, ist nicht gerade leicht. Wir halfen uns mit kleinen Späßen oder dem einen oder anderen Liedchen, was dazu führte, dass der aufkommenden Stimmung die Disziplin zum Opfer fiel. Die langen Feier-Drehs wurden so stets eine bunte Mischung aus grauenhafter Eintönigkeit und urkomischen Situationen.

Beim Dreh der Hochzeit von Andy und Gabi Zenker im Jahr 1991 etwa wurde Wolfgang Grönebaum veräppelt. Als Egon Kling sollte er in der Szene wie gebannt auf eine Bühne schauen, um Isolde Pavarotti und ihren Gesang zu bewundern.

Also starrte Wolfgang nach vorn und ließ das Mousse au Chocolat, das vor ihm stand und von dem er immer mal wieder naschen sollte, aus dem Blick. Als er wieder einmal zulangen wollte, ging sein Löffel ins Leere. Wie von Zauberhand war der Nachtisch verschwunden. „Ihr Lieben", rief er den Kollegen von der Requisite zu, „ich habe hier nichts auf meinem Teller, wärt ihr so freundlich?"

Er bekam seinen Nachschub und wurde ermahnt: „Iss nicht so schnell, Wolfgang, bitte! Wir haben nicht so viel von der Mousse au Chocolat, immer nur kleine Löffelchen nehmen, okay?"

Kurz darauf stand er wieder ohne da. Mehrfach. Ein ums andere Mal bat er irritiert um Nachschlag. Die Requisite zeigte sich schon bald nicht mehr sonderlich amüsiert. „Wolfgang, wie gesagt, es gibt nicht genug, iss dich bitte an etwas anderem satt, wenn du schon die Requisiten essen musst."

Die diebische Elster, das hatte niemand bemerkt außer meinem Filmbruder Christian Kahrmann und mir, die wir genau gegenüber saßen, war Annemarie Wendel, die als Else Kling neben ihrem Filmgatten saß und den Nachtisch immer und immer wieder stibitzte, wenn er nicht hinsah. Wolfgangs Irritation wurde größer und größer, aber er kam nicht drauf, wer dahintersteckte. Christian und ich mussten darüber so lachen, dass wir den Dreh sprengten und für den Rest des Tages von der Regisseurin Karin Hercher des Studios verwiesen wurden.

Massenszenen sind grundsätzlich turbulent. Langeweile verhält sich zur Arbeitsruhe von Schauspielern wie Benzin zu einem Lagerfeuer. Wir sind von Natur aus nicht dazu gemacht, am Rande zu stehen. Wir wollen agieren, spielen, etwas sagen. Kurz, die allermeisten von uns sind lebhafte Menschen. Wenn die Regie dann energisch um Ruhe bittet oder der Aufnahmeleiter uns einen Spruch drückt, hilft das regelmäßig nur für kurze Zeit, wenn viele von uns auf einem Haufen sind. Binnen Minuten herrschen wieder Krawall und Remmidemmi.

In den ersten Jahren wurde bei den Feier-Drehs auch noch ordentlich ins Glas geschaut, denn die Kollegen wussten ganz genau, wie man das echte Zeug ins Studio und in die eigenen Gläser bekam. Die Flaschen hinter der Theke im Akropolis, die von der Requisite mit Wasser oder Säften gefüllt worden waren, wurden heimlich um eigene Originale ergänzt. Wer wusste, welche Flaschen die echten waren, hatte einen wirklich feucht-fröhlichen Abend. Als ich endlich alt genug war, ließ ich mir diesen Spaß natürlich nicht entgehen.

Auch wenn Alkohol am Set grundsätzlich eher keine gute Idee und strikt untersagt ist – bei den Drehs zu Feiern sah es vor der Kamera dann zumindest sehr authentisch aus, und auch der Stimmung war es zuträglich. Eine blaue, aber zufriedene Horde Schauspieler ist allemal angenehmer als gelangweilte, maulende Gaukler, die möglichst schnell nach Hause wollen. Man ließ uns gewähren.

Leider haben wir es an einem Abend dann so übertrieben, dass der Alkohol am Set für immer verboten wurde.

Anna Nowak, die Urszula Winicki spielte, wurde dreißig. Ausgerechnet am Tag eines Silvesterdrehs, dem 10. Oktober 1996. Zur Feier des Tages brachte sie neben Sekt auch polnischen Wodka mit. Noch bevor die Hälfte des Drehs abgeschlossen war, waren viele von uns zu voll, um noch ernstlich mitmachen zu können. Sybille Waury alias Tanja Schildknecht und ich hingen uns singend in den Armen, und

Ludwig Haas wollte partout nicht mehr in seinen dressler'schen Rollstuhl zurück, sondern mittanzen. Die Regie war verzweifelt, die Überstunden enorm, und der Spaß hatte für immer ein Ende. Ein schöner Abend war es trotzdem. Für uns.

Ausschweifungen dieser Art waren natürlich die absolute Ausnahme. An einem Set ist Disziplin da A und O. Kein Format würde es je zur Sendereife schaffen, wenn andauernd gefeiert würde. Aber gerade in den ersten Jahren haben wir es doch oft genug krachen gelassen. Nachdem die Lindenstraße vom BR zum WDR gewechselt war und sich damit auch der Drehort von Bayern nach Nordrhein-Westfalen verlagert hatte, waren alle Teammitglieder, die schon gebucht waren, mit nach Köln gegangen. Die halbe Maß Bier in der Mittagspause kam mit.

Da das halbe Team ohne Familie in einer fremden Stadt war, wuchs man sehr schnell sehr eng zusammen, und die Abende nach Drehschluss wurden oft gemeinsam verbracht. Und wer nicht nach Hause muss oder will, bleibt länger und feiert ausgiebiger. Nach und nach gingen so nicht nur enge Freundschaften, sondern auch viele Paare aus dem Team hervor. Manche Beziehungen hielten nicht lang, aber einige bestehen bis heute.

Das letzte Mal Silvester drehten wir am 15. Oktober 2019. Nach über zwanzig Jahren Trinkpause wurde bei einem Dreh zum ersten Mal wieder mit echtem Sekt angestoßen. Am Ende des nächtlichen Spektakels konnte ich nur mit Mühe die Tränen zurückhalten. Ich fürchte, gerade solche Tage werde ich extrem vermissen.

KAPITEL 13

ERSTE LIEBE

Anfang 1995 erfüllte sich Hans Geißendörfers Prophezeiung. Klaus lernte in der Lindenstraße tatsächlich seine erste Freundin kennen: Julia von der Marwitz. Kurz zuvor hatte auch ich mich zum ersten Mal ernsthaft verliebt. Sie hieß Kai.

Im Sommer 1994 saß ich in einem Bus in Richtung Frankreich, auf dem Weg zu einer Jugendreise an die Atlantikküste, als mich der Schlag traf. Was für ein wunderhübsches Mädchen! Schwarze Klamotten, lange dunkle Haare. Grufti-Style hätten die „Spießer" das genannt. Es dauerte einige Tage, bis wir uns näherkamen, aber gefunkt hatte es bei mir sofort. Noch im Bus sah ich zu, dass wir ins Gespräch kamen, und dann ließ ich nicht locker. Sie war super. Noch dazu kannte sie mich nicht aus dem Fernsehen, und es war ihr herzlich egal, als sie davon erfuhr. Sie kam sogar ganz aus meiner Nähe.

Zurück in Köln waren wir so gut wie täglich miteinander unterwegs, und wenn sie nicht bei mir übernachtete, war ich bei ihr.

Die viele Zeit fehlte mir natürlich für die Schule, aber irgendwie mogelte ich mich dort weiterhin durch. Auch unser Freundeskreis vermischte sich schnell.

Kurz nachdem wir uns nach zwei Jahren Beziehung getrennt hatten, kam sie mit einem meiner Freunde zusammen:

Enrico. Und auch wenn ich das dringende Gefühl hatte, dass er der Grund für die Trennung gewesen war, tat das unserer Freundschaft keinen Abbruch. Im Gegenteil, wir wurden eher noch bessere Freunde. Und auch Kai und ich blieben freundschaftlich verbunden, bis nach Jahren auch die Beziehung zu Enrico zerbrach und sie aus Köln wegzog, um Kostümdesign zu studieren.

Danach haben wir uns aus den Augen verloren, bis ich 2007 als Produktionsleiter tätig wurde und wir nach einer Kostümassistenz suchten. Sofort kam mir Kai in den Sinn, und ich rief sie an. Die Zusammenarbeit funktionierte hervorragend, und als wir einen Sounddesigner suchten, konnten wir glatt ihren aktuellen Freund Serge als solchen buchen. Als dann auch noch meine heutige Frau Sabine sowie Enrico und seine Frau Judith zur Premiere kamen, gab es ein großes Hallo. Seitdem sehen wir uns wieder regelmäßiger und haben mehrfach miteinander arbeiten können. So kann es gehen.

Kurz nachdem ich Kai kennengelernt hatte, gab es dann das Casting für die Rolle der Julia von der Marwitz. Ausgewählt wurde Tanja Schmitz, die mit 21 Jahren bereits eine junge Frau war, einige Jahre älter als ich. Für mich mit meinen zarten sechzehn Lenzen hieß das, mich endgültig am Set wie ein Erwachsener benehmen zu müssen. Gleichzeitig galten weiterhin Jugendschutzregeln. Ich brauchte immer noch eine Kinderbetreuung. Weil aber mittlerweile einige jüngere Kinder zum Cast hinzugestoßen waren und wir uns die Räumlichkeiten teilten, saß ich in der Wartezeit öfter mal auf diesen wunderbar winzigen Kindergartenstühlen zwischen Malkästen und Bauklötzen und fühlte mich etwas deplatziert. Zumal ich nun mit einer erwachsenen Kollegin Liebesszenen spielen musste.

Gemeinsam erzählten wir dann kurz nach der Naziaffäre Tierschutzgeschichten. Auch hier war Klaus der Mitläufer, der sich in Julias radikale Aktionen hineinziehen ließ. In einem Lkw versteckt, in dem Kälber zur Schlachtbank gefahren wurden, schmuggelten sie sich etwa in einen Schlachthof, um die Zustände vor Ort zu dokumentieren.

Ein toller Dreh. So stellte ich mir die Arbeit an einem echten Thriller vor. Mitten in der Nacht, fernab vom Studio stiegen Tanja und ich irgendwo im Kölner Süden auf die Ladefläche des Lkws und versteckten uns im Stroh. Die Straße wurde mit Feuerwehrschläuchen genässt, damit sie im Lichte der Scheinwerfer glänzte. Um uns herum wuselte das Team. Lampen, Kamera, Ton. Alles wurde am Lkw montiert. Die gespannte Stimmung von Klaus und Julia, die jeden Moment damit rechnen mussten, erwischt zu werden, übertrug sich auf mich. Immer wieder lugten wir nach dem „Bitte!" der Regie vorsichtig über die Klappen der Ladefläche, um einen Blick auf die Einfahrt zu erhaschen. Dabei galt es, darauf zu achten, mit den Augen auch ja im winzigen Lichtkegel zu landen, damit diese in der Dunkelheit zu sehen waren. Natürlich verpassten wir ihn mehr als einmal ziemlich knapp, so präzise mussten wir damals normalerweise nicht arbeiten. Es war ein echtes Abenteuer, so ganz anders, als an den üblichen Studioszenen zu arbeiten.

Gleich mehrfach drehten wir in der folgenden Zeit im Elefantenhaus des Kölner Zoos. Julia war Tierpflegerin und für die riesigen Dickhäuter zuständig. An den Drehtagen wurde das Elefantenhaus für das Publikum gesperrt, damit wir ungestört mit den ruhigsten der Tiere drehen konnten. Die anderen wurden ins Außengehege entlassen.

So friedlich Elefanten aussehen, sie sind nicht ungefährlich. Selbst wenn sie einen nicht verletzen wollen, bei ihrer Größe und Kraft reicht eine winzige Unachtsamkeit für einen schweren Unfall. Daher wurden wir gut eingewiesen, das galt insbesondere für Tanja, die an den Tieren selbst arbeiten musste, und das Zoopersonal war immer an unserer Seite.

Ein Set ist zwischen den einzelnen Takes immer mal laut. „Optikwechsel!", schallt es von der einen Seite herüber. „Welche hättest du denn gern?", kommt es aus der anderen Ecke zurück, während sich alle Abteilungen besprechen.

„Das Auto da hinten muss noch weg, wer hat den Schlüssel? Hallo?" – „Ruhe bitte, etwas mehr Ruhe, okay?"

Am lautesten schallt immer der Aufnahmeleiter über das Feld, um sich Gehör zu verschaffen.

Hier aber waren alle mucksmäuschenstill. Es waren spannende Drehtage, die uns immer wieder aus unserem gewohnten Umfeld in kontrollierter Drehumgebung in Bocklemünd rissen.

Noch spannender waren für mich die Liebesszenen. Das war wirklich neu. Es begann schon bei den Küssen, denn die sind so eine Sache im Film. In früheren Zeiten presste man einfach die Lippen aneinander und schloss die Augen. Viel Bewegung war da meist nicht. Mitte der Neunziger waren Aufnahmen aber schon sehr viel deutlicher geworden, und die Küsse mussten realistischer werden. Zwar küsste man sich weiterhin nicht richtig, öffnete und schloss aber den Mund, um das Ganze glaubwürdiger zu machen. Wenn es dabei aus Versehen mal ordentlich schmatzte, musste ich immer aufpassen, nicht zu schmunzeln. Und wenn die Regie es wichtig fand, dass man eine Zunge sieht, konnte es auch zu echten Küssen kommen. Damit wurde es für die Schauspieler noch intimer.

Da ist es wichtig, sich vorher genau abzusprechen und Grenzen festzulegen, damit sich keiner der Beteiligten unwohl fühlt. Durch das Gespräch wird diese doch sehr persönliche Angelegenheit auch etwas versachlicht, und man kann mit ein wenig emotionaler Distanz an die Szene herangehen. Was aber am meisten hilft, ist, wenn man die entsprechende Kollegin oder den Kollegen mag und ein gutes Verhältnis zueinander hat. Und das hatten Tanja und ich.

Trotzdem waren gerade Liebesszenen nicht einfach. Die sind eh schon heikel genug, dabei Teenager zu sein, machte es nicht besser.

Und wenn Julia und Klaus nicht gerade auf tierischer Mission waren, lagen sie meist nackt im Bett. Wie das eben so ist mit der ersten Liebe. Nackt zu sein habe ich vorher nie als unangenehm empfunden. Vor einem versammelten Team die Hüllen fallen zu lassen, um etwas zu spielen, das gerade erst in mein Leben getreten war, schüchterte mich dann aber doch ein. Schon den meisten Erwachsenen wäre wohl zu Recht allein die Vorstellung sehr unangenehm, sich vor den Arbeitskollegen zu bewegen und zu stöhnen wie beim Sex, noch dazu mit heruntergelassenen Hosen.

Ich war zudem noch sehr jung und in einem Alter, in dem Jungs in den unpassendsten Momenten in der Hose eine Beule bekommen können. Meine größte Angst war also, dass eben das passierte, wenn keine Hose zum Ausbeulen da war und nichts die peinliche Lage zu verbergen vermocht hätte. Das wäre schließlich nicht nur hochnotpeinlich gewesen, sondern erschien mir auch als sehr übergriffig meiner Spielpartnerin gegenüber.

Michael Douglas soll sich übrigens für die erotischen Szenen in „Basic Instinct" seinen Penis nach hinten weg getapt haben, damit ihm keine versehentliche Erektion in den Dreh platzte. Meine Sorge war also nicht ganz unberechtigt. Zum Glück ist mir das nie passiert. Schwein gehabt, würde ich sagen.

Von der Scham, vor Kollegen sexuelle Geräusche zu machen, wurde ich dann per Schocktherapie geheilt. Das kam so: Else Kling sollte Julia und Klaus im Gang vor dem von ihnen bewohnten Hobbykeller belauschen und dabei lautes und intensives Stöhnen hören. Da nur Else im Bild war, waren Tanja und ich beim Dreh zu dieser Szene nicht zugegen. Wenn etwas nur gehört wird, nennen wir die Aufnahme dazu einen „Nurton". Aus irgendeinem Grund wurde im regulären Drehablauf vergessen, den Nurton für ebendiese Szene aufzunehmen. Mitten auf dem Abschlussfest der Staffel, alle waren schon seit Langem in Feierlaune, fiel das Versäumnis dann auf. Da ein Regiewechsel anstand, entschied man sich, die Aufnahme sofort nachzuholen. Also wurden Tanja und ich auf das Sofa im beimerschen Wohnzimmer gesetzt, und das gesamte Team kam johlend mit ins Studio.

Da saß ich nun. Sechzehn Jahre alt, leicht eingeschüchtert – eigentlich gar nicht meine Art – und reichlich verschämt. Neben mir meine um einige Jahre erwachsenere Kollegin, uns gegenüber rund vierzig Leute in Partystimmung, erwartungsvoll und glucksend. Ich wollte mir natürlich nicht anmerken lassen, wie unwohl ich mich fühlte. Hallo? Dafür war ich schon viel zu cool.

Leider war ich dann doch etwas zaghaft, mein Stöhnen, eher ein Krächzen, verlief sich in einer leise verschnupften Mischung aus Wimmern und Räuspern. Wir mussten es einige Male wiederholen, bevor die Regie mit meinen Uhhhs und Ohhhs zufrieden war und wir mit der johlenden Meute die Wohnung Beimer wieder in Richtung Party verließen.

Nach dieser Erfahrung dachte ich, mich könnte nichts mehr schocken. Doch da lag ich falsch. Zwei Jahre später, kurz bevor Klaus mit Canan Dagdelen zusammenkam, war er recht umtriebig. In der zu spielenden Szene sollte er morgens nackt mit einer ebenfalls textilfreien jungen Dame im Arm aufwachen. Ich kam recht knapp ans Set, da ich an dem Tag lange Schule hatte. Also husch, husch, raus aus den Klamotten, schnell noch unter die Dusche, in den Spielbademantel geschlüpft und ab ins Studio. Keine Zeit, die Kollegin kennenzulernen, mit der ich gleich unbekleidet im Bett liegen sollte. Um eine Ecke noch, rein ins Zimmer, ab in die Federn. Dort erwartete mich etwas, mit dem ich beim besten Willen nicht gerechnet hatte: Im Bett lag eine Mitschülerin. Nicht aus meiner Klasse, aber aus meiner Schule. Mir platzte fast der Schädel, so schnell stieg das Blut in meinen Kopf. Es kostete mich all meine Routine und Beherrschung, die Szene zu spielen.

Schlimmer geht's nimmer, sollte man meinen. Falsch gedacht. Als Klaus mit Julia zusammen war, zog Pat, die Tochter von Klaus' Stiefvater Erich Schiller, bei Helga und Erich ein. Pat und Klaus landeten im Bett, woraufhin sich Julia trennte.

Als sie kurz darauf an Tollwut starb, konnte Klaus nicht bei ihr sein. Eine sehr traurige Geschichte. Ich musste schon beim Lesen die eine oder andere Träne verdrücken.

Pat war für Klaus danach ein rotes Tuch. Ganz anders ging es mir mit Pat-Darstellerin Giada, übrigens die Nichte von Bill Mockridge, der ihren Vater spielte. Sie war eine Himmelsstürmerin. Rebellisch, etwas verrückt, zuckersüß, smart, sexy, chaotisch, eine Erscheinung. Noch dazu war ich seit Neuestem wieder solo. Kurz gesagt: Ich verliebte mich unsterblich in sie. Ich wusste manchmal nicht, wohin mit mir, so schlimm war es. Wir verstanden uns blendend und verbrachten viel Zeit miteinander. Da sie nur Englisch sprach, übten wir viele Texte gemeinsam, damit sie wusste, was sie eigentlich sagte und spielte. Ich begann, viel für sie zu übersetzen, am Set, bei Besprechungen und in der Freizeit. In Windeseile lernte ich mehr Englisch als in der gesamten Schulzeit. Der Gesichtsausdruck meiner ehemaligen Englischlehrerin, als Giada und ich ihr zufällig über den Weg liefen und ich die beiden in recht fließendem Englisch mit leicht kanadischem Akzent bekanntmachte, war himmlisch.

So gut wir uns verstanden haben, Giada erwiderte zwar meine Sympathie, sehr zu meinem Leidwesen aber nicht meine Hingabe. Dies führte zu der für mich wohl peinlichsten Situation, in die ich am Set je geraten bin.

Wir drehten eine Szene, in der Klaus sich gegenüber Helga für seinen Seitensprung rechtfertigte. „Mum, ich liebe Pat!", sollte er durch die Wohnung rufen.

„Mum, ich liebe Giada!", rief ich stattdessen. Und das nicht nur einmal, sondern fünfmal hintereinander voller Inbrunst, laut und energisch.

Ein ums andere Mal hieß es über die Deckenlautsprecher vom Regiepult: „Stopp, auf Anfang! Moritz, der Text lautet: Du liebst Pat!" Ich bin fast gestorben.

KAPITEL 14

NACHTLEBEN

Im Lauf der Neunziger hatte ich mir ein recht normales Leben mit einem Freundeskreis aufbauen können, der in großen Teilen bis heute besteht. Auch die Probleme in der Schule gehörten der Vergangenheit an.

Irgendwann kam ich trotzdem auf die Idee, dass ich kein Abi bräuchte. Immerhin war ich TV-Star, redete ich mir ein, und konnte mich auch ohne gut ernähren. In Wahrheit war ich einfach nur faul. Meine Eltern machten mir schnell klar, dass ich, zumindest bis ich 18 sei, nicht mehr bei der Lindenstraße arbeiten würde, wenn ich nicht weiterhin zu Schule ginge.

Auf einem Sommerfest, das wir damals traditionell auf einem Rheinschiff feierten, erzählte ich auch Hans Geißendörfer von meinen Plänen, die Schule abzubrechen.

„Mein lieber Junge, das kommt nicht infrage", sagte er, als wir uns im hintersten Eck des Decks einen ruhigen Platz gesucht hatten. „Das Abi wirst du noch brauchen. Filmhochschule, Studium, viele Praktika, was immer du vorhast, es wird auf dieses Abi ankommen!" So richtig überzeugt war ich noch nicht. „Pass auf", setzte er daher nach. „Wir machen Folgendes: Wenn du dein Abi pünktlich machst, verdopple ich dir für das Jahr dein Gehalt."

Ein leckeres Angebot. Es schien ihm wichtig zu sein.

„Hand drauf?", fragte ich.

„Ja, Hand drauf", antwortete er. Und ich machte mein Abi.

Wobei ich zugeben muss, dass ich die letzten zwei Schuljahre beileibe nicht regelmäßig vor Ort war. Oft saß ich, wenn ich eigentlich im Unterricht hätte sein sollen, mit einem Freund in einem Café gegenüber der Schule und spielte Chocken, ein Würfelspiel, das es uns angetan hatte. Das Café ist 2010 übrigens zusammen mit dem Kölner Stadtarchiv in einem Erdloch verschwunden. Aber das ist eine andere Geschichte.

Meine Noten hielten sich trotzdem im Rahmen der Abiturtauglichkeit. Viel Neues kam im Unterricht der Oberstufe nicht mehr vor, so konnte ich von den ersten Jahren im Gymnasium zehren. Kurz vor dem Abi bekam ich dennoch kalte Füße und wollte freiwillig die dreizehnte Klasse wiederholen. Mein Direktor fand die Idee überhaupt nicht gut.

„Du kommst doch ganz gut durch," meinte er. „Und du wirst nicht häufiger zum Unterricht erscheinen als bisher. Glaub mir, ich habe da so meine Erfahrungen."

Und auch Hans' Angebot würde dann nicht mehr gelten. Denn dafür musste ich den Abschluss ja fristgerecht machen. All dem zum Trotz stand meine Entscheidung: Ich würde die Klasse wiederholen. Und es war eine gute Idee. Ich kam zwar tatsächlich nicht häufiger, und auch meine Noten wurden nicht viel besser, aber als ich die Schule schließlich beendete, war ich um ein Jahr reifer.

Auch wenn zu Hause alles gut war und meine Eltern und ich uns gut verstanden, ausgezogen bin ich noch vor dem Abi. Meine Eltern planten einen Ausbau unseres kleinen Reihenhäuschens, und nach langen gemeinsamen Überlegungen entschieden wir, dass ich einen großen Teil des Geldes, das ich bis dahin bei der Lindenstraße verdient hatte, einsetzen würde, damit in diesem Anbau auch eine kleine Wohnung für mich entstehen konnte, die mir dann natürlich auch gehören und die ich bewohnen sollte. So war kurz vor der Volljährigkeit sichergestellt, dass ich mein Geld nicht für irgendwelchen Unsinn verschwenden würde, sobald ich achtzehn Jahre alt würde. Gleich nach der Fertigstellung zog ich ein. Ganz ähnlich wie Klaus in seinem Hobbykeller war ich so nah angebunden an die Familie und hatte trotzdem mein eigenes Reich. Und meine Eltern ließen mich machen. Das war sehr angenehm. Und bewundernswert. Immerhin kiffte ich zu dieser Zeit noch recht viel und war an den Wochenenden unterwegs. Feiern, Ausgehen, Spaß haben. Ich hatte durchaus etwas nachzuholen. Und das tat ich auch. Die Nerven muss man als Eltern erst mal haben. Aber sie hatten erkannt, dass ich mich so oder so nicht würde davon abhalten lassen.

Natürlich hatte ich hier und da auch mal Zugang zu Promi-Veranstaltungen: Telestar, Filmpreis, Premieren, ab und an eine Benefizgala. Aber das hielt sich sehr in Grenzen. Ich war lieber mit Freunden unterwegs, die mit Film und Fernsehen nichts zu hatten und auf derlei Veranstaltungen nicht geladen waren.

Bis kurz vor dem Abitur fuhr ich weiterhin ganz unglamourös auf den Ponyhof in Urlaub, den ich schon als Kind so gern besucht hatte. Auch meine Schwester Susanne und ein weiterer Freund aus Köln fuhren irgendwann mit. Auf einem Dachboden hatten wir Teenager uns dort mit Matratzen ein Reich aufbauen können. Susanne und ich hatten uns außerdem an der Tanzschule angemeldet. Auch hier fühlte ich mich gut aufgehoben und machte nicht nur meine eigenen Kurse, sondern hospitierte auch noch in anderen Runden. Die Mädchen waren in der Überzahl und suchten immer nach potenziellen Tanzpartnern. Viele meiner Nachmittage und Abende verbrachte ich mit Walzer, Cha-Cha-Cha oder Rumba. Abschlussbälle inklusive.

Durch meinen Kontakt zu älteren Kollegen bekam ich gleichzeitig erste Einblicke in das Leben jenseits der Teenagerwelt. Mit Giada und einigen Teammitgliedern besuchte ich die Love Parade in Berlin. Wir wohnten alle in einem Raum bei Freunden von Freunden in einem besetzten Haus in Berlin Mitte und feierten tagelang durch. Dass ich von dem LSD-Trip noch wochenlang etwas hatte, kam ja schon zur Sprache. Irgendwann stand ich vor einem lustigen grünen Männchen und wollte von ihm wissen, wo ich noch so eine schöne kleine Pappe herbekommen könnte. Dankenswerterweise verscheuchte mich der Polizist, und meine Mitfeiernden hielten mich davon ab, nochmals nachzuhaken.

Bald darauf fuhren wir weit hinaus ins Berliner Umland zu einer Goaparty. Das Gelände lag an einem See, den man mit Unterwasserlampen zum Leuchten gebracht hatte. Am Ufer waren Zelte aus knallbunten Tüchern aufgebaut, Lagerfeuer, um die man sich zu einem Chai-Tee scharen konnte, und eine mit Teppichen ausgelegte Tanzfläche, auf der wir barfuß stundenlang abgehen konnten. Das Highlight aber waren die mit dünnen Schnüren über großen Ventilatoren befestigten Fahrradfelgen, an die lange Tuchfetzen in Weiß, Gelb und Rot gebunden waren. Mit der richtigen Beleuchtung muteten sie wie riesige Flammen an, wenn der Wind sie meterhoch flattern ließ.

Als die Party am nächsten Mittag zu Ende ging, war es bereits brütend heiß. Hungrig, durstig und vollkommen übermüdet hatten wir keine Ahnung, wie wir wieder nach Berlin kommen sollten. Smartphones gab es ja noch nicht. Nach ein oder zwei Stunden Wanderung durch Brandenburger Felder, trafen wir zum Glück auf einen Bauern. Er beugte sich von seinem Trecker. „Hey, kommt ihr von der Party? Ihr seht ganz schön müde aus, soll ich euch mitnehmen?" Mit am Gaumen festklebender Zuge baten wir ihn darum, uns zum nächsten Bahnhof zu bringen.

„Klar, ist nicht weit, springt drauf!", rief er.

Und so tuckerten wir dann in der Mittagshitze dösend auf einem Heuanhänger irgendwo im Nirgendwo der Zivilisation entgegen.

Über meinen Lindenstraßenkollegen Claus Vinçon, mit dem ich damals sehr viel Zeit verbrachte, lernte ich das sehr ausgeprägte schwul-lesbische Nachtleben in Köln kennen. Mitte der 90er ging ich mit ihm und einigen Kollegen auf den Christopher Street Day. Am späteren Abend landeten wir dann im Hotel Timp, wo Claus einen Auftritt hatte. Wenn man spät eintraf, so wie wir, und das Programm schon begonnen hatte, musste man bis zum Ende der laufenden Nummer warten, um hineinzukommen. In dem kleinen, schummrigen Laden, der eher einer Kneipe glich als einem Showlokal, wurde die winzige Bühne einfach vor dem Eingang hinuntergeklappt, wenn das Programm mitten in der Nacht losging.

Es war voll, und der Besitzer, ein nicht mehr ganz junger, braun gebrannter Mann mit blondem Vokuhila, half uns bei der Suche nach Plätzen, sobald wir eintreten konnten.

„Moment, da kommen sie schon, die kleinen schwulen Höckerchen!" Grinsend stellte er uns winzige bunte Plastikhocker zwischen die anderen Gäste, die ob ihrer mangelnden Größe der Kindergruppe in der Lindenstraße besser zu Gesicht gestanden hätten. Das wiederholte er noch einige Male für andere Besucher, bis er so lange Gäste gestapelt hatte, dass nichts mehr vorwärts, seitwärts oder rückwärts ging. Der Laden war nun bis zum Bersten voll mit kostümierten CSD-Besuchern, Nachteulen und Travestiekünstlern. Wie wir auf die Idee kamen, dass ich mit auftreten sollte, weiß ich nicht mehr. Aber als wir es einmal beschlossen hatten, gab es kein Zurück. Ausgestattet mit einem Text-Zettel, stand ich minderjähriger Knirps dann in der ältesten Travestiekneipe Europas und sang mit Claus „Köln ist der geilste Arsch der Welt" – seinen und Stephan Runges Song. Und was soll ich sagen? Es machte riesigen Spaß! Was für ein toller und nachhaltig prägender Abend.

In den folgenden Jahren war ich viel in der Szene unterwegs. Meine Abende sahen in etwa so aus: Nach dem langsamen Walzer die Tanzpartnerin nach Hause geleiten, dann schnell aus dem Anzug schlüpfen, die Lackschuhe mit in den Rucksack, rein in die Partykleidung und ab in den Technowahn des nächsten Schwulen-Clubs bis morgens um sieben ...

Vielleicht, weil Homosexuelle damals noch mehr als heute um ihre Berechtigung kämpfen mussten, wurde gefeiert, dass sich die Balken bogen. Alles war bunt und lebensfroh und in den allermeisten Fällen auch offen und tolerant.

Die schillernden Figuren der Szene waren Hella von Sinnen, Claus Vinçon, Georg Uecker, Dirk Bach oder Ralf Morgenstern. Für mich als Schauspieler interessierten sich in den Clubs und Diskotheken eher wenige. Ich fühlte mich gerade deswegen angekommen. Zu meinem damaligen Bedauern musste ich aber feststellen, dass ich zumindest in sexueller Hinsicht nicht wirklich hineinpasste. Zu gern wäre ich dem Regenbogen in allen Belangen erlegen. Das blieb mir verwehrt.

Zu meinem Glück trieben sich in den Clubs und Szenekneipen aber auch viele nette und attraktive weibliche Heteros herum, die in Ruhe feiern wollten, ohne ständig angemacht zu werden. Gegen einen kleinen Flirt zu späterer Stunde hatten sie meist dennoch nichts einzuwenden, und so ging auch ich trotz meines Heten-Daseins oft genug nicht allein nach Hause.

Hier habe ich auch gelernt, wie sich Frauen fühlen müssen, wenn immer wieder mal eine fremde Hand am eigenen Hintern landet. Eine etwas irritierende Erfahrung. Aber schließlich traf man sich an Orten, die sich eine gewisse Sexualität auch deswegen auf die Fahne geschrieben hatten, damit sich die Menschen dort finden konnten. Selbst im so homophilen Köln war und ist das im normalen Alltag nicht so einfach. Die meisten Heteros reagieren höchst verstimmt selbst auf die zartesten und höflichsten Avancen homosexueller Natur. Anstatt sich geschmeichelt zu fühlen oder zumindest respektvoll mit den Gefühlen des Gegenübers umzugehen, folgt dann standardmäßig der Spruch: „Sehe ich etwa schwul aus, oder was?"

Intimität ist daher in der Homosexuellen-Partyszene fester Bestandteil der gelebten Identität. Dem anderen seine Zugewandtheit zu zeigen ist dort deutlich unkomplizierter und unproblematischer als außerhalb. Zumindest habe ich es immer so empfunden.

KAPITEL 15

MINA

Im Winter 1996/97 lernte ich eine junge Dame kennen, die mir vollkommen den Kopf verdrehte. Wieder war es auf einer Busreise, und wieder traf mich der Schlag. Busse scheinen mein Ding gewesen zu sein.

Ich war mit meiner Schwester auf dem Weg nach Prag, und unser Anschlussbus in Hannover hatte Verspätung. Bei minus 16 Grad bibberten wir an der Haltestelle. Als der Bus endlich kam, wollten alle nur schnell rein. Die Bustür ging auf, und meine Welt blieb stehen. Da stand diese wunderbare Frau. Tiefschwarze Haare, dunkle Haut, breites Lachen: unsere Reiseleitung. Bis heute bin ich mir nicht sicher, ob ich zur Begrüßung gluckste, fiepste, stammelte oder irgendwas faselte. In jedem Fall war es keine meiner kommunikativen Glanzstunden. Auch was sie im Lauf der Fahrt sagte, bekam ich nicht mit. Ich hing zwar an ihren Lippen, aber alles, was sie von sich gab, rieselte in mein eines Ohr und kam als rosa Soße zum anderen wieder heraus.

Die ganze Fahrt über saß sie ganz vorne hinter dem Fahrer allein in der ersten Reihe, lachte und scherzte mit den Reiseteilnehmern. Bis sie irgendwann spät am Abend unnachahmlich rigoros die Nachtruhe einläutete. Mit etwas Geschick hatte ich mir die andere erste Reihe auf der Beifahrerseite des Busses gesichert und saß ihr somit gegenüber. Ich hatte nur Augen für sie. Himmel, ich wusste nicht, dass man sich so schnell so verlieben kann. Aber so war es.

In Prag erwartete uns ein Märchen aus Eis und Schnee im Sonnenaufgang. Nachts war das Thermometer weit hinunter auf fast minus 30 Grad geklettert, nun dampfte die Moldau zwischen vereisten Zuckergusshäusern und goldenen Dachdekorationen, an denen das Eis nicht haften blieb.

Es war irrsinnig kitschig. Selbstverständlich ließ ich es mir nicht entgehen, sie darauf hinzuweisen.

„Na, wenn das nicht mal eine Stadt zum Verlieben ist, bei *der* Begrüßung!", ließ ich sie besonders schlau wissen.

„Ja, immer sehr schön hier", kam prompt die Antwort der routinierten Reiseleiterin. „Deswegen fahre ich so gerne her!" Sie wandte sich wieder der ganzen Reisegruppe zu. Mein Herz sank ein wenig. Das war nicht ganz die Antwort, auf die ich gehofft hatte.

„Aber so hübsch habe ich es auch noch nicht gesehen", setzte sie nach einer Weile mit einem Augenzwinkern in meine Richtung nach. Ich schöpfte Hoffnung und fragte sie nach dem Einchecken in das ranzige Jugendhotel, in dem wir untergebracht wurden, wie oft sie denn schon in Prag gewesen sei, wo sie herkam, was sie sonst so machte.

So erfuhr ich, dass Mina einundzwanzig Jahre alt war und ihr Studium in Konstanz mit der Arbeit als Reiseleitung finanzierte. Ich war gerade achtzehn geworden und noch in der Schule. Eine Hürde, gewiss, ist doch die Lebenswelt eines Schülers noch eine ganz andere als die einer Studentin. Mein Vorhaben aufzugeben kam mir trotzdem nicht in den Sinn. Ich würde sie erobern. Sie würde meine Frau werden, davon war ich fest überzeugt. Gleichzeitig erfuhr ich, dass sie ursprünglich aus dem Iran stammte. Sie selbst war bei der Flucht nach Deutschland noch sehr klein gewesen.

Wir verstanden uns blendend. Mit jedem Tag verliebte ich mich mehr. Sie war aber auch süß. Vor einem Museum erzählte sie uns von den schönen „Rittergerüsten", die dort ausgestellt seien. Diese Variante des Wortes Ritterrüstung macht mir heute noch gute Laune.

Zu meinem allergrößten Frust erwies sie sich aber als immun gegenüber meinen Bemühungen und ließ mich ein ums andere Mal abblitzen. Dabei mühte ich mich redlich, half (ungefragt) bei der Reiseleitung und verursachte dadurch leider eher Chaos als Entlastung, mischte mich in jedes Gespräch ein, wobei ich mich für sehr eloquent und höchst erwachsen hielt, rückblickend aber doch feststellen muss, dass leider wohl eher das Gegenteil der Fall war. Auf der Silvesterfeier tanzte ich wie ein Wilder, holte Getränke und ließ zu keinem Zeitpunkt locker. Doch es half nichts. Als der Rückreisetag anbrach, hatten wir zwar Nummern und Adressen getauscht, mehr aber nicht. Geknickt fuhr ich nach Hause.

Einige Wochen später bekam ich eine Postkarte. „Mein lieber Herzkasper", stand vorne drauf. Mein stetes Hüpfen, Hasten und Tänzeln hatte wohl einen bleibenden Eindruck hinterlassen. Auf der Rückseite der Karte fand ich dann, was ich so dringend lesen wollte. Eine Einladung nach Konstanz. Na also.

Ich fuhr hin, und die Dinge nahmen ihren Lauf. In den zwei Tagen, die ich vor Ort bleiben konnte, kamen wir uns zumindest etwas näher, und ich konnte voller Hoffnung auf eine mögliche Beziehung den Heimweg antreten. Der Gegenbesuch folgte zwei Wochen später.

Und als ich ihr dann erzählte, dass ich zum Kochen in Alfred Bioleks Show „Alfredissimo" eingeladen war, druckte sie mir das Bild der Postkarte auf eine Schürze und eine Kochmütze. Nun war ich sicher, dass ich sie von mir überzeugt hatte. Mit einem einwöchigen Trip nach Venedig besiegelten wir unsere zukünftige Partnerschaft. Ich wurde etwas ruhiger, titschte nicht mehr ganz so sehr durch die Gegend, wenn ich in ihrer Nähe war. Dass mir nach unserem ersten Kuss aus Versehen ein inniges, verträumtes „Danke" entfleuchte, war mir allerdings sehr unangenehm, zeugte es doch ganz deutlich von mangelnder Souveränität.

Obwohl Mina in Deutschland aufgewachsen war, war ihre Erziehung eine andere als meine gewesen. Das hatte Folgen, über die ich erst einmal schlucken musste: kein Sex vor der Ehe.

Im Ernst?

Das konnte nicht sein.

Durfte nicht sein.

Ich war mir sicher, ich würde wahnsinnig werden. Ich war achtzehn! Also bei aller Liebe.

Aber Liebe war es, und so ließ ich mich darauf ein. Auch das anfängliche Versteckspiel vor ihrer Familie machte ich mit. Über einige Monate lösten sich dann derlei Sorgen und Nöte nach und nach auf, auch wenn wir nicht verheiratet waren. Und auch die Familie konnte ich kennenlernen.

Ich pendelte also zwischen meinem Clubleben in Köln und meiner zwar nicht gläubigen, aber doch muslimisch sozialisierten Freundin in Konstanz hin und her. Alle zwei Wochen fuhr ich übers Wochenende zu ihr, die übrigen Wochenenden besuchte sie mich. Ich lernte eine ganz andere Lebenswelt kennen, und es kam zu einigen merkwürdigen Momenten.

Als zum Beispiel meine Eltern Mina kennenlernen wollten, luden sie uns zum Abendessen ein. Bei dieser Gelegenheit boten sie ihr auch das „Du" an. „Danke, aber nein", sagte Mina freundlich und fragte meine völlig perplexen Eltern, ob sie noch etwas Brot haben könnte. Die waren, gelinde gesagt, irritiert.

Es gab aber eine Erklärung für diesen vermeintlichen Fauxpas. Für Iraner ist es noch vollkommen normal, die Eltern zu siezen, so wie es in Deutschland bis ins zwanzigste Jahrhundert hinein auch gängig war. Da Mina also sogar ihre eigenen Eltern siezte, kam es ihr doch reichlich vermessen vor, meine Eltern, die sie gerade mal eine Stunde kannte, vertrauter anzusprechen. Die Lösung lag für meinen Vater auf der Hand: Sie würde meine Eltern im Pluralis Majestatis ansprechen. Nach wenigen „Könntet Ihr mir die Butter reichen, Herr Sachs" und „Würdet Ihr mir folgende Frage beantworten, Frau Sachs" mussten wir alle so lachen, dass das „Du" sich dann doch durchsetzte.

Minas engerer Familienkreis nahm mich dankenswerterweise schnell und auch sehr herzlich auf. Ihre Familie hatte kein Problem damit, dass sie einen deutschen Freund hatte.

Es gab dennoch auch Schwierigkeiten. Darauf muss man sich wohl einstellen, wenn man eine interkulturelle Beziehung führen will. Wenn es klappt, ist es eine Bereicherung für alle Beteiligten, zu Kollisionen kommt es aber mit großer Sicherheit. So war es auch bei uns.

Minas Eltern träumten noch davon, eines Tages mit ihren Kindern in den Iran zurückzukehren. Man darf diese Hoffnung nicht unterschätzen. Der Wunsch nach Heimkehr scheint bei vielen Geflüchteten sehr stark zu sein. Ist ja auch kein Wunder. Nicht alle Erinnerungen an die alte Heimat sind schlecht. Wenn man nicht freiwillig gegangen ist und nicht zurückkann, verklärt man auch so einiges.

Dass die Kinder im Iran ein normales Leben würden führen können, war ihnen also sehr wichtig. Und so zogen sie sie etwas konservativer auf, als es ihrem eigenen Gusto und Weltbild entsprach. Und aus demselben Grund war ihnen der gute Kontakt zu einigen konservativeren Exiliranern ausgesprochen wichtig.

Und hier wurde es problematisch. Der gute Kontakt nämlich hätte unter dem Bekanntwerden unserer Beziehung sehr gelitten, und so befand sich Minas Familie in ständiger Sorge, dass jemand aus der iranischen Gemeinde von unserer Beziehung Wind bekommen könnte. Denn dass man die Dinge nicht überstürzen durfte, hatte ihnen der Umschwung vom Schah zu Khomeini nur zu deutlich vor Augen geführt. Daher schien es ihnen notwendig, dass wir unsere Beziehung geheim hielten. Das respektierten wir. Es gab aber durchaus Momente, in denen mir das wirklich schwerfiel.

Einmal zum Beispiel waren wir bei einem Besuch bei Minas Eltern einkaufen und wollten gerade aus dem Wagen steigen. „Stopp, Moritz, Kopf runter, auf die Rückbank!", rief ihr Vater plötzlich. Verdattert tat ich wie geheißen. Als ich mich kurz darauf wieder aufrichten durfte, ahnte ich schon, was ursächlich für diese Ansage gewesen war. „Entschuldigung", erklärte er, „da kamen gerade andere Iraner über den Parkplatz."

Ich fühlte mich gedemütigt und war richtig verärgert. Schlimm genug, dass Minas Eltern aus ihrem Land hatten fliehen müssen, weil sie dort Repressionen ausgesetzt waren. Dass dieselben Kräfte auch in Deutschland noch am

Werk waren und auf mich, meine Freundin und deren Familie solchen Einfluss hatten, passte mir ganz und gar nicht. Ein Dilemma, das ich nur langsam zu akzeptieren lernte.

Mein Promidasein erschwerte es, unsere Beziehung nicht öffentlich werden zu lassen. Schließlich gingen wir auch mal gemeinsam zu der einen oder anderen Veranstaltung. Fotos als Paar konnten wir dabei aber immer verhindern. Ein weiteres Mal bin ich rückblickend sehr froh darüber, dass es noch keine Smartphones gab.

Während ich mit Mina zusammen war, verliebte sich mein Alter Ego Klaus in die türkischstämmige Canan Dagdelen und kam mit ihr zusammen. Ihre Brüder fanden das Verhältnis gar nicht lustig. Canans Bruder Murat wurde sogar übergriffig. Und der gemeinsame Silvestertanz wurde von ihrem Vater strikt untersagt.

Das alles erinnerte mich natürlich an meine Situation mit Mina. Auch wenn es nie zu Übergriffen gegen mich kam. Auch allgemein wurden Klaus und ich uns nun ähnlicher. Das Abitur stand an, wir waren beide zu Hause ausgezogen und politisch auch nicht mehr auf unterschiedlichen Planeten. Was immer Klaus tat, es war für mich nachvollziehbar. In den meisten Fällen hätte ich mich wohl sehr ähnlich verhalten. Ich mochte seine Freunde, und zum ersten Mal hatte ich das Gefühl, dass auch er und ich befreundet sein könnten. (Ganz abgesehen davon, dass er auch noch aussah wie ich.)

Die Parallelität von meinem und Klaus' Leben fand ich damals schon bemerkenswert, später sollte sie sogar schmerzhaft sein.

KAPITEL 16

SOZIALE ARBEIT

In einem aber unterschieden Klaus und ich uns damals: Während Klaus sich als Totalverweigerer hervortat und nur knapp Zwangsmaßnahmen entging, entschied ich mich für den Zivildienst. Zum Bund zu gehen kam für mich nicht infrage. Meine Haltung zum Militär war, positiv formuliert, kritisch. Die Bilder vom Golfkrieg waren mir noch sehr präsent, und dass Deutschland sich mit der IFOR und SFOR an Kriegen beteiligt hatte, war gerade erst einige Zeit her. Und seit meine Großväter als Teenager in den Krieg hatten ziehen müssen und meine Großmütter als Kinder ans Flugabwehrgeschütz gezwungen worden waren, hatte sich in der Familie niemand mehr beim Militär betätigt.

Und obwohl ich aufgrund meines Arbeitsvertrages gegen eine Einberufung hätte Einspruch erheben können, fand ich den Gedanken, einige Monate meines Lebens mit sozialer Arbeit zu verbringen, richtig. Nicht nur aus Staatstreue, reiner Mitmenschlichkeit oder einem sozialen Gedanken heraus, sondern auch, weil ich mir davon versprach, erwachsener zu werden. Mir war durchaus klar, dass ein normaler Arbeitsalltag anders aussieht, als 50 bis 60 Tage im Jahr vor der Kamera zu stehen. Ich wollte nach der Schule dringend eine andere Arbeitswelt kennenlernen und Verantwortung übernehmen. Eine Extrawurst wollte ich nicht. Extrawürste, das hatte ich gelernt, machen das Leben auf Dauer nicht leichter.

Ich bin heute noch überzeugt davon, dass es allen jungen Menschen guttäte, nach der Schule eine Weile soziale Arbeit zu leisten. Für mich war es eine der besten Entscheidungen, die ich je getroffen habe.

Es hätte sicher leichtere Aufgaben gegeben, aber ich wollte eben nicht nur in einem Auto Essen durch die Gegend fahren. Auch eine Hilfshausmeisterstelle in einer Schule wäre drin gewesen. Etwas mehr Verantwortung und Arbeit durften es für meinen Geschmack schon sein. Kein Drückeberger-Zivijob eben, um die Zeit abzusitzen. Also ging ich in die Altenpflege.

Gleich zum Antritt wurde ich in eines der Zimmer gerufen, in dem eine ältere Dame sich beim Waschen im Bad einkotete. Ich sollte Zellpapier drunter halten, um das Ausmaß der Verschmutzung zu begrenzen. Ich vermute, man wollte schauen, ob denn der liebe Herr Schauspieler etepetete sei, denn das ist selbstverständlich nicht das übliche Vorgehen, um einen neuen Zivi einzuarbeiten. Weil es aus gegebenem Anlass schnell gehen musste, verzichtete ich kurzerhand auf Handschuhe. Danach waren die Fronten geklärt: Etepetete war ich schon mal nicht.

Ich arbeitete mich schnell ein. Handtücher zu falten und Windeln einzusortieren wurde mir bald langweilig, und so sah ich zu, dass ich diesen Teil meiner Aufgaben schnell erledigte. Ich hatte das dringende Gefühl, dass das Personal vor Ort Hilfe gut gebrauchen konnte. Der Pflegenotstand war auch damals schon zu spüren. Nach und nach wurde ich in alle Handgriffe eingewiesen. Ich machte meine Sache wohl recht gut, denn ich durfte schon nach kurzer Zeit alleine in die Zimmer, um die Bewohner zu waschen, für den Tag fertig zu machen oder ins Bett zu bringen.

Und auch wenn die Arbeit in der Pflege weder gut riecht noch schön aussieht und beileibe kein Zuckerschlecken ist, habe ich meine Zeit im Altenheim sehr genossen. Mit Menschen zu arbeiten tat mir gut. Verantwortung für das Wohlbefinden anderer mitzutragen änderte mein restliches Leben ebenso grundlegend wie schlagartig. Das Kiffen hängte ich an den Nagel, und auch das Feiern schränkte ich ein. Nur mit dem frühen Aufstehen hatte ich es noch immer nicht. Mein lieber Freund Tobi, der im selben Heim seinen Dienst verrichtete, kam morgens oft vorbei, um mich abzuholen. Nur zur Sicherheit. Ich beneide Menschen, die es genießen, um sechs Uhr den Tag zu beginnen.

Wie sich herausstellte, war die Lindenstraße eine gute Schule auch für andere Arbeit gewesen. Anders als meine jungen Zivi-Kollegen war ich berufliche Verantwortung und das Einhalten von Regeln am Arbeitsplatz schon gewohnt. Ebenso Zwänge, die an jedem Arbeitsplatz entstehen. Es braucht einige Zeit, um den Unterschied zwischen Schule und Arbeit zu verinnerlichen.

Gerade die eigenständige Suche nach Aufgaben und Arbeiten ist etwas, was man in der Schule nicht lernt. Es gab durchaus ein, zwei Kollegen, die mir nahelegten, nicht so viel Gas zu geben. „Dann müssen nachher alle mehr tun", monierten sie. Mich wunderte das. Wenn ich eines gelernt hatte, dann, dass ein Arbeitstag länger wird, je weniger es zu tun gibt.

Außerdem musste ich Zivildienst und Lindenstraße unter einen Hut bringen. Je besser ich mich machte, desto eher konnte ich auch mal um eine Änderung im Dienstplan bitten, wenn der Drehplan es verlangte. Oft genug musste ich nach dem Frühdienst oder vor dem Spätdienst noch zum Dreh und hatte dann zwei Arbeitstage in einem. Zusätzlich bemühte ich mich um Wochenend- oder Feiertagsdienste, damit ich in der Woche meine dienstfreien Tage zum Drehen verwenden konnte. Der längste Arbeitszyklus ohne freien Tag ging über mehr als 50 Tage. Ich war entweder am Set oder im Dienst oder beides. Nach 13 Monaten wusste ich jedenfalls, was ich getan hatte.

Das Verhältnis zu den Kolleginnen und Kollegen im Altenheim war angenehm normal. Dass ich bei der Lindenstraße mitspielte, interessierte nur wenige. Ich wurde eingebunden wie jeder andere auch und fühlte mich richtig wohl. Alle waren nett, es wurde viel gelacht und gemeckert, gescherzt und geflucht. Die Bewohner nahmen meine andere Tätigkeit zur Kenntnis und nur diejenigen, die die Lindenstraße schauten, waren zu Beginn meiner Dienstzeit etwas aufgeregt. Viele waren in der einen oder anderen Form dement und bekamen nicht mehr viel mit. Man darf nicht vergessen, dass viele Menschen nicht in Heimen sind, weil sie keiner mehr haben will. Die meisten sind dort, weil sie täglich umfassende Hilfe brauchen.

Einige warteten schon länger auf den Tod, als wünschenswert sein kann, andere lagen im Sterben. Da gibt es andere Prioritäten, als den Zivi aus der Lindenstraße wichtig zu nehmen.

An einem Tag sind mir gleich zwei Leute weggestorben. Eine ältere Dame hatte ich besonders ins Herz geschlossen. Sie war meine erste Pflegepatientin gewesen. Ich war während ihrer letzten Atemzüge bei ihr, und als sie gestorben war, wusch ich sie und zog ihr etwas Ordentliches an. Ihr Tod kam nicht überraschend, schon viele Monate war sie schwer krank gewesen. Es war an der Zeit für sie zu gehen. Trotzdem war ich sehr geknickt, als ich nach Dienstende ins Studio kam.

Dort stolperte ich mitten in einen Eklat. Ich nenne den Namen nicht, aber eine Kollegin oder ein Kollege aus der Abteilung Regie regte sich mit Tränen im Gesicht laut und ausgiebig darüber auf, dass auf dem zugewiesenen Stuhl vor den Monitoren nicht REGIE stand. So einen Blödsinn macht bei der Lindenstraße in der Regel keiner, und an einem anderen Tag hätte ich es vermutlich nur schmunzelnd zur Kenntnis genommen und mich nach dem Dreh darüber lustig gemacht. An diesem Tag aber verlor ich schlagartig jede Geduld und verließ ohne ein weiteres Wort das Studio. Ich konnte es schlicht nicht ertragen. Weder vorher noch nachher habe ich das je wieder getan. Es war ein echter Scheißtag.

Es gab aber auch ganz herrliche Momente während des Zivildienstes. Ein Übernachtungsausflug ist mir noch in bester Erinnerung. Gemeinsam mit einem Zivi-Kollegen, einer Pflegekraft und einigen Heimbewohnern, die noch fit genug waren, fuhr ich nach Münster. Nach einem Besuch im Zoo bummelten wir wohlgelaunt und lärmend mit Rollstühlen, Rollatoren und Krücken im Schneckentempo durch die Stadt, bevor es zum Abendessen ging. Es wurde gelacht und gesungen, es wurde getrunken, und dem Diabetes zum Trotz wurde ausnahmsweise das „Falsche" gegessen. Ein sehr lustiger Abend, alle blühten richtiggehend auf. So viele unanständige Witze hatte ich selbst am Set noch nicht gehört. Die Herrschaften brachten es zusammen ja auf mehrere hundert Jahre Zeit, um sie zu sammeln. Eine richtig kölsche Uromma erzählte den Witz vom Blinden, der ins Fischgeschäft kommt und sagt: „Tach, Mädels." Nicht besonders originell und obendrein sexistisch, aber op kölsch aus dem Munde einer über neunzigjährigen, fast gänzlich erblindeten und im Rollstuhl sitzenden Diabetikerin, die nach dem Erzählen selbst in schallendes Gelächter ausbrach, war er ein Highlight. Fast wäre der Einwurf einer eleganten älteren Dame untergegangen, die nach einem Schlaganfall nur noch leise und undeutlich reden konnte.

„Was meinst du denn damit?", fragte sie. „Was ist an ‚Tach Mädels' denn so lustig?"

Das allgemeine Gekicher wurde vom röhrenden Organ der Diabetikerin verschluckt. Voller Empörung rief sie: „Hömma, hät dinge Mös noch nie no Fesch jestunke?"

Es hat mich zerrissen.

Ich habe in dem einen Jahr mehr fürs Leben gelernt als in dreizehn Jahren Schule.

Der Zivildienst half mir, meine Tätigkeit als Schauspieler richtig einzuordnen, als nicht lebenswichtig, nicht spielentscheidend. Um ehrlich zu sein, als nicht so wichtig. Gleichzeitig lernte ich die Arbeit in der Pflege richtig zu schätzen.

Als meine Großeltern Jahre später verstarben, konnte ich aus den Erfahrungen im Zivildienst viel Kraft schöpfen und mit ihrem Tod gut umgehen. Ich habe es als sehr tröstend empfunden zu wissen, was auf uns als Familie zukam.

Mina hatte ihren Studienplatz nach eineinhalb Jahren Fernbeziehung gewechselt und war nach Köln gekommen. Das war super, denn während des Zivildienstes wäre es mir unmöglich gewesen, regelmäßig zu pendeln. Sie zog zu mir in meine offene, 50 Quadratmeter große Einraumwohnung. Zunächst war es toll, jeden Tag beisammen sein zu können. Auf Dauer war die Wohnsituation aber ungünstig. Niemand von uns hatte die Möglichkeit, sich mal zurückzuziehen, und das wäre dringend nötig gewesen. Mina saß für das Studium oft am Schreibtisch, und ich musste wahlweise sehr früh raus oder kam sehr spät zurück. Mindestens ein weiterer Raum hätte sehr geholfen, damit ich genügend Schlaf hätte finden und Mina konzentriert am Schreibtisch hätte sitzen können. Es war eine große Belastung für unsere Beziehung.

KAPITEL 17

AUF REISEN

Als ich Zivildienst machte, nahm ich das zweite Mal in meinem Leben einen großen Preis entgegen: Dem Ensemble wurde die Goldene Kamera verliehen. Anders als noch beim Bambi konnte ich diesmal durchaus einschätzen, was für eine Ehre das war. Ich fand mich zwischen Kevin Costner, Alain Delon und Jean-Paul Belmondo auf der Bühne wieder. Meret und Ben Becker und die Kelly Family, damals auf dem Höhepunkt ihrer Karriere, waren ebenso unter den Preisträgern wie der ehemalige Lindensträßler Til Schweiger und, zu meiner allergrößten Freude, Christiane Paul. Wenn ich damals für eine deutsche Schauspielerin schwärmte, dann für sie.

Diesmal konnte ich auch die Party so richtig genießen. Einige Kollegen und ich feierten ein rauschendes Fest. Sosehr ich die Kneipe nebenan und die kuschelige Pizzeria zu schätzen weiß, so schön kann es sein, in die Glitzerwelt einzutauchen. Blitzlichtgewitter, Interviews, roter Teppich. Im schicken Smoking macht ein wenig Glamour hin und wieder richtig Spaß.

Bei Klaus hingegen war die Welt alles andere als glamourös. Seine Mitbewohnerin Dani war gerade ausgezogen, das Geld war so knapp, dass er dauernd seinen Freund Philipp und seine Eltern anpumpen musste. Sein Bruder Benny war gestorben, seine erste Freundin Julia auch, und seine Schwester Marion weilte seit Jahren in Paris. Nun wollte Philipp zu allem Überfluss auch noch für sein Studium nach Dresden ziehen. Statt seinen besten Freund aus den Augen zu verlieren, entschied sich Klaus, kurzerhand mitzugehen. An sich hätte das geheißen, dass Philipp Neubauer und ich bei der Lindenstraße hätten aufhören müssen. Schließlich spielten die Geschichten bis dahin ausschließlich in München. Eben in der Lindenstraße.

Der Umzug hatte aber weniger einen inhaltlichen als einen konkret realen Hintergrund. Obwohl seit der Wiedervereinigung inzwischen zehn Jahre vergangen waren, lagen unsere Zuschauerzahlen in Ostdeutschland nach wie vor weit hinter denen im Westen. Das sollte geändert werden. Der erste Versuch, Zuschauer aus den neuen Bundesländern durch Claudia Rantzow stärker an die Lindenstraße zu binden, war gescheitert. Eine Figur einzuführen, die aus der ehemaligen DDR stammte, wurde wohl eher als Folklore für die Wessis empfunden denn als eine ernsthafte Beschäftigung mit der Lebensrealität der Menschen im Osten des Landes.

Die Themen der Münchner Lindenstraße wurden als zu „westdeutsch" wahrgenommen. Daran änderte auch eine wochenlange Werbe-Tour durch die neuen Länder nichts. Die Lindenstraße wurde von Mecklenburg bis Sachsen in eher homöopathischen Dosen konsumiert. Nur in den Grenzgebieten, die schon vor der Wende Westsender und damit die Lindenstraße empfangen konnten, hatten wir unseren Zuschauerstamm.

Deswegen sollte ein zweiter Handlungsstrang eingeführt werden, der im Osten spielte, genauer gesagt in Dresden.

Bereits zwei Jahre bevor der Umzug der beiden Jungs im Jahr 2000 gesendet wurde, verkündete Hans Geißendörfer uns diesen Plan. Als ich zu Hause erzählte, dass Klaus nach Dresden ziehen würde, waren meine Eltern ganz aufgeregt. „Du kannst doch nicht mitten im Abi nach Dresden ziehen", sorgte sich meine Mutter. Ich musste schallend lachen. Gerade meine Eltern müssten es doch besser wissen. Natürlich würde ich nicht nach Dresden ziehen müssen, denn auch die Szenen dort würden wie alle anderen in Köln gedreht werden. Meine Eltern lachten mit.

Dass selbst sie aber Fiktion und Realität vermischten, zeigt einmal mehr, wie schnell das passieren konnte. Gerade wer seine Rolle sehr lange spielte, verschmolz mit ihr bis zu einem gewissen Grad. Auch von Klatsch-Webseiten wird gerne einiges durcheinandergebracht, da heißt meine Mutter Marie-Luise (sie heißt Dagmar) und mein Vater Michael (wie er wirklich heißt), ich wohne in Köln und habe in Dresden studiert. Von beiden Welten etwas. Solch schlecht recherchierte Veröffentlichungen machten es nicht immer leichter, die Realität und die Lindenstraße auseinanderzuhalten.

In der wirklichen Welt ging ich zur selben Zeit, als Klaus nach Dresden ging, nach Trier, um Jura zu studieren. Hier mietete ich mit einer sehr netten Kommilitonin eine kleine Wohnung und pendelte für meine Drehtage nach Köln.

Der Studienbeginn war ein vorübergehendes Arrangement. Ich wollte nicht einfach nur rumsitzen, während ich mich orientierte. Denn für mich war eines klar: Nach Schule und Zivildienst und all den Jahren in der Lindenstraße musste ich mal raus. Ich musste mir darüber klar werden, ob ich

Schauspieler bleiben oder einen anderen Weg einschlagen wollte. Nur weil ich in das Leben vor der Kamera hineingewachsen war, hieß das ja nicht, dass es genau mein Ding sein musste. Jura schien mir eine durchaus veritable Option zu sein. Warum also nicht die freie Zeit nutzen und schon einmal damit anfangen? Mit der Zeit wurde mir immer bewusster, dass ich Abstand brauchte, wollte ich die Frage nach meinem weiteren Weg wirklich beantworten. Also hatte ich schon vor dem Zivildienst beschlossen, auf Reisen zu gehen. Ein Jahr rund um die Welt.

Ganz so einfach war das aber nicht. Die Lindenstraße hatte einen Vertrag mit mir und brauchte meine Rolle weiterhin für ihre Geschichten. Ich musste noch ein Jahr warten, bevor ich losfahren konnte. Das wollte ich nutzen, um zwei Semester mit dem Studium zu verbringen, und dabei gleich Eindrücke sammeln, die mir bei der Entscheidung, was ich mit meinem Leben anfangen wollte, helfen würden. Schnell wurde aber klar, dass das Studium neben der Arbeit bei der Lindenstraße kaum machbar sein würde. Zu regelmäßig musste ich nach Köln und verpasste dadurch zu häufig verpflichtende Veranstaltungen, wodurch ich beide Semester nicht mit den entsprechenden Klausuren abschließen konnte. Wenn ich nach meiner Reise weitermachen wollte, müsste ich meine Drehtage mindestens deutlich reduzieren. Aber das würde ich entscheiden, wenn ich wieder zu Hause wäre.

Dann war es endlich so weit. Meine Reise stand kurz bevor. Allerdings wollte die Lindenstraße auch für dieses Jahr nicht auf Klaus Beimer verzichten. Er sollte auch während meiner Abwesenheit durchgehend zu sehen sein.

Das erforderte einiges an Drehplanung. Wir einigten uns, dass ich im Frühjahr 2000 aufbrechen könnte, nachdem wir meine Parts bis September vorgedreht hatten, und im Spätsommer für 5 Wochen zurückkäme, um alle Folgen, die zwischen Oktober 2000 und März 2001 gesendet werden sollten, am Stück zu drehen. Im Frühjahr 2001 würde ich wieder ganz einsteigen und die Szenen, die ab April laufen würden, noch nachdrehen.

Um Klaus erhalten zu können, mussten wir also über Regiestaffeln hinweg drehen. So ein Eingriff in die künstlerische Arbeit der Regie ist absolut unüblich. Außerdem mussten alle Schauspielkollegen, die mit mir drehten, für einen jeweils mehrmonatigen Zeitraum gleich aussehen: kein Frisurwechsel, kein Bart ab und so weiter.

Dass ich meine Reise unterbrechen musste, passte mir auch nicht wirklich. Eigentlich wollte ich in die Welt hinaus, um mal nicht an die Lindenstraße zu denken. Am besten das ganze Jahr über nicht

Durch meine weiterlaufende Beschäftigung ergab sich aber ein finanzieller Vorteil für mich, der so groß war, dass ich nicht ablehnen konnte. Wir Dauerrollen, oder Pauschalisten, wie wir intern genannt wurden, bekamen nämlich Monatsgehälter, die sich nach der Anzahl der Folgen richteten, in denen wir mitspielten. Da sich an meiner Folgenzahl nichts änderte, wurde ich während der Reise durchbezahlt. Meine Arbeit war ja getan. Das war natürlich top.

Zunächst hatten Mina und ich geplant, gemeinsam zu verreisen. Dann aber war ich ins Grübeln gekommen: Wenn ich wirklich herausfinden wollte, was ich mit meiner Zukunft anfangen wollte, musste ich in mich gehen können und Ruhe finden. Also hatte ich mich umentschieden. Die Hälfte der Zeit wollte ich allein unterwegs sein. Danach allerdings sollte Mina mitkommen.

Im März 2000 saß ich also alleine im Flieger nach Argentinien, wo ich einen Freund in Cordoba besuchen wollte. Zuvor wollte ich einige Tage an den Wasserfällen Iguazu verbringen, ganz im Nordosten des Landes. Dorthin hatte ich meinen Flug gebucht. Nachdem wir gelandet waren, erlebte ich allerdings eine böse Überraschung. Kaum im Terminal, verstand ich im wahrsten Sinne des Wortes die Welt nicht mehr: Schilder und Durchsagen waren in einem merkwürdigen Kauderwelsch, definitiv nicht auf Spanisch. Wie sich herausstellte, war es Portugiesisch, denn gelandet war ich nicht in Argentinien, sondern in Brasilien. Mein Schreck war groß. Erst mithilfe eines ortsansässigen Österreichers, der mich vor dem Flughafen sitzen sah und mir seine Unterstützung anbot, konnte ich herausfinden, dass ich trotzdem fast am richtigen Ort war. Iguazu heißt nämlich nicht nur die kleine, an die Wasserfälle grenzende Stadt in Argentinien, sondern eben auch die kleine, an dieselben Wasserfälle grenzende Stadt in Brasilien. Der Österreicher nahm mich gleich mit in die Stadt und empfahl mir eine Unterkunft. So kam ich unverhofft in den Genuss, mich für einige Tage im brasilianischen Karneval zu tummeln. Tropische Hitze und Samba, das lässt sich auch ein Kölner gefallen, wenn es um den Karneval geht. Nur den obligatorischen Caipirinha trank ich nicht, denn alle meine Reiseführer warnten vor verunreinigtem Eis in Getränken, wie auch vor rohem Fleisch, Fisch und noch einigem anderen.

Die ersten Wochen in Südamerika achtete ich penibel darauf, was ich zu mir nahm. Nicht einmal in Cordoba, wo ich wie gesagt einen Freund besuchte, wich ich davon ab, obwohl er mir versicherte, ich müsse mir keine Sorgen machen.

Dann, ich war seit acht Wochen unterwegs, setzte ich in Chile mit einer Fähre von Chiloe nach Puerto Natales im Süden Patagoniens über. Die Fahrt auf dem Schiff dauerte mehrere Tage. Die Route verläuft zwei Tage durch die raue See des offenen Pazifiks, bevor sie in die ruhigeren Fjorde weiter südlich einbiegt. Draußen türmten sich hohe Wellen im eisigen Wind. Die Gischt am Bug schlug meterhoch. So spannend es war, sich das Salzwasser um die Ohren wehen zu lassen, es war einfach zu kalt und ungemütlich, um viel Zeit an Deck zu verbringen.

In der Kantine versammelten sich alle und tauschen Reiserouten und Erlebnisse aus oder spielten Karten. Zu späterer Stunde ging es heiß her. Die Stühle waren nicht fest montiert und rutschten auf dem lackierten Metallboden vorzüglich. So gerieten die abendlichen Zusammenkünfte, begleitet von viel Pisco Sour, zu einer Kegelpartie der besonderen Art. In einem feucht-fröhlichen Tumult rutschten wir mit den Stühlen meterweit abwärts, bis sich das Schiff in die andere Richtung neigte und wir auf dem Rückweg heftig schlitternd versuchen konnten, einen Tisch zu greifen. Die Kombination aus Alkohol und Seegang ließ so manchen Magen schwer rebellieren. Der Spaß blieb aber ungebrochen.

Zu meiner Freude war Pisco Sour ein Cocktail ohne Eiswürfel, den ich mich traute zu trinken. Sehr lecker. Als die Fahrt zu Ende war, fragte ich nach der Zusammensetzung, um den Drink zu Hause mal anbieten zu können. Zuckersirup, Limettensaft und Pisco, sagte man mir, würden mit zerkleinertem Eis gemischt, das nachher für mich unsichtbar mit im Glas landete. Da wurde mir schon mulmig. Als die Kollegen an der Bar dann noch erzählten, dass anschließend ein rohes Ei untergemengt würde, um den Drink sämiger zu machen, wurde mir ganz anders. Auf einem Schiff konnten die nicht wirklich frisch sein. Sei's drum, dachte ich. Mir ging es ja gut. Seit diesem Tag hörte ich auf, mir groß Gedanken zu machen. Ich aß und trank, was die Menschen vor Ort auch konsumierten.

Auf dem Schiff hatte ich einen jungen Mann aus Chile, Sergio, und den Schweizer Ronni kennengelernt, die gemeinsam einen Treck durch den Nationalpark Torres del Paine planten, und schloss mich ihnen an. Auf dem Weg dorthin lernten wir noch Lydia kennen, eine junge angehende Journalistin aus Argentinien.

Für unsere Tour hatten wir uns zwar nur für drei Personen mit Lebensmitteln eingedeckt, aber Lydia war so nett und so begeistert von der Idee, mitzugehen, dass wir kurzerhand beschlossen, unser Essen durch vier zu teilen und sie mitzunehmen. Mein Spanisch war sehr rudimentär, und weder Lydia noch Sergio waren des Englischen mächtig, daher wurde Ronni zum Dolmetscher, bis wir lernten, uns auch über die Sprachbarriere hinweg zu verständigen.

Den Cirquito del Torres del Paine zu wandern dauert zehn Tage, in denen man keinen Kontakt zur Außenwelt hat, keine Möglichkeit, in einen Ort zu marschieren, einzukaufen oder des Nachts in einer Hütte einzukehren. Ein falscher Tritt, eine Verletzung am Bein, und es dauert Tage, um Hilfe zu holen.

Die Lebensmittel hatten wir in schweren Rucksäcken dabei, dazu Zelte, Schlafsäcke, Isomatten. Tagsüber war es um die 20 Grad und sonnig, aber nachts ging das Thermometer an die zehn Grad unter null. Für die Reise hatte ich einen Allroundschlafsack mit, der nicht für solche Temperaturen ausgelegt war. In der ersten Nacht schlief ich nur drei

Stunden und wachte morgens um drei deutlich unterkühlt auf. Um mich warm zu halten, verbrachte ich den Rest der Nacht damit, herumzulaufen.

Und zum ersten Mal half mir ein Tipp aus den zahlreichen Survivalbüchern, die ich gelesen hatte, um mich auf die Reise vorzubereiten, als hätte ich vorgehabt, mich monatelang allein durch den Amazonas zu kämpfen. In der zweiten Nacht packte ich einen mittelgroßen Stein ans Feuer und nahm diesen, als er ordentlich aufgewärmt war, in ein T-Shirt gewickelt mit in meinen Schlafsack. Gefroren habe ich dann nicht mehr.

Die Wanderung zwischen den Felszinnen und Gletschern Patagoniens war atemberaubend. Herrlich einsam und geradezu unverschämt schön. Endlich fand ich die Ruhe, nach der ich mich gesehnt hatte. Mich bewusst mit meinen Zukunftsplänen auseinanderzusetzen kam mir allerdings nicht in den Sinn. Im Gegenteil. Ich gewöhnte mich langsam daran, nicht mehr zu grübeln und den Gedanken einfach freien Lauf zu lassen. Von einem Moment zum nächsten zu denken, nicht zu planen und keine Rücksicht auf Arbeit oder andere Zwänge nehmen zu müssen, war vollkommen neu für mich. Ich fühlte mich wie im Himmel. Die raue Landschaft tat ihr Übriges.

Durchbrochen wurde die Ruhe nur von den begeisterten Kommentaren von Lydia, die an jeder Ecke, die einen neuen Blick auf Gletscher und Gebirge freigab, nicht anders konnte als laut auszurufen. „Que bonito", schallte es dann über das Eis, „que spectacular!"

Hier habe ich Freiheit gefunden.

Von Chile ging es nach Cusco in Peru. Ein Dreh- und Angelpunkt der Backpacker in Südamerika. Sofort lernte ich neue Leute kennen, mit denen ich mich auf den Weg über die Andengipfel zum Machu Picchu machte. Unter anderem zwei deutsche Zimmerleute, die auf Wanderschaft waren und tatsächlich in ihrer schwarzen Cord-Tracht mit hölzernem Wanderstock und Hut das Hochgebirge erklommen. Die Tour dauerte fünf Tage und war wunderschön, aber viel zu überlaufen. Auf uralten, von den Inkas angelegten Stufen ging es hinauf bis auf über 5000 Meter. Als ich dort eine Reisegruppe sah, die sich von Trägern ein Dixiklo schleppen ließ, war der Spaß für mich jedoch vorbei. Das ist kein Abenteuer, das ist keine Freiheit, das ist nicht Wandern und nicht Reisen. So etwas ist Unsinn. Eine mehrtägige Tour mit Kanus durch den Amazonas-Nationalpark Manu im Osten Perus entschädigte für den Rummel. Leise glitt die zehnköpfige Gruppe durch das Wasser, vorbei an Kaimanen, Papageien, Riesenottern, Affen und übergroßen Cuys, einer Meerschweinchenart, die etwa so groß wird wie Hängebauchschweine. Geschlafen wurde in blättergedeckten Hütten der indigenen Einwohner der Region. Ich fragte mich, wie sie es schafften, fast nackt herumzulaufen, ohne verrückt zu werden. Ich selbst versuchte möglichst, meinen ganzen Körper zu bedecken, um mich vor den Moskitos zu schützen. Vergeblich, sogar in den Schuhen schafften sie es, mich in die Fußsohlen zu stechen. In den ersten Tagen war das Jucken kaum auszuhalten. Mit der Zeit gewöhnte sich mein Körper aber an das Gift der miesen kleinen Störenfriede, und das Jucken ließ nach, bis es schließlich verschwand. Endlich konnte ich auch die fantastischen Sonnenuntergänge genießen, die den Regenwald abends in die Dunkelheit begleiteten. Auch, dass man im Regenwald besser nicht mit der Taschenlampe sein Abendessen beleuchtet, sondern lieber im Dunkeln isst, wenn man den Napf nicht mit Hunderten Fluginsekten teilen will, lernte ich schnell.

Von Peru aus ging es weiter nach Ecuador. Dort besuchte ich zunächst die Galapagosinseln. Was für eine unglaubliche Tierwelt. Ich schnorchelte zwischen Haien, zutraulichen Seerobben und Pinguinen. Bei voller Fahrt sprang ich vom Schiff, um inmitten einer Hundertschaft von Delfinen zu schwimmen. Es war unbeschreiblich. Das Wasser war so klar, dass sich die hintersten Tiere erst in weiter Ferne klein verloren.

Statt von Ecuador wie geplant nach Mittelamerika zu reisen, schloss ich mich in Quito Mischa, einem ebenso verrückten wie liebenswerten Schweizer, an, mit dem ich nach Kolumbien fuhr. Das stand aus Sicherheitsgründen eigentlich nicht auf meiner Liste, aber die Backpacker, die dort gewesen waren, schwärmten so sehr, dass ich es mir nicht entgehen lassen wollte.

Mischa und ich sprangen also in den Bus Richtung Grenze, dessen Fenster aufgrund der Klimaanlage nicht zu öffnen waren. Nur leider war diese defekt. Unter der äquatorialen Sonne wurde es extrem heiß in der Blechkiste.

Nach zwölf Stunden Fahrt kamen wir mit einiger Verspätung gegen 22 Uhr in einem kleinen Ort an der Grenze an. Die Zunge klebte uns am Gaumen, wir waren unfassbar durstig. Unser Wasser aber hatten wir schon vor Stunden aufgebraucht, und das Hostel hatte die Türen für die Neuankömmlinge zwar offen gelassen, das Personal war aber schon weg. Kein Wasser zu haben. Mischa und ich machten uns also auf die Suche nach trinkbarer Flüssigkeit.

Wir wollten schon aufgeben, als wir auf dem Marktplatz Musik hörten. Sie klang aus einer Kellerbar, die bezeichnenderweise „Titanic" hieß. Sie sollte unser Untergang sein.

Als wir hereinkamen, standen an der rechten Seite der Bar ein paar leichte Mädchen, knallbunt und nur äußerst knapp bekleidet, und an der linken eine Gruppe Männer mit Sombreros, Patronengurten und Ponchos. Es war eine Szene wie aus einem Tarantino-Film.

Wir gingen zum Tresen, fragten nach Wasser. „No agua!", bekamen wir zur Antwort. „Coca-Cola?", versuchte Mischa.

„No Coca-Cola!", grinste der Barkeeper. Und gab uns dann zu verstehen, dass er außer Cuba Libre nichts ausschenken würde. Aber da sei doch Cola drin, protestierte ich, hatte aber keine Chance. Die Jungs an der Bar machten sich einen Spaß aus der Sache. Also tranken wir Cuba Libre, um unseren Durst zu löschen. Die Folge waren eine schlaflose Nacht, eine üble Feier und ein noch halb betrunkener, halb verkaterter Grenzübertritt nach Kolumbien am folgenden Morgen. Dabei war mit Kolumbien nicht zu spaßen. Aber uns war von anderen Reisenden bestätigt worden, dass es im Grunde sicher war, wenn man sich von einigen Regionen fernhielt.

Das Restrisiko war es wert: Die Ruinenstadt Ciudad Perdida war ein absolutes Highlight. Zu erreichen war sie nur zu Fuß in einer geführten Gruppe. Der beschwerliche Weg führte mitten durch den Dschungel, unterbrochen von Coca- und Marihuana-Plantagen. Geschlafen wurde in Hängematten unter Schilfdächern. Belohnt wurden wir mit Natur pur und einer halb freigelegten Ruine mitten im Urwald. Sie steht dem Machu Picchu in nichts nach, liegt aber verwunschen und ungestört von Touristenmassen. So war es jedenfalls im Jahr 2000 noch.

Im August, nach sechs aufregenden Monaten, ging es zum Dreh zurück nach Köln. Und plötzlich war ich wieder in der ganz anderen Welt meiner Heimat – ein kleiner Schock. Weil ich das Gefühl, unterwegs zu sein, nicht aufgeben wollte, meldete ich mich im Freundeskreis erst gar nicht zurück. Ich wohnte bei Mina, besuchte meine Eltern und drehte. Nach fünf Wochen machten Mina und ich uns auf den Weg zum zweiten Teil der Reise.

Auch der begann mit einer Panne. Wir saßen schon im Flieger, der von Amsterdam in Richtung Nairobi starten sollte, als die Durchsage kam, wir würden nicht starten, weil ein kleines Loch im Tank entdeckt worden war. Am Terminal riet man uns per Durchsage, auf einen Flieger nach Johannesburg auszuweichen. Wir ergatterten einen der begehrten Plätze und waren froh, doch noch ans Ziel zu kommen. Doch weit gefehlt. Wer auch immer auf die Idee gekommen war, uns nach Johannesburg zu schicken, muss einen Nagel im Kopf gehabt haben. Nicht nur, dass Johannesburg zwar in Afrika, aber dann doch 3500 Kilometer entfernt von Nairobi liegt. Unser Anschlussflug sollte erst drei Tage später gehen. Es kostete uns lange, intensive Diskussionen, bis es dann doch irgendwie ging, noch am selben Tag weiterzufliegen.

In Nairobi angekommen, fehlte natürlich das Gepäck. Also blieben wir am Flughafen und bewachten das Gepäckband, das in den frei zugänglichen Ankunftsbereich hinauslief. Hier, so hatte man uns gesagt, würde es ankommen. Was es nach zwei Tagen dann auch endlich tat.

Schnell merkten wir, dass wir in Kenia ein Auto brauchten. Der Mount Kenia mit seinen 5200 Metern ließ sich zu Fuß noch besteigen, aber in den anderen Nationalparks waren wir ohne Auto aufgeschmissen. Eines für die drei Monate unseres Aufenthalts zu mieten stellte sich als sehr teuer heraus. Außerdem wollten wir bis nach Kapstadt runterfahren. Dort hätten wir einen Mietwagen aus Kenia nicht abgeben können. Also kauften wir einen vollkommen verrosteten, klapprigen Suzuki 4x4, der dauernd liegen bleiben sollte. Wir tauften ihn „Antichrist" nach dem stets kaputten Auto im Film „Die Götter müssen verrückt sein".

Der Antichrist wurde zu unserem Zuhause. Bei der Fahrt konnten wir durch den von Rost zerfressenen Boden die Straße sehen. Die Blattaufhängungen brachen mitten im Nirgendwo, und die Reifen waren so abgefahren, dass ein Tag ohne Panne einem Wunder glich. Er versank am Lake Turkano bis zur Hälfte im Ufersand, während um uns herum überall Krokodile lagen. Und in der Nähe des Lake Navaisha fanden wir uns nach einem Platzregen plötzlich mitten im Wasser. Keine Chance zu erkennen, wo die löchrige Schotterpiste weiterging. Es dauerte einige bange Stunden, bis die braune Brühe wie erhofft endlich abfloss und uns den Weg freigab.

Den Antichristen aus Kenia herauszubekommen war fast unmöglich. Es dauerte Wochen, viel Bakschisch und Tausende von Kilometern Hin-und-her-Fahrerei zwischen Nairobi und der Grenze, bis wir endlich ausreisen durften.

Aber der Wagen hatte einen großen Vorteil, den wir erst noch zu schätzen lernen sollten. Er stammte aus den Altbeständen des WWF. Die Aufkleber der NGO waren auf den Seitentüren verblieben. Anders als andere Touristen wurden wir nie an Straßensperren kontrolliert oder wegen eines vermeintlich mangelnden Profils am Reifen zu einem Fantasieknöllchen verdonnert.

Über Tansania und Malawi fuhren wir nach Simbabwe, wo wir den Mana-Pools-Nationalpark besuchen wollten. Wir wunderten uns, dass wir im Hotel so günstig wohnen konnten und bis auf eine stattliche Zahl an Angestellten ganz allein waren. Die unterdrückte schwarze Bevölkerung hatte sich gegen die Weißen erhoben, erzählte uns ein Mitarbeiter des Hotels. „Menschen werden gejagt, erschossen, verbrannt und gehängt." Zum Glück bestand in der Region, in der wir waren, keine Gefahr mehr, aber die Touristen blieben aus. Mulmig war uns trotzdem zumute. Doch wir wurden belohnt: Der Mana-Pools-Nationalpark war unglaublich schön. Eines Abends wanderte eine Gruppe Elefanten quer durch unser Zeltlager.

Die nächste Etappe war Sambia, wo sich der Antichrist schließlich für immer von uns verabschiedete. Wir hatten gerade die Victoriafälle besucht und im spektakulären Devil's Pool gebadet, als er schlappmachte. Dass er nicht wie im Comic einfach in alle vier Richtungen auseinanderfiel, war auch schon alles. Wir verkauften ihn an einen Ersatzteilhändler und trampten weiter. Über Botswana und Namibia bis nach Kapstadt.

Von dort flogen wir nach Indien, wo ich leider eine etwas unschöne Erfahrung machen musste. Statt gechlortes Wasser aus Blechbechern zu trinken, wie die Einheimischen es taten, trank ich Wasser aus Flaschen. Mir war nicht klar, dass die Armut einige Menschen dazu brachte, Wasserflaschen immer wieder mit Leitungswasser zu füllen und das dünne Sicherheitssiegel aus Folie einfach zu erneuern. Natürlich ohne Chlorzusatz, das würde man ja merken. Die Folge war eine sehr heftige Amöbenruhr. Insbesondere bei langen Fahrten in Bussen oder indischen Zügen ist dies eine höchst unangenehme Durchfallerkrankung.

Nach einigen Wochen in Indien blieben wir dann in Thailand hängen. Es hatte von Bangkok aus direkt nach Kambodscha und Vietnam weitergehen sollen. Aber wir entschlossen uns, einen Urlaub vom Reisen zu machen, und uns für eine Woche einen schönen, ruhigen Strand zu suchen. Wir fanden ihn. Einige wenige Hütten, kaum Menschen, keine Durchreisenden, keine Straße, zwei Stunden Strom am Tag, um am Abend ein kaltes Getränk in der Strandbar zu bekommen.

Wir blieben den gesamten Rest unserer Reisezeit. Es war zu schön. Zu ruhig. Zu entspannt. Erholt traten wir dann die Rückreise Richtung Köln an.

Obwohl ich während der Reise alles getan hatte, nur nicht über meine Zukunft nachgedacht, war mir nach unserer Rückkehr absolut klar, dass ich weiter am Set arbeiten wollte. Das Studium würde ich schmeißen und sehen, dass ich ein Praktikum bekam, um im Regiebereich zu lernen. Dass auch das neben der Lindenstraße nicht unbedingt leicht zu bewerkstelligen sein würde, war offensichtlich. Aber ich würde schon einen Weg finden.

Ich wusste von Kollegen, dass es durchaus möglich war, neben der Lindenstraße auch noch einem anderen Beruf nachzugehen. Irene Fischer zum Beispiel, die Klaus' Stiefmutter Anna Ziegler spielte, war daneben auch Drehbuchautorin und als solche gerade bei der Lindenstraße eingestiegen. Das tat den Büchern im Übrigen sehr gut. Sie kannte alle Figuren und deren Geschichten bereits auswendig und schrieb ganz vorzügliche Dialoge, sicher auch ihrer Arbeit als Schauspielerin geschuldet. Der schönste Satz, den ich je in einem Drehbuch gelesen habe, stammte von ihr. Harry Rowohlt beehrte die Lindenstraße, die er sehr mochte, und wurde bei uns als „Penner Harry" in die Drehbücher eingebaut.

Er war Autor, Übersetzer, Vorleser, eigentlich hauptberuflicher Intellektueller, aber kein Schauspieler. Lust, sich an vorgeschriebene Texte zu halten, hatte er nicht. Also ließ man ihm die Freiheit, seine wiederkehrenden Weisheiten, die er im Akropolis oder auf der Straße zu jedem Anlass von sich gab, umzudichten. Dies tat er meist vollständig. Irene, die auch seine Texte schrieb, nahm dies zum Anlass, anstelle seines Textes nur XXX ins Buch zu schreiben, gefolgt von der Bemerkung: „Harry sagt ja eh, was er will!" Stimmte.

Drehbücher wollte ich allerdings nicht schreiben. Was genau ich tun würde, würde sich zeigen. Erst einmal freute ich mich, zur Lindenstraße zurückzukehren.

KAPITEL 18

DREHALLTAG WOANDERS

Als ich zurückkam, musste viel auf einmal gedreht werden, um meine Abwesenheit aufzuholen. Klaus war noch recht frisch in Dresden und fast nahtlos mit seiner Mitbewohnerin Nina Zöllig zusammengekommen. Die Zeit dort tat ihm gut. Und auch mir ging es damit ganz hervorragend. Mit Jaqueline Svilarov, die die Nina spielte, hatte ich eine entzückende Kollegin und tolle Schauspielerin an meine Seite gestellt bekommen. Wir verstanden uns auf Anhieb super.

Ich erinnere mich an einen Abend, an dem wir nach Drehende noch einen Absacker trinken wollten. Jaqueline wohnte damals im Hotel, dessen Bar sich anbot. Wir kamen ins Reden. Und redeten. Und redeten. Tranken dabei einen Tequila nach dem anderen. Bis morgens um 7 Uhr plötzlich Jaquelines Fahrer vor dem Hotel stand und sie abholen wollte, um zum Set zu fahren. Ich kam natürlich gleich mit. Für die Kollegen wurde es ein sehr anstrengender Drehmorgen, denn wir waren noch halb betrunken. Der Nachmittag hingegen war dann für Jaqueline und mich sehr anstrengend – und für die Kollegen amüsant. Nie wieder tranken wir so viel vor einem Dreh.

Einen Handlungsstrang in Dresden zu drehen hatte für uns durchaus Vorteile. Er war eine dramaturgische Insel. In der Lindenstraße tauchte man neben Szenen in der eigenen Wohnung auch im Akropolis, Café Bayer, Frisiersalon, auf der Straße oder im Treppenhaus auf. Es gibt Feiern, Meetings und andere bereits erwähnte Massendrehs.

Plötzlich aber konnte Klaus nicht mehr über die Lindenstraße gehen, wenn Vasily und Mary knutschten. Er konnte auch nicht mehr im Biergarten des Akropolis sitzen, neben dem Stammtisch von Erich, Gung, Andi und Hans, und dabei Harry Rowohlts Sentenzen lauschen. Er war ja in Dresden.

Für die WG Dresden gab es nur eine Dekoration – unsere Wohnung. Alles spielte sich dort ab. Keine Motivwechsel und keine Wechsel des Casts. Das Ökonomischste war, all unsere Szenen in einem Rutsch nacheinander wegzudrehen. Und das taten wir dann auch.

So kam es vor, dass wir am Anfang einer Staffel fünf oder sechs Tage am Stück fast alles abdrehen konnten und den Rest der Staffel so gut wie drehfrei blieben.

Eine sehr glückliche Fügung, insbesondere wenn diese freien Zeiten rund um die Sommerpause fielen, denn so hatte ich lange genug Zeit am Stück, um meine ersten Praktika zu machen.

Bei den Campern fing ich an, im Bereich Regie. Claus Vinçon war dort Producer und hatte mich vermittelt. Einen ganzen Sommer verbrachte ich auf einem eigens aufgebauten Campingplatz im Bergischen Land in der Nähe von Köln. Damit begann meine Arbeit hinter der Kamera. Wie viel ich dabei noch zu lernen hatte, sollte sich bald zeigen.

Drehplanung und Drehablauf waren bei der Linden-
straße damals anders organisiert als bei anderen TV- und
Filmformaten. Wir drehten weiterhin im Drei-Kamera-
System, mit schwerfälligen Studio-Kameras auf digitalem
Material.

Bei allen anderen Film- und Fernsehformaten (abgesehen von den Daily Soaps) wurde auf Filmmaterial gedreht,
meist mit nur einer Kamera. Die Abläufe waren dadurch
völlig anders, ganze Berufsbilder, die ich von der Lindenstraße kannte, gab es nicht. Beim filmischen Dreh gibt es keine
Co-Regie, denn am Set wird nichts vorgeschnitten, und keine
Kabelhilfen, die es nur braucht, wenn die Kameras im Studio mit Kabeln für Strom und Bildmaterial ausgestattet
sind. Dafür gab es Kamera- und Materialassistentinnen
und -assistenten und eine Script/Continuity. Letztere wird
vor allem benötigt, um auf die Anschlüsse zu achten, damit
alles aneinander passt, wenn die einzelnen Einstellungen
zusammengeschnitten werden. Das brauchten wir bei der
Lindenstraße wiederum nicht. Wir drehten ja alle Szenen in
einem Durchgang. Da stimmten die Anschlüsse innerhalb
der Szene immer.

Die Unterschiede erscheinen auf den ersten Blick vielleicht klein, sorgten aber dafür, dass ich bei meinen ersten
Gehversuchen hinter der Kamera so meine Schwierigkeiten
hatte. Denn natürlich ging ich davon aus, das meiste schon
zu kennen. So las ich zum Beispiel in der ersten Probe am
Set der Camper den Text für einen Schauspielkollegen ein,
der kurz hing. „Weißt du, Antje …", gab ich ihm die Hilfe-
stellung für seinen Text. Ganz so, wie das die Regiepraktikanten der Lindenstraße immer taten, wenn ich in einer
Probe mal nicht weiterwusste.

Sofort ruhten alle Blicke auf mir. Eine junge Dame kam auf mich zu und teilte mir etwas säuerlich mit, dass sie ja da sei. Als ich fragend guckte, ergänzte sie: „Ich bin die Skript/Continuity", was mir leider als Erklärung nicht weiterhalf. Ich kannte diese Position ja nicht. So blieb mir nichts anderes übrig, als den Mund zu halten und sie später etwas dümmlich zu fragen, was denn das genau sei. Ein bisschen blöd kam ich mir dabei schon vor, alle wussten schließlich, dass ich schon lange an einem Set arbeitete.

„Ich achte auf alle Anschlüsse, damit die einzelnen Einstellungen aneinanderpassen, wenn die Szenen zusammengeschnitten werden."

Ok, dachte ich mir: „Aber was hat das mit dem Text zu tun?"

„Ich bin nicht nur Continuity, sondern auch Skript. Ich bin also auch für die Texte zuständig und vermerke Fehler, schreibe aber auch auf, was wir schon gedreht haben und wo es auf der Filmrolle ist, damit nichts vergessen wird oder verloren geht. Und ich gebe eben auch Text ein und notiere mir Änderungen, die Regie oder Cast in den Proben vornehmen."

Das war mir neu. Bei uns schauten wir einfach nach der Aufzeichnung, wie die Szene fertig aussah, und Punkt. Ich entschuldigte mich und nahm mir abends ein Buch übers Filmemachen vor, damit mir so etwas nicht wieder passierte.

Kurz darauf setzte ich mich in einer Besprechung auf einen Stuhl. Offensichtlich ein fataler Fehler.

„Da müsstest du bitte sofort runter!", schallte es von hinten, als die Regie angerauscht kam. „Aber ruckzuck!"

Ich hatte mich auf den heiligen Regiestuhl gesetzt. Das war auch am Set der Lindenstraße ein Tabu, nur stand der

Regiestuhl dort immer an der gleichen Stelle, nämlich direkt am fest installierten Regiepult, wo die Bildsignale der Kameras auf den Monitoren ankamen. Ich war es nicht gewohnt, drauf zu achten, ob ein Stuhl der Regiestuhl sein könnte. Dabei steht es hintendrauf.

Ein weiterer Fauxpas passierte mir etwas später: Ich unterbrach einen Dreh nach einem Blick auf den Monitor. Das wäre auch bei der Lindenstraße ein No-Go gewesen: Abbrechen darf nur die Regie, sicher nicht der Praktikant. Aber ich hatte nicht an mich halten können, als ein Angelschatten vom Mikro deutlich sichtbar am linken Bildrand hoch und runter wanderte. Zeit ist Geld, dachte ich mir, daher mein Stopp. Leider war der Schatten aber kein Schatten, es war der Pegel der Belichtung. Auf dem Monitor war eine Ausspiegelung dessen, was der Kameramann sah, und kein Originalbild.

Bei den Dreharbeiten zu einem Tatort in Köln, wieder als Praktikant, stand ich hinter einer Wand versteckt, als gedreht werden sollte. Regisseur Kaspar Heidelbach, den ich noch aus dem zweiten Jahr der Lindenstraße kannte, rief: „Moritz, du bist im Bild, verschwinde da bitte!"

„Das bin nicht ich", gab ich zurück, anstatt einfach zu tun, was man mir sagte. „Ich stehe hinter der Wand, da kann die Kamera mich nicht sehen!" – „Na, du Oberschlauer, hast du mal was von einem Spiegel gehört?", kam halb erheitert, halb ungeduldig von Kaspar. Ich blickte vor mich, sah den Spiegel des Garderobenschränkchens und darin neben dem halben Team auch die Kamera.

„Wenn du die Kamera siehst, sieht sie dich auch!", setzte er nach. Den Rest des Tages durfte ich damit verbringen, der Kaffeemaschine bei der Arbeit zuzuschauen.

Es dauerte eine Weile, bis ich alle kleinen Peinlichkeiten einmal durch hatte.

Bei einem Praktikum wollte die Produktion nicht, dass ich mit zum Mustergucken käme. Dabei wird, meist abends nach Drehende, das Material von einigen Tagen davor gesichtet, um zu bewerten, ob qualitativ alles stimmt.

Für einen Regiepraktikanten eine wichtige Veranstaltung, denn hier lernt man gut, nach welchen Gesichtspunkten Entscheidungen gefällt werden. Ich aber sollte nicht mitgehen dürfen, da man Sorge hatte, dass ich interne Diskussionen an Schauspieler weitergeben könnte, die ja immerhin meine Berufskollegen waren. Zum Glück setzte sich der Regisseur dann aber durch, sodass ich doch mitdurfte. Und selbstverständlich habe ich nichts weitergetratscht, wobei es gar nicht so viel zum Ausposaunen gab. Hier und da wurde zwar auch mal die schauspielerische Leistung bewertet, aber darüber sind wir Schauspieler uns durchaus im Klaren. Ich mochte das gemeinsame Mustergucken sehr, leider wurde es in den meisten Produktionen inzwischen durch Downloadlinks ersetzt, die dann jeder für sich alleine anschaut.

Ansonsten bestand meine Tätigkeit als Praktikant aus Listen schreiben, Kaffee kochen und Botendiensten. Am Set musste ich viel laufen, auf Kommando Zeichen zum Auftritt geben und überall da mit anpacken, wo Hilfe nötig war. Ich nahm mir vor, besser zu sein als jeder vor mir. Ob mir das gelang, wage ich zu bezweifeln, aber ich konnte mich vom Image des Schauspielers freistrampeln, von denen gerne mal gesagt wird, sie seien lebensunfähig. Und die jahrelange Seterfahrung bei der Lindenstraße half mir dann doch dabei, schnell besser zu werden, sodass ich zwei Jahre später, nach meinem dritten Regiepraktikum, als Regieassistent einsteigen konnte.

Auch hier sorgte meine Bekanntheit ab und an für etwas merkwürdige Szenen, wenn ich zum Beispiel mit Funk am Ohr und Drehbuch in der Hand abgehetzt an einem belebten Ort Komparsen einrichtete und plötzlich ein Passant in die Szene rief: „Hey, Sie sind doch der aus der Lindenstraße, was machen Sie denn hier, sollten Sie nicht in München sein?" Oder eine Anwohnerin erst mal Autogramme für die ganze Familie anfragte, während ich gemeinsam mit der Aufnahmeleitung versuchte, am Set für Ordnung zu sorgen. Da hieß es dann, die Situation so zu lösen, dass es schnell ging und den Dreh nicht störte, sich aber hoffentlich auch kein Lindenstraßenfan vor den Kopf gestoßen fühlte.

Dennoch genoss ich meinen Job als Regieassistent sehr. Zwischen 1999 und 2003 war mir die Schauspielerei etwas langweilig vorgekommen. Immer das gleiche Set, dieselben Menschen, ähnliche Geschichten, ähnliche Texte. Mich auf anderer Ebene hochzuarbeiten kam mir da sehr gelegen und motivierte mich im Gegenzug, meine Arbeit bei der Lindenstraße ernster zu nehmen. Ich nahm viel aus der Arbeit im Regiegewerk mit ans Set. Zu wissen, was wann warum wie lange dauert, warum etwas geht oder nicht geht und wie es geht, war sehr hilfreich dabei, meine Arbeit als Schauspieler mit etwas mehr Gemütsruhe auszuüben. Seit ich vertrauter war mit den Regeln und Abläufen des Drehs und der Drehvorbereitung, bewertete ich so manche Situation am Set rückblickend anders.

Einmal zum Beispiel sollten Philipp und Klaus in der Fußgängerzone Geld sammeln und dafür laut Stefan Raabs Verballhornung des Sächsischen „Ö la Palöma" singend auf einem Mülleimer stehen. Ausgerechnet in Dresden! Mir ist das bis heute peinlich. Um in einer Fußgängerzone zu drehen, braucht es eine Drehgenehmigung. Die bekamen wir aber für diesen Dreh nicht – und drehten trotzdem, mit viel Abstand und einem kleinen Team, so schnell es ging. Statt mit Komparsen mit echten Passanten, die uns zum großen Teil mal so gar nicht witzig fanden. Ich habe mir damals nicht viel dabei gedacht, aber so etwas kann durchaus Konsequenzen haben, ein Bußgeld mindestens. Wenn dabei jemandem etwas passiert, kann es aber auch zu Haftungsfolgen kommen. Das lernte ich schnell, als ich plötzlich in der Situation war, für solche Dinge die Verantwortung zu tragen.

Bei den Drehs an anderen Sets lernte ich auch, dass die Lindenstraße sich nicht nur im Drehablauf unterschied.

Als ich nach einem meiner ersten Tage als Praktikant mit meinen neuen Kollegen auf der Ladeklappe des Licht-Lkws ein Feierabendbier trank, wurde ich tatsächlich gefragt, warum ich denn nicht bei den Schauspielern und Producern sitzen würde. Der Gedanke war mir nicht gekommen. Wir hatten miteinander gearbeitet. Punkt. Bei der Lindenstraße wurde zwischen Cast und Team nicht groß unterschieden. Wir arbeiteten, pausierten und feierten alle gemeinsam. Über drei Jahrzehnte blieben alle Schauspielerinnen und Schauspieler, und waren sie noch so wichtig für das Format, bei allen Macken, die wir so haben, trotzdem nahbar und menschlich. Nach inzwischen vielen Jahren Dreherfahrung an den unterschiedlichsten Sets ist mir bewusst, wie besonders das ist.

Klar, auch die Lindenstraßenschauspieler brauchten mal Ruhe am Set, mussten einen Schluck Wasser gereicht bekommen, weil sie gerade nicht wegkonnten, hatten einen Rückzugsort für die Pausen. Schauspielerei ist schließlich emotionales

Striptease. Aber dass sich irgendwer darum stritt, wessen Wohnmobil fünf Zentimeter länger war, habe ich dort ebenso wenig erlebt wie Rumgeheule, weil die Blumen im Aufenthalt nicht pink, sondern lila waren. Am Catering wurde Schlange gestanden. Das galt für alle. Und wenn jemand nach der Pause schnell anfangen musste, dann wurde diese Person ausnahmsweise vorgelassen. Ob das die Regie war, der Fahrer, der zeitig losfahren sollte, jemand von der Maske oder ein Mitglied des Casts, war egal. Da achtete Hans Geißendörfer von Anfang an strikt drauf. Er wollte keine Stars oder zumindest nicht die Auswüchse, die aus Starkulten erwachsen können. Daher wurden wir nie übermäßig betüdelt, so manches Mal sogar im Gegenteil.

Vor allem aber waren es Team und Schauspieler selbst, die verantwortlich dafür waren, diesen angenehmen Zustand beizubehalten. Ich glaube, dass das mit ein Grund dafür ist, dass selbst diejenigen, die wie ich als Kinder anfingen und sehr jung über die Lindenstraße bekannt wurden, weitestgehend normal blieben. Wenn man den ganzen Tag nur Zucker in den Allerwertesten geblasen bekommt, ist das nicht die beste Charakterschule.

Als Praktikant hörte ich von einem deutschen Serienhauptdarsteller einmal den schönen Satz: „Ihr seid alles Würste, ich bin die sechs Millionen!" Er meinte die Zuschauer der Sendung. Ich konnte einfach nicht an mich halten, so dämlich fand ich diese Aussage, und konterte: „Du, das wird schon noch besser. Ich war zwölfeinhalb Millionen, da war ich sieben."

Die allermeisten Schauspieler und Prominenten, die ich in meinem Leben kennengelernt habe, sind höfliche, nette und professionelle Menschen mit gutem Humor, Spaß an der Arbeit und viel Fleiß. Trotzdem war der Ich-bin-die-sechs-Millionen-Spruch kein Einzelfall. Es gibt immer wieder Menschen, die nicht lernen, mit ihrer Macht demütig umzugehen. Wenn ein TV-Format erfolgreich ist und man darin eine zentrale Rolle einnimmt, am besten ist die Sendung noch nach einem benannt, kann man sich so manche Verhaltensweisen leisten, die ansonsten undenkbar wären. Von morgens bis abends ist man von Leuten umgeben, die einem sagen, wie toll man ist. Ist das Umfeld nicht mehr natürliches Korrektiv, ist es kein Wunder, wenn man ein falsches Selbstbild bekommt.

Nun hatte ich also über den Tellerrand geschaut und erkannte, was für ein Biotop die Lindenstraße mittlerweile geworden war. Galten wir zu Beginn noch als billig produzierter Trash, war unser Dreh mittlerweile vergleichsweise teuer. Neben den Dailys waren Anfang der Nullerjahre Formate wie Big Brother aufgekommen, die noch günstiger Unterhaltungsfernsehen produzierten. Was einige Jahre zuvor noch als schnell, schnell galt, war plötzlich ein Luxus. Gleichzeitig hatten wir nun merklich weniger Zuschauer.

2002 bekamen wir das zum ersten Mal auch im Team zu spüren: keine Erhöhung der Finanzierung durch den WDR, somit keine Gagenerhöhung für die Lindensträßler. Bis dahin war es mit jeder Verlängerung des Produktionsauftrages auch für die Mitarbeiter und Schauspieler etwas hochgegangen. Diesmal gab es nicht einmal mehr den Inflationsausgleich. Es blieb eins zu eins beim Stand von 1999. Später erhielt die Produktionsfirma sogar weniger Gelder für die Herstellung, und man versuchte, damit ohne größere personelle Einschnitte über die Runden zu kommen.

Aber es gab auch sehr positive Entwicklungen. So wurde zum Beispiel der Kinderaufenthalt für schauspielende Kinder, in dem ich selbst so lange mein Zuhause vor Ort gefunden hatte, zu einem echten Betriebskindergarten ausgebaut. Es gab mittlerweile viele Kinder im Team, sodass dieser Schritt nur folgerichtig erschien. Bei solch unregelmäßigen Arbeitszeiten hätten wir sonst sicher viele unserer Mitarbeiter verloren. Insbesondere für Alleinerziehende kann eine solche Kinderbetreuung vor Ort der Weg sein, nicht in die Arbeitslosigkeit abzurutschen. Als Klaus habe ich lange genug einen alleinerziehenden Vater gespielt, um dies zumindest nachvollziehen zu können. Er hätte so einiges dafür hergegeben, wenn er seine Tochter Mila mit ins Büro hätte nehmen können.

Das Tolle war ja nicht nur, dass wir Mitarbeiter halten konnten, die uns sonst vielleicht verlassen hätten. Sie waren auch noch wohlgelaunt. Und die Kinder im Haus, die ganz in Ruhe die Treppe von den Garderoben heruntertapsten, wenn man schnell ins Studio wollte, waren eine willkommene Entschleunigung. Eigens für ihre Größe war ein weiterer Handlauf eingezogen worden. Und die großen Kinderaugen vor der Kantinentheke im Sommer, wenn ein leckeres Eis zu erwarten war, zauberten allen ein Lächeln ins Gesicht. Die Kleinen vor Ort zu haben sorgte bei allen für gute Laune. Mit den Jahren bekamen die Kinder eine eigene Fotogalerie, die den Flur vor dem Kostüm und dem Kindergarten schmückte. Ganz wie die Großen, nur auf Hüfthöhe.

KAPITEL 19

EIN NEUER ANFANG

Nach der Weltreise war Mina erst gar nicht wieder bei mir eingezogen. Die Wohnung war für uns beide einfach zu klein, dazu kamen erste Unstimmigkeiten in unserer Beziehung. Kurz darauf zog ich ebenfalls aus, um mit meinem Freund Tobi in eine WG zu ziehen. Zu oft fuhr ich abends vom Stadtrand zu Freunden in die Innenstadt. Ich brauchte eine Veränderung. Mit Tobi zusammenzuziehen war eine gute Entscheidung. Wir verstanden uns hervorragend, waren viel unterwegs, spielten viele Abende Skat mit einem Freund, den ich noch in Trier kennengelernt hatte und der vor Kurzem nach Köln gezogen war. Es war ein gutes Zuhause, das ich hier gefunden hatte, auch wenn es ein komisches Gefühl war, nach fast vier Jahren Beziehung keine Wohnung mehr mit Mina zu teilen. Zusammen blieben wir trotzdem. Bald wollte ich sogar noch mehr: Ich plante, ihr endlich einen Heiratsantrag zu machen. Wir hatten in vier Jahren schließlich eine Fernbeziehung, eine Ein-Zimmer Wohnung, ein halbes Jahr räumliche Trennung und ein halbes Jahr gemeinsame Reise und nun ihren Auszug überlebt. Nichts könnte uns noch trennen – dachte ich. Ich wollte eine geeignete Wohnung für uns beide suchen und eine Familie gründen.

Das Thema Ehe war aufgrund von Minas iranischer Herkunft immer mal wieder Thema gewesen, denn verheiratet hätten wir uns viel freier bewegen können. Ich hatte mich aber stets geweigert, eine Hochzeit in Erwägung zu ziehen. Als wir uns kennenlernten, war ich gerade einmal achtzehn Jahre alt. Und auch später fühlte ich mich noch deutlich zu jung. Nun aber, mit vierundzwanzig, fühlte ich mich bereit.

Im Sommer 2002 fuhr Mina für einige Monate in den Iran, um ihr Herkunftsland etwas besser kennenzulernen. Für ihre Rückkehr wollte ich gerüstet sein. Einen Ring meiner Großmutter hatte ich zur Auf- und Umarbeitung zum Juwelier gebracht, der Antrag stand fest.

Zur selben Zeit wusste ich schon, dass Klaus Nina heiraten würde. Die neuesten Drehbücher hatten es verraten. Im Dezember 2002 würde ich ihm meine Stimme leihen, um das Jawort zu geben. Im Jahr darauf wollte ich das dann selbst tun.

Als Mina aus dem Iran nach Hause kam, merkte ich gleich, dass etwas nicht stimmte. Ihre Natürlichkeit war verflogen, der Begrüßungskuss fiel sehr freundschaftlich aus. Sie war auf dem Absprung, das war sonnenklar.

Ich versuchte zu retten, was nicht zu retten war, und zog meinen Heiratsantrag vor. Jetzt gleich, sofort und ohne weiter zu zögern, würde ich sie fragen, ob sie gerne den Rest ihres Leben mit mir verbringen wolle.

Hastig kramte ich den Ring hervor, kniete nieder, holte tief Luft und …

„Nein!", sagte Mina mit feuchten Augen, aber festem Blick.

Die Luft entwich aus meinen Lungen wie aus einem Luftballon, und so fühlte ich mich auch. Wie ein schrumpeliges Stück Gummischlauch. Ich holte erneut Luft.

Bevor ich nochmals ansetzen konnte, hielt sie mich wieder auf. „Nein!" Jaja, das hatte ich schon gehört. Aber ich wollte es nicht wahrhaben. Als ich den Antrag plante, hatte ich Kinder vor Augen, ein gemeinsames Leben, Altwerden ... alles, was dazugehört. Nun sollte sie eigentlich glücklich in meinen Armen liegen, wir würden uns küssen und tief in die Augen blicken. Ein „Ich liebe dich!" auf den Lippen.

Stattdessen verließ sie mich noch am selben Abend.

Das fand ich, ungelogen, höchst unschön.

Von einem Moment auf den anderen saß ich allein da und haderte schwer mit meiner Entscheidung, sie nicht schon vor Jahren gefragt zu haben, als das Ja noch sicher gewesen war. Natürlich kam das Nein nicht ganz aus heiterem Himmel. Wir hatten schon auch unsere Probleme gehabt. Zu oft gerieten wir aneinander, waren uns nicht einig über kleine und große Entscheidungen, darüber, wie wir den Alltag und die Zeit mit Freunden verbringen wollten. Wir hatten uns auseinandergelebt.

Ich hatte dennoch das Gefühl, nie über Mina hinwegzukommen, so sehr hatte ich sie geliebt. Meine Wohnung verließ ich vorerst nur für das Nötigste. Und dann stand auch noch der Dreh zu Klaus' Hochzeit an. Zig Mal musste ich glücklich und gerührt vor einem Standesbeamten Ja sagen, obwohl mir nur zum Heulen zumute war. Am Ende des Drehtages war ich am Boden, wollte nichts mehr hören oder sehen und verkroch mich im Bett.

Ein paar Wochen später hatte Tobi Geburtstag. Er kam spät abends nach Hause und riss mich aus meiner Lethargie. Auf ein, zwei Bier zu seinem Geburtstag müssten wir gehen, versuchte er mich zu überreden und hatte schließlich Erfolg.

Gleich um die Ecke unserer Wohnung lag die Zülpicher Straße, in Köln einschlägig bekannt bei jungen Leuten, die vor die Tür wollen. Wir machten uns also auf den Weg zu unserer Stammkneipe.

Als wir zur Tür reinkamen, fielen uns gleich zwei nette junge Damen auf, die es sich vorne in der Fensterecke neben der Bar bequem gemacht hatten. Vor allem eine der beiden hatte es mir angetan. Aber ich war ja in Trauer, nichts würde mich davon abbringen, da war ich sicher.

Als es später wurde, gab die Barfrau eine Lokalrunde aus, und auch die beiden Mädchen waren noch da. Ich hob also mein Glas und ... „Stopp, so geht das nicht", sagte die eine der beiden zu mir. Die, die ich so süß fand. „Anstoßen, ohne sich dabei in die Augen zu schauen, gibt sieben Jahre schlechten Sex." Ich war nicht in Stimmung und murmelte: „Kann mir egal sein, ich hab eh keinen Sex ...", woraufhin die junge Dame keck antwortete: „Also, das würde dir ja mit mir nicht passieren ..."

Peng. Meine Stimmung wurde schlagartig besser.

Es wurde ein langer, lustiger Abend, an dessen Ende ich Sabine, so hieß besagte junge Dame nämlich, wie es sich für einen Gentleman gehört, nach Hause brachte.

„Wollen wir morgen essen gehen?", fragte ich beschwingt von dieser tollen Frau, die mich so beeindruckte.

„Gern", antwortete sie. Mein Herz machte einen kleinen Satz, zu gerne hätte ich sie geküsst, aber ich riss mich zusammen, verabschiedete mich mit einem unverfänglichen Kuss auf die Wange, der vielleicht ein wenig zu lang ausfiel, und ließ sie verdutzt zurück.

„Ich melde mich dann morgen. Gute Nacht!"

Mit Schmetterlingen im Bauch lief ich in der Morgendämmerung durch die frühsonntäglich leeren Straßen nach Hause.

Bild links: Willi und ich beziehen Stellung gegen Rechts.

Bild rechts: Klaus leistet den Treueschwur für die Neonazi-gruppe – ein beängstigend intensiver Drehtag.

Bild oben: Auf dem Höhepunkt. 10 Jahre Lindenstraße feierten wir mit 200 000 Fans auf dem Studiogelände.

Bild oben: Dani, Philipp und Klaus in der Wanne. Dieses Bild wurde mir an meinem letzten Drehtag geschenkt.

Bild rechts: Vor der Kamera sieht es kuschelig aus. Beim Dreh aber ist man immer von Team und Technik umgeben.

Bild oben: Mana Pools in Simbabwe 1999. Einige Tage waren wir mit dem Kanu unterwegs.

Bild unten: Mit dem Antichrist am Lake Turkana in Kenia festgefahren.

Bild oben: In der Trockenzeit kann man auf dem Grat der Viktoria Falls in Sambia herumwandern.

Bild links: Rauschendes Fest zu Marie-Luises Sechzigsten.

Bild oben: 25-jähriges Jubiläum 2010: Iffi und Klaus heiraten, von Hans Geißendörfer persönlich getraut.

Bild rechts: Arbeitsbekleidung „Natur".

Bild rechts: Wenn es kalt wurde, bekam Filmtocher Trixi auch mal meine Wärmejacke.

Bild unten: Wetter war nicht immer unser Freund.

Bild rechts: 2018 haben Bine und ich uns das Ja-Wort gegeben.

Bild links: Warten auf die Probe.

Bild rechts: Neyla und Klaus erfahren vom Tod ihres ungeborenen Kindes – ein schrecklicher Drehtag.

Bilder oben: Über dreißig Jahre sind vergangen, seit ich als kleiner Knirps beim Mama Beimer am Teig naschen durfte. Sieht man mir gar nicht an.

Bilder oben: Ein letztes Mal Silvesterdreh 2019.
Diesmal war auch meine Bine mit dabei.

Bilder oben: Ein letzter Blick auf die Ahnengalerie im Gang der Produktion. Tschöö, liebe
Kollegen. Ich werde euch vermissen!

Aufgeregt wartete ich bis Montag. Ich konnte es kaum erwarten, Sabine anzurufen, sie zu treffen und besser kennenzulernen. Als ich sie dann am Vormittag erreichte, war sie überrascht. Mit meinem Anruf hatte sie nicht mehr gerechnet.

„Aber wir hatten uns doch für heute verabredet", erklärte ich mich. „Wir hatten doch gesagt, morgen, oder?"

Klar hatten wir das, ich war zu verknallt, um mich da zu vertun. Bine aber hatte, nachdem sie am Sonntag aufgewacht war, mit meinem Anruf im Lauf des Tages gerechnet, während ich, ganz pedantisch, wie ich manchmal bin, mit morgen das kalendarische Morgen gemeint hatte – also Montag, denn wir hatten uns nach Mitternacht verabschiedet. Nun, das ließ sich ja leicht aufklären. Wir einigten uns, dass ich sie gegen neunzehn Uhr abholen würde.

Ich hatte ein nettes kleines Restaurant ausgesucht, in das ich meine neue Herzensdame entführen konnte. In dem Versuch, uns unser gesamtes Leben an einem Abend zu erzählen, quatschten wir die ganze Zeit durch. Als wir zum Nachtisch kamen, stellte der Kellner eine Portion Tiramisu mit zwei Löffeln zwischen uns auf den Tisch. Sie hielt mir einen Löffel voll hin und zog ihn weg, bevor ich ihn in den Mund nehmen konnte. Im Gegenzug tupfte ich ihr ein wenig Tiramisu auf Nase und Mund, nur um die Gelegenheit zu nutzen, es gleich wegzuküssen. Ich weiß nicht, was mich geritten hat, ich kann mir kaum vorstellen, dass eine junge Frau es mag, beim ersten Date mit dem Nachtisch beschmiert zu werden. Ich war etwas übermütig. Bine aber störte es offenbar nicht genug, um meinen Kuss nicht zu erwidern. Ganz im Gegenteil. Spätestens da hatte ich mein Herz verloren.

Sie aber war vorsichtiger. Dass ich gerade erst eine längere Beziehung mit gescheitertem Antrag hinter mir hatte, förderte ihr Vertrauen in meine ernsthafte Zuneigung nicht gerade. Noch dazu machte ich schnell Nägel mit Köpfen. Wenige Wochen später war Weihnachten. Ich bestand darauf, sie zu diesem Anlass meinen Eltern vorzustellen. Für sie konnte das nicht mit rechten Dingen zugehen. Wir verbrachten fast jeden Tag und jede Nacht miteinander, auf eine richtige Beziehung aber wollte sie sich noch nicht einlassen. Erst im Februar gestand auch sie ein, dass wir wohl bereits ein Paar geworden waren und bleiben würden.

Inzwischen sind Bine und ich seit siebzehn Jahren zusammen und verheiratet. Mit ihr änderte sich einiges in meinem Leben. Sie war als Tänzerin freischaffende Künstlerin und lebte von kurzen Anstellungen und freien Theaterproduktionen. Auf den ersten Blick glich ihre Tätigkeit meiner, aber sie lebte von Projekt zu Projekt, während ich als Schauspieler einer Dauerserie eine Sicherheit hatte, die den meisten darstellenden Künstlern verwehrt bleibt. Über Sabine wurde ich beruflich mutiger, lernte die freie Szene und das Theater kennen und begann immer mehr neben der Lindenstraße zu arbeiten, ganz so, wie ich es mir zum Ende meiner Reise hin vorgenommen hatte. Fortan nutzte ich jede Lücke, die der Drehplan der Lindenstraße zuließ, um als Regieassistent weiterzukommen. Ich denke, zu dieser Zeit bin ich dann zu einem Erwachsenen geworden. Und Klaus auch.

KAPITEL 20

NEUE WEGE HINTER DER KAMERA

Im Januar 2003 ging Klaus zurück nach München, sein Studium war fast beendet, und er musste sich einen Job suchen. Nina folgte ihm bald nach, und die beiden heirateten. War ich beim Dreh zu dieser Hochzeit noch am Boden zerstört gewesen, so war ich zum Sendetermin glücklich verliebt und rundum zufrieden. Abgesehen vom neuen Drehablauf, den Klaus' Rückkehr nach München für mich bedeutete, gab es für einige Zeit keine nennenswerten Änderungen am Set der Lindenstraße. Es machte Spaß, ich mochte die Arbeit vor der Kamera und die Kollegen. Sonderlich aufregend war es allerdings nicht mehr.

Stattdessen konnte ich mir als Regieassistent nun die Hörner abstoßen. Ich arbeitete wie ein Wilder. Sechzehn-Stunden-Tage und Vor- und Nachbereitungen an den Wochenenden wurden für mich normal. Es machte einen Heidenspaß. Filmarbeiten sind, neben Stress und viel Arbeit, vor allem auch eines: eine Spielwiese für Erwachsene. Anders als bei der Arbeit als Lindenstraßenschauspieler hatte ich als Regieassistent das Gefühl, mir meine kleinen und größeren Erfolge ganz allein erarbeitet zu haben. Mehrere Monate im Jahr war ich unterwegs, meist in Hamburg am Set der ZDF-Serie „Die Rettungsflieger".

Eine Folge hatte normalerweise drei Fälle, bei denen jemand gerettet werden musste: drei Stunts, drei Mal mit dem Hubschrauber hin und her, drei Mal am Krankenhaus landen und die neuen Patienten abliefern.

Für mich als Regieassistenten, der die Drehs ja organisieren musste, gab es da viel zu tun: Genehmigungen mussten eingeholt, Fristen beachtet, und für einen reibungslosen Ablauf musste gesorgt werden. In einer Stadt wie Hamburg kann man nicht einfach mal eben schnell mit einem Vier-Tonnen-Hubschrauber landen. Die Aufnahmeleiter und die Ausstattung hatten alle Hände voll zu tun, Orte zu finden, die genügend Platz boten und für die dann auch noch eine Landegenehmigung zu bekommen war. Organisatorisch war dieses Format für eine normale Vorabendserie enorm aufwendig.

Aber was hatten wir für einen Spaß dabei! Wer mal bei Start oder Landung eines Monsters wie der BELL UH-1D dabei war, weiß, dass man dabei fast von den Füßen gerissen wird. Bei fünf Grad und Regen am Hamburger Hafen zu stehen, laut „Heli kommt" zu rufen und umgeben von ohrenbetäubendem Lärm Zeichen zu geben, wo genau die Maschine landen soll, während einem die Haare vom Kopf geblasen werden, ist ein unglaubliches Erlebnis. Alles, was nicht niet- und nagelfest war, flog durch die Gegend, allem voran die Drehbücher.

Einmal hatte sich trotz unserer Genehmigung ein Kioskbesitzer in der Speicherstadt geweigert, seine kleine Außenbestuhlung samt Sonnenschirmen wegzuräumen. Wenn die Bell morgens angeflogen kam und zur ersten Landung ansetzte, war sie noch nicht per Funk mit uns verbunden. Stoppen war ausgeschlossen. Das gesamte Zeug flog bei der Landung meterweit durch die Luft. Ein anderes Mal barsten die Scheiben eines Hauses gleich neben dem Hamburger Michel, weil die verdrängte Luft nicht wie vorgesehen in die angrenzenden Straßen abfließen konnte.

Am heftigsten erwischte es uns an einem Tag, an dem wir auf dem Spielbudenplatz landen sollten. Unser Motivaufnahmeleiter war vorher tagelang mit einer kleinen Dampfwalze über den damals noch geschotterten Platz gefahren. Immer wieder Wasser drauf und walzen. Am Ende waren alle der Meinung, dass das reichen sollte. Hätte es wohl auch. Leider ist die Bell dann aber einige Meter weiter hinten als geplant heruntergekommen. Der feine Schotter sandstrahlte binnen Sekunden Lack und Scheiben der umstehenden Autos und die Optik der Kamera. Zu allem Überfluss schauten auch noch zwei Autofahrer bei der Fahrt zu lange bei dem Spektakel zu und fuhren auf ihre Vorderleute auf, die stehen geblieben waren, um ebenfalls zuzuschauen. Zum Glück wurde bei all dem niemand verletzt.

Auch wenn eine gute Versicherung Voraussetzung für Dreharbeiten ist, ist eine solche Situation natürlich weder wünschenswert noch akzeptabel. Geschweige denn lustig. Und doch muss ich zugeben, dass ich immer etwas schmunzeln muss, wenn ich an das Chaos denke.

Ein eingespieltes Team, intensive Absprachen zwischen der Feuerpolizei, den Bundeswehrpiloten, der Aufnahmeleitung und dem Regieteam verhinderten in aller Regel jeden Fehler dieser Art. Aber ein Abenteuer waren die Drehtage trotzdem oft.

Wenn ich bedenke, welchen Aufwand wir betrieben, um Unfälle zu vermeiden, kann ich nur jedem dringend raten, sich möglichst in Sicherheit zu bringen, wenn ein Rettungshubschrauber im echten Einsatz zur Landung ansetzt.

Die Arbeit an der Lindenstraße war im Vergleich zu diesen Drehs ein Hort der Ruhe und der Ordnung. Obwohl wir auch dort mit der Zeit einiges an Stunts drehten. Man denke daran, wie Vasily den Doc im Rollstuhl anfuhr oder wie der kleine Simon Schildknecht, Momo oder Nossek von einem Wagen erfasst wurden. Ein kleiner Treppensturz von Valerie „Walze" Zenker kostete den Stuntman ein gebrochenes Handgelenk. Und bei der einen oder anderen gespielten Schlägerei kam schon mal eine geprellte Rippe heraus. Im Eifer des Gefechts läuft nicht immer alles ganz genau so wie geplant.

Manch Ungeplantes war dabei auch sehr lustig. In einer Szene Ende der Neunziger sollte Klaus Olli Klatt wütend im Hausflur angehen, bei einer Rangelei hochheben und gehen eine Tür drücken. Das tat ich dann auch. Willi hob also ab und landete mit dem Rücken erst an der Tür und dann mit der Tür und dem Türrahmen in der Wohnung Sperling. Eine echte Eingangstür hätte das locker ausgehalten, unsere kleinen Papp- und Holzwände aber leider nicht. Dass dort, wo Willi zum Liegen kam, eigentlich Wohnung Griese hätte sein müssen – im Studio ist ja nichts da, wo es sein sollte –, war da nur noch Nebensache.

Jaqueline Svilarov hatte bei einem Außendreh einmal unverschämtes Glück. In einem Gerichtssaal löste sich ein großer Kronleuchter von der Decke, genau über der Stelle, an der sie saß. Jemand hat es gerade noch rechtzeitig aus dem Augenwinkel gesehen und sie just in dem Moment, als das Ding aufschlug, weggestoßen.

Ich selbst bin mal durch einen großen Glastisch gestürzt.

Klaus und Erich versuchten Klaus' Tochter Mila aus den Fängen einer Sekte zu retten. In der Kulisse, die das Foyer von deren Zentrale darstellen sollte, thronte dieser Glastisch. Der Fahrer und ich hatten im Stau gestanden und kamen etwas spät, sodass es an die erste Probe ging, ohne dass ich mich im Raum hätte orientieren können. Klaus sollte mit einem Sektenoffiziellen sprechen, der auf einer Empore entlangging, und ihn dabei mit dem Blick fixieren. Die meisten Möbel, insbesondere in einem großen, fast leeren Foyer, sieht man aus dem Augenwinkel. Den zwei Meter langen Designerglastisch auf Schienbeinhöhe habe ich aber leider nicht gesehen. Er wurde von einer großen Säule in der Mitte gehalten, die ich als kleinen Sofatisch wahrgenommen hatte. Ich ging, den Blick nach oben gerichtet, energischen Schrittes durch den Raum, rammte mit meinem Schienbein sehr schmerzhaft die schwere Glasplatte und fiel mitten hinein. Dass ich mich nicht schwer verletzt habe, grenzt fast ein Wunder. Die Scherben waren riesig und überall. Ich kam mit einem lädierten Schienbein, mit Splittern gespickten Handinnenflächen und einem großen Schreck davon.

Das behinderte mich zwar ein wenig bei den Proben zu „Let's Dance", wo ich zu der Zeit gerade meine Tanzkünste unter Beweis stellte, hatte aber keine schwerwiegenden Folgen.

Man kann sich also vorstellen, dass der Dreh zu einer Serie wie den Rettungsfliegern noch um einiges heikler ist. Ich war mir durchaus bewusst, welche Verantwortung wir hatten. Und ich war froh, als Regieassistent zwar für Planung und Drehablauf, nicht aber für die Sicherheit zuständig zu sein. Denn Fehler passieren. Ich habe gerade als Anfänger so manchen gemacht, mitunter nicht ganz billige.

Der blödeste passierte mir ebenfalls bei einem Dreh zu den Rettungsfliegern. Im Hamburger Freihafen sollte eine

Gruppe junger Männer bei einem illegalen Autorennen mit dem Wagen in der Elbe landen und dabei fast ertrinken. Aus Umweltschutzgründen werden die Fahrzeuge für solche Stunts vollständig entkernt, bevor sie ins Wasser fallen dürfen, sodass kein Benzin oder Ölreste in den Fluss gelangen können. Fahren können sie dann also nicht mehr. Also wurde die Karosserie mit Druckluft durch die Luft geschossen, um möglichst spektakulär in der Elbe zu landen. Ein aufwendiger und nicht ganz billiger Stunt. Für unser Budget nur einmal zu machen.

In diesem Hafenteil fuhren Schiffe, ein Auto zu versenken sollte also kein Problem sein. Dachte ich.

„Achtung, wir drehen!", rief ich also laut durch den Hamburger Hafen. „Ton ab, Kamera ab!"

„Achtung, Auto in drei, zwei, eins", schallte es von Stuntman Ronnie zurück. Wie geplant segelte der Wagen in einer wunderschönen Kurve durch die Luft, landete im Wasser – und blieb stecken. Die Motorhaube versank im Schlick, der Rest ragte wie ein Mahnmal meiner Dummheit aus der braunen, schäumenden Brühe. Was ich als Kölner nicht auf dem Schirm gehabt hatte, war ein Phänomen namens Tide. Dass die Gezeiten sich in Hamburg auf die Tiefe des Hafenbeckens auswirkten, hatte ich leider nicht bedacht. Für mich war die Elbe ein Fluss wie jeder andere. Mein Pech, dass gerade Ebbe war.

Wiederholen konnten wir die Aufnahme nicht, zu teuer. Einen weiteren entkernten Wagen hatten wir aber eh nicht vor Ort. Es musste so gehen. Nur wie erklärt man dem Zuschauer, dass in einem Wagen, der nur mit der Motorhaube im Schlamm feststeckt, zwei junge Menschen fast ertrinken? Richtig. Überhaupt nicht. Die Rettung, die Versorgung, die

Nachversorgung im Krankenhaus, alles musste nun anders verlaufen, als es im Drehbuch stand.

Ich versuchte, die Producerin zu erreichen. Mailbox. Ach, ja, Samstag, dachte ich. Auch im Büro war niemand zu erreichen. Also doch Drehstopp? Das war keine Option. „Ich setzte mich ran und denke mir was aus!", sagte ich. Regisseur Gero nickte grinsend.

„Na, dann bügel das mal aus", sagte er.

Also setzte ich mich an einen kleinen Klapptisch und schrieb auf die Schnelle die ganze Geschichte um, während das Team die Bergung des Wracks drehte. Ich hatte Glück, denn die Kollegen fanden es im Nachhinein lustig, und die geänderte Geschichte funktionierte gut. Daher wurde mein Malheur zu einer netten Anekdote und nicht zum Supergau. Danach habe ich alle Locations selbst auf das Dümmste an möglichen Fehlerquellen untersucht, das mir einfiel, um solche Fehler zu vermeiden. Und war froh, nicht Arzt, Soldat oder Feuerwehrmann geworden zu sein.

Bei uns waren Fehler und Pannen meist eher lustig als tragisch. Bei einem Dreh in Köln, das war für die Camper, wurde morgens unsere Gastrolle, eine Schauspielerin Anfang dreißig, schlank, blonde Haare vom Mietwagendienst am Hotel abgeholt, in dem oft Schauspielerinnen und Schauspieler wohnen, die in Köln weilen. „Schauspielerin für Sonypictures?", fragte der Fahrer und nahm die Dame dann ganz weit in den Nordosten Kölns mit. Etwa eine Minute später muss am selben Hotel eine andere Schauspielerin Anfang dreißig, schlank, blonde Haare die gleiche Frage bejaht haben, sodass sie in die Studios nach Hürth gefahren wurde, ganz weit im Südwesten, wo Sony zur selben Zeit eine andere Produktion drehte. Erst am jeweiligen Set fiel auf, dass die jeweils falsche Kollegin angekarrt worden war. Als ein Dreh fast daran scheiterte, dass in einer Tiefgarage halbstündig die Lüftung eines angrenzenden Fleischkühlhauses lautstark für je zehn Minuten ansprang, was bei der vorangegangenen Set-Besichtigung natürlich nicht geschehen war, wurde mir klar: Man kann nicht alles vorhersehen.

Bei der Lindenstraße haben wir einige Jahre lang die Sommerpause, Abende und Wochenenden genutzt, um einige Folgen der sogenannten „Linsenstraße" zu drehen: Sketche von Team und Cast in ganz unterschiedlicher Besetzung. Die lustigen Szenen haben wir uns dann bei Abschlussfesten oder anderen Anlässen angeschaut. Da führte dann Amorn Surangkanjanajai, der in der Lindenstraße Gung Pham Kien spielt, das gesamte Team die sozialistische Internationale schmetternd und rote Fahnen schwenkend durchs Studio. Oder Marie-Luise stand leicht bekleidet auf dem beimerschen Küchentisch und schmetterte eine Arie aus Bizets Carmen. Das Material liegt irgendwo in einem Giftschrank der Produktion und wurde nie veröffentlicht. Wir als Team tragen sie im Herzen.

Anlässlich des siebzigsten Geburtstags von Hans Geißendörfer dachte sich unser Regisseur dann etwas ganz Besonderes aus: Wir drehten jede Szene einer ganzen Folge mit kleinen Fehlern noch mal, wobei sich die Schwere der Fehler von Szene zu Szene steigerte. Sowohl Hans als auch die WDR-Redaktion bekamen bei der Folgenabnahme einen gehörigen Schreck.

Auch bei anderen Produktionen wurde viel Quatsch gemacht: Der Regisseur und ich haben bei den Rettungsfliegern meinem Schauspielkollegen Patrick Wolff mal übel mitgespielt. Er musste in seiner Rolle als Rettungsassistent in jeder zweiten Szene einen Rettungsrucksack öffnen, der mit weißen Ampullen und Fläschchen gefüllt war. Also lieh ich aus einer Zoohandlung ein Dutzend weiße Mäuse aus, die wir in Patricks Rucksack platzierten. Er öffnete ihn im Dreh, schrie laut auf und sprang weg. Aus dem Augenwinkel hatte er nur gesehen, wie sich die vermeintlichen Medikamente bewegten. Es war herrlich.

Ich musste natürlich auch dran glauben. Für eine Folge der Rettungsflieger war ich nicht nur Regieassistent, sondern spielte auch das Opfer eines Unfalls, das ins Krankenhaus gebracht wurde. Dort sollte ich von der Krankenwagentrage auf einen Behandlungstisch umgelagert werden, vier Personen an je einer Ecke des Rettungstuches. Der Dünnste war ich zu dieser Zeit schon nicht mehr. Die vier schafften es nicht, mich zu heben. Da ich auch der Regieassi war, war es an mir, über Funk weitere Komparsen in Krankenhauskluft herbeizurufen, die mit anpacken sollten. Sechs Personen reichten aber immer noch nicht. Also murmelte ich ganz leise und verschämt in meine Funke, dass ich wohl wirklich sehr schwer sei und wir bitte noch zwei, besser vier weitere, möglichst starke Herren bräuchten. Und das bitte möglichst unauffällig, schließlich müsse meine hochpeinliche Lage ja nicht jeder mitbekommen. Als sie es zu zehnt immer noch nicht schafften, mich zu heben, fing mein inzwischen hochroter Kopf wieder an zu denken. Dass es acht Leute nicht schaffen sollten, einen Mann mit 110 Kilo auf den Rippen zu heben, war doch sehr unglaubwürdig. Nun fiel mir auch auf, dass die Kamera lief, obwohl wir in der Probe waren. Das gesamte Team feierte sich wegen dieses Streiches. Ich bekomme heute noch einen roten Kopf, wenn ich daran denke. Aber er war gut, das muss ich ihnen lassen.

Beim Feierabendbier hatte ich dann übrigens vergessen, mein mit viel Masken-Blut verschmiertes Gesicht abzuschminken, sodass ich unwissentlich sicher so manchem Besucher am Hafenstrand einen ordentlichen Schrecken einjagte. Alles in allem war es eine tolle Zeit.

Aber wieder einmal musste ich mich entscheiden, diesmal zwischen der Lindenstraße und einer weitergehenden Karriere als Regieassistent. Nach einigen Jahren Rettungsflieger, Notruf Hafenkante und anderen TV-Formaten folgten Angebote von Fernseh- und Kinofilmen, von denen ich die meisten absagen musste. Bei den Serien war es mir noch möglich gewesen, den einen oder anderen Tag an meine Praktikantin oder meinen Praktikanten abzugeben und zwischendurch nach Köln zu fahren und als Klaus vor der Kamera zu stehen. Bei Filmen wurde das abgelehnt.

2008 kam ein Angebot für einen internationalen Kinofilm rein. Das war eine große Chance für einen jungen Regieassistenten wie mich. Es wäre der Lohn für die viele Arbeit gewesen. Ich war auf dem Sprung, Klaus und die Lindenstraße zu verlassen.

Zur selben Zeit wie das tolle Angebot kamen aber auch die Planungen für die Geschichten zum fünfundzwanzigjährigen Jubiläum der Lindenstraße. Als Höhepunkt der Geschichte sollte Klaus Iffi heiraten. Damit wurden zwei große Clans der Serie, die Beimers und die Zenkers, in eine Familie gegossen. Iffi und Klaus würden die neue zentrale Familie der Serie werden. Mir wurde klar, wie tief Klaus in der Serie verankert war und dass er auch für die Zuschauer als Mutter Beimers letztes verbliebenes Kind kaum wegzudenken war. Die Hochzeit mit Iffi würde diese Verankerung zementieren. Ich begann zu zweifeln. Ich war schon so lange dabei, und die Lindenstraße war so fest zu meinem Zuhause geworden, darauf wollte ich nicht verzichten.

Andererseits war es zu diesem Zeitpunkt schon alles andere als sicher, ob das Format mich bis zur Rente ernähren würde. Ganz von der Hand zu weisen war das Risiko, dass sie irgendwann abgesetzt werden würde, nicht mehr. Die beste Zeit hatten wir nun schon einige Jahre hinter uns. In der öffentlichen Wahrnehmung waren wir eines von vielen TV-Formaten geworden, auch wenn wir zu dem Zeitpunkt bereits die am längsten laufende Serie im deutschen Fernsehen waren. Einen Freifahrtschein, dass es immer so weitergehen würde, hatten wir nicht mehr, und bei den wiederkehrenden Verlängerungsverhandlungen mit dem WDR wurden alle nervöser.

Es schien mir daher der beste Zeitpunkt gekommen, um zu gehen. Dass ich mich letztlich doch entschied zu bleiben, lag vor allem daran, dass die Auflagen für mich gelockert wurden. Ich bekam die Erlaubnis und auch die Zeit zugesagt, neben dem Dreh für die Lindenstraße vermehrt andere Dinge tun zu können. Das war am Ende entscheidend.

Den internationalen Kinofilm musste ich dennoch absagen. Als Regieassistent hatte ich die Grenze dessen erreicht, was neben der Lindenstraße möglich war. Bereits ein Jahr zuvor, 2007, hatte ich begonnen, im Theater als Produktionsleiter zu arbeiten. Über Sabine, die inzwischen neben dem Tanzen auch als Choreografin arbeitete, wurde ich für ein Musicalgroßprojekt, „Die schwarzen Brüder" im Schweizer Schaffhausen, gebucht. Dort lag die Kommunikation zwischen Kreativen und Produktionsfirma im Argen, und man suchte jemanden, der diese Schnittstelle besetzen könnte. Da Regieassistenten bei Film und Fernsehen genau dies machen, kam ich gerade recht. Ich wurde ohne Erfahrung gebucht und pendelte fortan zwischen Schaffhausen in der Schweiz und Köln. Und auch nach dem Projekt blieb ich als Produktionsleiter tätig.

Meine Arbeitszeit verringerte sich dadurch nicht, ganz im Gegenteil, aber ich musste nicht zwingend jeden Tag vor Ort sein. Der Job ließ sich leichter mit den festen Drehzeiten der Lindenstraße vereinbaren. Verträge schreiben konnte ich auch am Wochenende, Pläne schreiben und die Zahlen biegen ebenfalls. Proben und Vorstellungen waren auch oft am Wochenende angesetzt. Wie im Zivildienst nutzte ich die dadurch frei werdenden Arbeitstage in der Woche für die Lindenstraße.

Richtig frei hatte ich dadurch nur noch, wenn ich gerade kein Projekt hatte. Aber was tut man nicht alles.

2009 wurde die Lindenstraße dann umstrukturiert. Wir hatten begonnen, auf das übliche Ein- bis Zweikamerasystem umzustellen. Die Geschichten wurden dichter und in sich abgeschlossen, wir erzählten etwas moderner und kurzlebiger. Aus Kostengründen sank die Zahl der Massenszenen. Viele Kollegen, insbesondere diejenigen, die neu hinzukamen, wurden pro Tag und nicht mehr pro Folge und Monat bezahlt. Das änderte die Drehplanung, die fortan mehr auf Schauspielertage und weniger auf Motivwechsel achten musste. Ich musste nun nicht mehr siebzig Tage im Jahr vor Ort zu sein, sondern eher fünfzig. Es gab Monate, in denen ich fast jeden Tag drehen musste, und solche, in denen ich nicht einen einzigen Drehtag hatte und damit in solchen Zeiten die Freiheit, voll woanders zu arbeiten.

KAPITEL 21

GOOD TIMES

S eit 2007 arbeitete ich also als Produktionsleiter. Die Zeit in Schaffhausen bei „Die schwarzen Brüder" war aufregend und sehr anstrengend gewesen. Es ging drunter und drüber, und es gab unendlich viel zu tun. Ab sieben Uhr morgens saß ich, von Probenplänen, Zulieferer-Tabellen und E-Mails überhäuft, im Büro. Von mittags an bis spät in die Nacht wurde geprobt, und das Büro musste besetzt sein, um Kurzfristiges zu organisieren. Irgendwann kam dann nachts noch die Bühnenbaustelle hinzu, die ebenfalls betreut werden musste. Wir waren unterbesetzt, und die Mitarbeiter arbeiteten schon auf Anschlag.

In der Regel schlief ich vier Stunden pro Nacht, oft genug im Büro oder später auch auf der Baustelle der Bühne. Zwischendurch pendelte ich nach Köln, um zu drehen. Es waren sicher die arbeitsreichsten acht Monate meines Lebens. Aber es lohnte sich. Das Stück war super, das Team top, die Stimmung trotz der vielen Überstunden hervorragend.

Am Ende ging die Produktionsfirma trotz ausverkauftem Haus leider in die Insolvenz. Die Umsetzung in einer alten Industriehalle war wunderschön, aber extrem aufwendig gewesen. Die gesamte Infrastruktur, von Toilettenanlagen bis zur Bühne, hatte neu gebaut werden müssen, an allen

Ecken und Enden waren Probleme aufgetaucht, die nicht vorgesehen gewesen waren.

Was blieb, waren einige neue gute Freunde und dass ich mich in meinen Job verliebt hatte. Ich hatte mich gerade entschieden, das Filmangebot abzusagen und bei der Lindenstraße zu bleiben, parallel wollte ich weiter am Theater arbeiten. Da mir die Lindenstraße mehr Freiheit zugesichert hatte, war das zum Glück kein Problem.

Einige Kollegen und ich beschlossen, uns selbstständig zu machen und „Die schwarzen Brüder" in Deutschland auf die Bühne bringen. Ohne größere Geldmittel, ohne Location und Partner hieß das, dass Irene, Mirco und ich einiges an Klinkenputzen vor uns hatten. Durch den Dreh bei der Lindenstraße hatte ich ein festes Einkommen, und in der drehfreien Zeit konnte ich als Produktions- und Aufnahmeleiter bei Film und Fernsehen zusätzlich arbeiten und weiter dazulernen. Abends und an den Wochenenden budgetierte ich unser eigenes Stück und bereitete die Gründung unserer Produktionsfirma vor.

Die doch sehr trockenen Vorbereitungsphasen für die eigene Produktion, mit zähen Wartezeiten auf Antworten der Banken und Partner und vielen Rückschlägen, habe ich über Jahre wohl nur durchhalten können, weil ich mich in meiner Arbeit als Schauspieler kreativ betätigen konnte. Der Dreh der Lindenstraße wurde ein wiederkehrendes Highlight. Ich hatte schöne Geschichten zu drehen, und viel gelacht wurde am Set auch.

In einer Szene sollten Nastya Pashenko und Klaus sich morgens im Bad über Belangloses unterhalten. Die Szene selbst sollte aber die schwierige Situation verdeutlichen, dass Klaus Nina, die er mit Nastya betrogen hatte, noch hinterhertrauerte, wegen des gemeinsamen Kindes Mila aber bei Nastya blieb. Also sollte der Alltag im Bad möglichst intim dargestellt werden. Nastya stand am Waschbecken, und ich sollte in die Dusche steigen, beginnen zu duschen, die Haare – ja, ich hatte noch Haare – einschäumen, etwas sagen, wieder verschwinden und ohne Seife auf dem Kopf wieder etwas sagen. Dazu sollte ich immer am Duschvorhang vorbeischauen. Da ich zu Beginn der Szene trocken sein musste, probten wir ohne Einschäumen. Den Duschkopf hatten wir nach ganz unten geschoben, damit ich nicht nass würde, denn laufen sollte das Wasser auch in der Probe, damit der Ton einen Eindruck davon bekam, wie es sich beim Dreh anhören würde.

Als wir dann aber drehten, klemmte der Duschkopf. Ich spritzte mir hinter dem Vorhang schnell mit den Händen Wasser auf den Kopf und kam pünktlich und eingeschäumt für meinen Text wieder zum Vorschein. Abspülen schaffte ich so aber nicht. Also kam ich für den nächsten Satz wieder mit Schaum in den Haaren ins Bild, und die Regisseurin brach ab. Splitternackt wie ich war, sagte ich einen fatalen Satz: „Entschuldigung, ich hab mein blödes Ding hier nicht hochbekommen!"

Erst als das schallende Gelächter durchs gesamte Studio hallte, merkte ich, dass ich mich in Anbetracht der Situation nicht gerade sehr glücklich ausgedrückt hatte – und bekam eine knallrote Birne.

Ich war nicht der Einzige, dem aus Versehen so eine kleine versehentliche Anzüglichkeit rausrutschte. Einer unserer Tonangler wurde über den Lautsprecher in der Außendekoration einmal aufgefordert, zwei Schauspielerinnen bei einer Unterhaltung etwas präziser zu angeln, denn der

Regen würde so stark plätschern. Die Tonangeln haben bei Wind immer noch einen grauen Pelz-Puschel als Überzug, um laute Windgeräusche im Mikrofon zu vermeiden. Die Antwort des Anglers wurde legendär. „Entschuldigung", rief er laut über die Straße. „Ich wollte mit meinem feuchten, nassen Puschel nicht so nah an die Gesichter der Mädels." Es dauerte eine Viertelstunde, bis wir wieder ernsthaft arbeiten konnten.

Aufgezeichnet und daher gerne in diversen Klappenfilmen auf Feiern wiedergegeben wurde eine Szene zwischen Helga und Erich. Helga wollte im Advent endlich mal wieder Hausmusik machen, denn sie hatte, seit Hans ausgezogen war, ihre Flöte nicht mehr angefasst. Marie-Luise verwechselte ein kleines Wörtchen: „Seit Hans ausgezogen ist, habe ich seine Flöte nicht mehr angefasst!", sagte sie voller Hoffnung mit der ihr eigenen Überzeugungskraft und blickte Bill Mockrige dabei tief in die Augen. Der versuchte weiterzuspielen, was ihm natürlich nicht gelang. Langsam wurden seine Augen größer und füllten sich mit Tränen, während er versuchte, irgendwie seinen Text noch zu retten. Dann platzten erst er, Sekundenbruchteile später auch Marie-Luise und dann alle anderen im Studio los.

Marie-Luise wollte ihren Schnitzer natürlich nicht wiederholen. Aber genau das geschah. „Seit Hans ausgezogen ist, habe ich seine Flöte nicht mehr angefasst!", sagte sie prompt noch einmal. Marie-Luise und Bill platzten erneut vor Lachen. Vier oder fünf Mal nacheinander, bis man sich entschied, eine Drehpause einzulegen, um die Situation zu retten.

2010, ich kam gerade von einem mehrwöchigen Dreh als Aufnahmeleiter für „Rach's Restaurantschule" in Hamburg zurück, standen dann die Feierlichkeiten zum Dreh der 25-jährigen Jubiläumsfolge an, in der Klaus und Iffi heiraten sollten. Getraut wurden sie von Hans Geißendörfer persönlich. Es war wirklich anrührend. Die zwei ehemaligen Kinder der Serie heirateten, der Generationswechsel war abgeschlossen. Diese Hochzeit schien wie die Vollendung einer langen Geschichte. Allerdings sollte sie, ganz nach Lindenstraßenmanier, nicht lange halten. Da half auch das Hochzeitsständchen nicht, das die Sportfreunde Stiller ihnen vorm Akropolis gaben. Die beiden hatten Vertrautheit mit Liebe verwechselt. Etwa zur gleichen Zeit stieg auch Hana Geißendörfer als Produzentin für die Lindenstraße ein und übernahm mehr und mehr Aufgaben von ihrem Vater.

Parallel dazu brütete ich weiter über meinen Kalkulationen. Meine Kollegen und ich sprachen mit Locations und Gemeinden, kamen aber bislang mit dem Musical über gute erste Gespräche nicht hinaus. Es zog sich. Also nutzte ich erst einmal eine andere Gelegenheit: 2011 bekam ich das Angebot, bei „Let's Dance" mitzumachen. Ich war darüber recht verblüfft. Als Teil einer ensemblebasierten Serie der ARD kannten meinen echten Namen nur die eingefleischten Fans. Meist wurde ich auf der Straße noch Klausi genannt. Was wollte RTL nur mit mir auf dieser Bühne? Ich war in den letzten Jahren außerdem immer dicker geworden. Inzwischen hatten sich 125 Kilogramm angesammelt. Für ein auf Sport und bestenfalls auch Eleganz basierendes Fernsehformat nicht gerade die besten Voraussetzungen.

Heute denke ich, dass es gerade mein hohes Gewicht war, das mich für „Let's Dance" interessant machte. Ich sollte etwas zum Lächeln sein. Der Dicke, mit dem sich alle Übergewichtigen vor dem Fernseher identifizieren und ein wenig über mich und sich selbst lachen konnten. Das war wohl auch der Grund dafür, dass man mich in der ersten Sendung mit einem Elvis-Kostüm auf die Bühne schickte.

Durch meine Tanzschulzeit als Teenager war ich mir recht sicher, dass ich mich nicht komplett blamieren würde. Die Turniertanzschritte gingen allerdings schnell weit über das hinaus, was ich damals gelernt hatte. Trotzdem war ich wohl nicht gänzlich talentfrei. Meine Tanzpartnerin, Melissa Ortiz Gomez, und ich kamen mit dem Training gut voran. Schnell war klar, es könnte weit gehen in der Sendung. Und das tat es dann auch. Insgesamt tanzte ich 14 Wochen am Stück jeden Tag. Meist zwischen 8 und 10 Stunden. Mit 45 Kilo Übergewicht. Ich hatte Schmerzen in den Füßen, Beinen, Armen, trainierte aber wie ein Wilder.

Nach meinen Stunden mit Melissa nahm mich meine Bine zur Seite und zeigte mir Übungen. Immerhin war sie Profitänzerin, wenn auch aus einem anderen Tanzbereich. So stand ich beim Zähneputzen auf halber Spitze vor dem Waschbecken und ging kurz vor dem Einschlafen die Tänze noch mal mit geschlossenen Augen im Kopf durch.

Nachdem eine Kritik der Jury gewesen war, dass ich wie ein Kühlschrank tanzte und wie ein Ei drehte, übte ich auf dem Nachhauseweg vom Kino das Fixieren eines Punktes mit den Augen, um bei Drehungen nicht so herumzueiern.

„Bine, hier hinten, da, in der Wade und hier am Rücken zieht es so komisch, und mein Arm zuckt!" klagte ich, als ich abends im Bett lag, und Sabine bedachte mich mit einem wissenden Lächeln.

„Ja, das ist normal, dein Körper tut etwas, das zeigt er dir. "

Ich fragte mich, wie derlei Schmerzen normal sein könnten, biss aber die Zähne zusammen, nur um fünf Minuten später herauszuplatzen: „Hier tut es auch weh", und nacheinander auf Bein, Arm, Nacken und Füße zu deuten.

Diesmal erntete ich schallendes Gelächter. „Ja, mir tut auch ständig alles weh", sagte Sabine. „Das gehört zum Tanzen dazu. Nimm es an und genieße es! "

Wenn es dann mittwochabends wieder hieß: „Moritz A. Sachs und Melissa Ortiz Gomez mit einem Tango", und wir auf die Bühne durften, ging mein Herz auf. Alle Schmerzen und Mühen waren verflogen. Ich liebte es.

Im Publikum, auf der Straße, in Cafés, in jedem Supermarkt – alles und jeder begrüßte mich mit Freude. Oft genug mit Motzi Mabuses geflügelten Worten „Go Moritz, go Moritz". Nach wenigen Sendungen war ich nicht mehr Klausi, sondern Moritz. Ich fand es herrlich. Ganz besonders habe ich mich über den Zuspruch gefreut, den ich von meinen Kollegen aus der Lindenstraße erhielt. Team und Cast, viele wollten kommen und mich anfeuern. Unsere Produktionsassistentin Theresa übernahm die Organisation, damit jeder, der wollte, auch die Chance bekam. So hatte ich jede Woche einen riesigen Fanblock, mit Lindenstraßenschals ausstaffiert, der mich frenetisch anfeuerte. Ein Happening. Ich war gerührt (bin es immer noch). Führte mir dies doch wieder einmal vor Augen, was für ein tolles Team wir waren und wie eng der Zusammenhalt.

Meine kleinen Tanzerfolge fanden sich sogar mit einem Augenzwinkern in der Lindenstraße wider. Bei einer Feier im Akropolis tanzte Klaus mit einer schicken jungen Frau Salsa. Das war Melissa, meine Tanzpartnerin von Let's Dance.

Am Ende schaffte ich es mit Melissas Hilfe ins Finale. Dort allerdings war gegen Maite Kelly kein Kraut mehr gewachsen. Aber ich habe es ihr sehr gegönnt. Und wenn man ehrlich ist, ging es auch nicht ums Gewinnen, sondern darum, dem Publikum und bestenfalls auch uns selbst gute Unterhaltung und eine schöne Zeit zu bescheren. Das haben wir damals definitiv geschafft.

KAPITEL 22

KÖRPERFÜLLE

A ls ich bei Let's Dance auftrat, war ich schon einige Jahre dick. Es hatte mit der Arbeit als Regieassistent begonnen. Innerhalb kürzester Zeit legte ich schnell und ordentlich zu. Ich esse gern, und eine gute Mahlzeit und ein kühles Feierabendbier sind für mich der schöne Abschluss eines anstrengenden Tages.

Essen war so stets auch Belohnung und Stresskompensator gewesen. Gerade in den anstrengendsten Phasen, wenn ich kaum noch zum Schlafen kam, aß ich viel zu viel. Oft kam ich auf vier oder fünf Mahlzeiten am Tag. Als das Gewicht dann oben war, wurde es schwer, es wieder loszuwerden.

Froh war ich über diese Entwicklung nicht. Genauso wenig wie Sabine. Sie war als Tänzerin von gestählten Körpern umgeben, da fiel mein Speck umso mehr ins Gewicht. Ein ums andere Mal bat sich mich, etwas mehr auf mich zu achten. Sie selbst war beruflich bedingt selbstverständlich stets austrainiert und konnte durch den vielen Sport im Grunde essen, was und so viel sie wollte, ohne zuzunehmen. Wenn sie dann abends um zehn von den Proben oder dem Tanzunterricht heimkam und Hunger hatte, war das für mich leider eine willkommene Gelegenheit, ebenfalls noch einmal zuzuschlagen. Nicht ohne im Vorfeld bereits gespeist zu haben.

Schnell kam es so weit, dass ich auch aus Frust über meine Pfunde aß. Ein Kreislauf, aus dem ich nicht mehr herausfand.

Meine neu gewonnene Körperfülle stellte nicht nur im Privaten ein Problem dar. Dass Klaus zunimmt, war nicht vorgesehen. Mir wurde häufig dringlich nahegelegt, doch bitte wieder abzunehmen. Die Geschichte rund um Klaus und Nastya musste neu angelegt werden, um glaubhaft zu erscheinen. Nun sollte sich Nastya gerade deswegen zu Klaus hingezogen fühlen, weil er so ein liebes rundes Bärchen war, und er sollte sich so geschmeichelt fühlen, dass sich diese schöne Frau zu ihm als Dickem hingezogen fühlte, dass er sich auf sie einließ und dadurch seine Ehe ruinierte.

In einem Gespräch wurde mir sogar gesagt, ich sei zu fett, um fernsehtauglich zu sein. Das fand ich zwar vollkommen albern, denn von Günther Strack bis John Goodman gab es viele übergewichtige Schauspieler. Unter Druck setzte es mich aber trotzdem, was zwangsläufig zu noch mehr Übergewicht führte. Dabei hatten wir gerade in der Lindenstraße den Anspruch, das wirkliche Leben darzustellen. Und dort sind nun mal über fünfzig Prozent der Männer übergewichtig. Abzunehmen wäre trotzdem richtig gewesen, denn zu Klaus passte es eigentlich nicht, dick zu sein. Am deutlichsten wurde das, als er eine Affäre mit der sportlich-drahtigen Kai begann und schließlich seine dritte Ehefrau Neyla in sein Leben trat. Verglichen mit diesen beiden nahm ich mich zu der Zeit vollkommen übermäßig aus.

Ich fand meine Situation nicht schön, gerade in der Öffentlichkeit. Wildfremde Menschen klapsten mir auf den Bauch und riefen: „Hey, Klausi, du bist aber fett geworden!" Richtig übel war es, nachdem wir die Geschichte gesendet hatten, in der Klaus von Nastya vergewaltigt wurde. Dabei fand ich die Geschichte so gut und wichtig. Eine richtige Lindenstraßenstory über ein Thema, dass in der Öffentlichkeit einfach totgeschwiegen wird. Bis heute will mir kaum jemand glauben, dass Frauen auch Männer vergewaltigen können und nicht nur umgekehrt.

Das verdeutlicht schon den Kern des Problems: dass den Betroffenen nämlich oft keiner glauben will. Im Gegenteil, sie werden belächelt. Sie seien doch selbst schuld und hätten es wahrscheinlich gewollt, wie sonst wäre das gegangen, heißt es dann oft auch aus dem eigenen Umfeld.

Nachdem wir die Vergewaltigung gesendet hatten, hieß es in den sozialen Medien, ich, beziehungsweise Klaus – das wird ja immer noch vermischt –, sollte doch froh sein, dass eine Frau überhaupt Interesse an so einem Fettsack habe. Und überhaupt, welcher Mann wünsche sich nicht, einfach mal ans Bett gefesselt und benutzt zu werden. Für Männer, denen Ähnliches widerfahren war und die sich ebenfalls im Lindenstraßen-Chat befanden, muss es wie ein Schlag ins Gesicht gewesen sein.

Dass mein Übergewicht zum öffentlichen Spott gereichte, bekümmerte mich sehr. Manche machten sich auch lustig darüber, wie es Nastya überhaupt geschafft hatte, den fetten Klaus auf das Bett zu hieven. Auch wenn diese Frage nicht ganz unberechtigt war, musste ich doch schwer schlucken, als ich das las. Und gönnte mir zum Trost eine schöne große Pizza.

Und obwohl ich bei Let's Dance sogar etwas abgenommen hatte, war ich nur ein Jahr später fülliger als je zuvor. Ich wagte einen weiteren Versuch, abzunehmen. Für die Zeitschrift *Men's Health* nahm ich an einem

Abnehm-Experiment teil: Viel Sport mit einem Personal Trainer, der keine Ausreden gelten ließ, und eine kohlenhydratfreie Ernährung ließen meine Fettpolster erneut binnen weniger Wochen schmelzen. Sehr zu meinem Leidwesen dauerte es jedoch nur wenige Monate, bis ich erneut da war, wo ich hergekommen war. Frustriert gab ich das Unterfangen auf.

Erst im Jahr 2018 hatte ich dann die Nase wirklich voll. Der Blutdruck war oben, meine Gesundheit litt, mein geliebtes Wandern und Radfahren fielen mir inzwischen schwerer. So konnte und durfte es nicht weitergehen. Ich begab mich in die Hände einer Psychotherapeutin und ging mein Ess-Problem diesmal von Grund auf an. Mit ihrer Hilfe, der Unterstützung von Ernährungsberatern und einer Gruppentherapie schaffte ich es zum wiederholten Male abzuspecken. Und das in einem rasanten Tempo.

Das brachte uns bei den Dreharbeiten schnell ins Schlingern. Da wir nicht chronologisch drehten und zwischen Szenen aus demselben Drehbuch schon mal Tage oder auch Wochen im Drehplan liegen können, war ich plötzlich nicht mehr auf Anschluss. Ich war mal dicker und mal wesentlich dünner. Wenn ich zur einen Tür hinausging, wog ich 120 Kilogramm, und wenn ich zu nächsten hereinkam, waren es plötzlich nur noch 96, nur um eine Folge später wieder mit 110 Kilo durch die Straße zu laufen. Die Schwankungen waren zu groß, um sie zu kaschieren. Den Drehplan ändern konnten wir aber auch nicht, da Krankheitsfälle dies nicht zuließen und wir obendrein nicht wussten, wie es mit meinem Gewichtsverlust weitergehen würde. Wir beschlossen notgedrungen, das ganze Thema zu ignorieren. Dem

Publikum entging dies indes nicht. Es wurde heiß diskutiert, und weil ich so schnell abnahm, hatte manch ein Lindenstraßenzuschauer sogar Sorge, ich könnte krank sein. Tatsächlich war das Gegenteil der Fall: Ich habe abgenommen, um eben *keine* weiteren gesundheitlichen Probleme zu bekommen. Der viel zu hohe Blutdruck ist seitdem wieder unten.

Schnelles Abnehmen ist tatsächlich nicht besonders gesund – aber dick bleiben ist noch schlechter, insbesondere wenn man, wie ich es tat, bereits körperliche Folgen spürt. Es musste sein. Als ich einmal angefangen hatte, fiel es mir recht leicht, das Gewicht zu reduzieren.

Der größeren Herausforderung stelle ich mich nach wie vor jeden Tag: Aus Erfahrung weiß ich, wie viel schwerer es ist, das neue Gewicht zu halten und nicht ins Gegenteil zu kippen. Nach und nach das Essverhalten wieder zu normalisieren. Bislang konnte ich einen großen Teil meiner Gewichtsabnahme halten, auch wenn ich immer noch kämpfen muss. Der Weg aus der Essstörung ist weit und steinig.

KAPITEL 23

BAD TIMES

E twa ein Jahr nach dem „Let's-Dance"-Finale bekamen meine Partner und ich tatsächlich die Chance, unser eigenes Musical zu produzieren. Wir hatten eine passende Location, den Garten von Schloss Bückeburg, gefunden. Die Unterstützung der Stadt und einer Bank war auch schon zugesagt. „Die schwarzen Brüder" sollten etwas mehr als zwei Jahre später, im Sommer 2014, auf die Bühne kommen. Da Maite Kelly und ich uns bei „Let's Dance" so gut verstanden hatten, konnte ich sie für eine der Rollen gewinnen.

2012 stand endlich fest, dass ich bald Musicalproduzent sein würde.

Voller Vorfreude stürzte ich mich in die Arbeit. Die Vorbereitungen zu unserem Stück liefen weitestgehend problemfrei. Als wir im Frühjahr 2014 mit der Arbeit vor Ort begannen, standen Cast und Team. Die baulichen Maßnahmen am Schloss, Energieversorgung und Technik – alles war besprochen und geplant. Fünf Monate vor der Premiere sah es danach aus, als würden wir eine schöne erste Veranstaltung hinlegen. Die Proben liefen gut an. Mit unserer Wahl von Schauspielern und Team hatten wir ein gutes Händchen bewiesen. Die Stimmung war perfekt, die Qualität hoch. Die Premiere wurde ein voller Erfolg, und die Kritiken fielen hervorragend aus.

Leider sollte es uns trotzdem nicht gelingen, einen Erfolg einzufahren. Vierzig Mal spielten wir wie geplant auf der Schlossinsel, doch die Ticketverkäufe liefen schleppend. Unsere Produktion war ein Open-Air-Theater, und wenn es mal nicht gerade regnete, war Regen angesagt. Dazu kam, dass es ausgerechnet dort verdammt kalt war in diesem Sommer. Statt bei 24 Grad im Sonnenschein spielten wir bei zwölf Grad im Regen und hofften, dass es bald besser werden würde. Es wurde nicht besser.

Das Wetter war sicher nicht der einzige Grund für den mauen Zulauf. Das Stück war in Deutschland noch unbekannt und die Location nicht etabliert. Aber das hatten wir berücksichtigt. Sechs Wochen schlechtes Wetter am Stück aber waren nicht eingeplant. Ohne genügend Zuschauer hatten wir keine Chance, und das Wasser stand uns buchstäblich bis zum Hals. Ein solches Event hat hohe Vorkosten, und wir hatten privat für viele Hunderttausend Euro gebürgt, damit unsere kleine U-GmbH einen Kredit bekam und wir mit den Arbeiten hatten beginnen können. Als wir abgespielt waren, mussten wir Insolvenz anmelden. Von einem Tag auf den anderen hatte ich einen ordentlichen Batzen Schulden an den Hacken. Seitdem zahle ich fleißig Monat für Monat an die Bank. Und das wird auch noch viele Jahre so weitergehen.

Doch damit nicht genug. Wir mussten mit ansehen, wie unsere Partner und Zulieferer, darunter auch viele Freunde und langjährige Kollegen, nicht mehr bezahlt werden konnten. Das schlechte Gefühl, andere mit reingerissen zu haben, ist schlimmer als der eigene finanzielle Schaden. Zwischenzeitlich kam auch Wut dazu. Ich empfand es als zutiefst ungerecht, dass riesige Unternehmen, von Banken bis zu

Autobauern, die wegen Missmanagement, Betrügereien oder unmäßiger Gier in Schieflage geraten waren, mit Milliarden gestützt wurden, um Arbeitsplätze zu sichern. Dem gegenüber standen um die zehntausend kleine Unternehmen wie unseres, die 2014 Insolvenz hatten anmelden müssen. Wären da nicht auch Hunderttausende Jobs zu retten gewesen?

Es hat mich fast zerrissen. Die Scham war das Schlimmste. Ich verkroch mich für ein ganzes Jahr, um wieder auf die Beine zu kommen. Lange konnte ich ohne Herzrasen keine Post mehr öffnen und keine Kontoauszüge checken. Zu meinem Glück sind meine beiden Mitstreiter Irene und Mirco feine Menschen. Wir haben es geschafft, uns in dieser schwierigen Zeit nicht an die Gurgel zu gehen. Stattdessen wurden wir noch bessere Freunde. Das ist beileibe keine Selbstverständlichkeit. Auch Bine und meine Eltern mussten viel auffangen. Der arbeitsame, wohlgelaunte und stets positive Moritz war und blieb bis auf Weiteres verschwunden.

Das Jahr 2014 endete dennoch mit einer hocherfreulichen Nachricht: Bine war schwanger. Kinder zu haben war schon immer ein Traum von mir gewesen. Ungeachtet der finanziellen Probleme freute ich mich riesig. 2015 würde ein gutes Jahr werden, so viel stand damit fest. Wir nannten unser ungeborenes Kind „Woody", als Hommage an Woody Allens Rolle als Spermium in „Was Sie schon immer über Sex wissen wollten". Wir machten Pläne, erzählten es engen Freunden und Verwandten. Wir wussten wohl, dass das Risiko einer Fehlgeburt bestand, aber warum sollte es ausgerechnet uns treffen? Kurz vor Ablauf der zwölften Woche stand dann eine Vorsorgeuntersuchung an, bei der uns ein Schock ereilte. Woody hatte kein Puls mehr. Wir waren am Boden zerstört.

Wenn wir das Thema nach der Fehlgeburt im Freundeskreis anschnitten, erfuhren wir, wie häufig Schwangerschaften tatsächlich vor der zwölften Woche enden. Das war uns in dem Maße nicht klar gewesen. Nun schien es völlig normal zu sein. Nur, um ehrlich zu sein, half uns die Information auch nicht wirklich weiter. Ich fühlte mich ohnmächtig. Viele Tage saß ich einfach nur in einer Ecke herum. Eine solche innere Leere kannte ich bis dahin nicht.

Gleichzeitig wollte und musste ich aber auch für Bine da sein. Die sogenannte kleine Geburt war heftig. Mitten in der Nacht fing das Bluten an. Man hatte uns gesagt, dass es zu einem Abgang kommen würde. Von solch heftigen Schmerzen war allerdings keine Rede gewesen. Erst nach mehreren Stunden war der Spuk dann vorbei, und wir blickten vollkommen aufgelöst auf einen kleinen, blutigen Zellklumpen, der unser Kind hätte werden sollen.

Wir beerdigten Woody im Rhein.

Kurze Zeit später drehten wir in der Lindenstraße Szenen, in denen Klaus Nina wegen ihrer Fehlgeburten tröstete.

War der Hochzeitsdreh kurz nach meinem gescheiterten Antrag schon unangenehm gewesen, so wurde dieser Dreh zur Tortur. Ich kämpfte bereits Tage vorher immer wieder mit den Tränen. Allein den Text zu lernen war wie ein Nagel im Fuß. Am Drehtag selbst schottete ich meine Gefühle so gut es ging ab und schaffte es tatsächlich, die Szenen hinter mich zu bringen, ohne in Tränen auszubrechen.

2016 folgte eine weitere Fehlgeburt. Die zu verdauen war kaum Zeit. Bei der Lindenstraße hatte ich für einige Monate

Pause und nutzte die Zeit, um bei einem großen Open-Air-Historienspiel in der Nähe von Bern auf der Bühne zu stehen. Während Bine gleich wieder arbeiten ging, war ich schon auf dem Sprung in die Schweiz. Fünf Monate lang schlief ich in einem Zelt auf einer Pferdeweide. Im März war es an den Ausläufern des Jura zwar noch empfindlich kalt, aber mit dem richtigen Equipment sind auch Minusgrade im Zelt machbar. Für mich war es eine Wonne. Eine Mischung aus Urlaub, Theaterspielen, Abenteuer und Einsiedelei, die ich zu diesem Zeitpunkt gut gebrauchen konnte.

Als Sabine mir 2018 zu dritten Mal eröffnete, dass sie schwanger sei, schien sich dann endlich alles zum Besseren zu wenden. Wir beschlossen, dass aller guten Dinge drei seien, und legten uns fest. Diesmal würde es klappen.

Hatte ich im Hin und Her der Fehlgeburten meinen geplanten Heiratsantrag bisher immer wieder verschoben, fragte ich nun, direkt nachdem sie mir die gute Nachricht verkündet hatte, endlich die Frage aller Fragen. So ganz ohne Sorge war ich dabei nach Minas *Nein* nicht. Von Bine aber bekam ich sehr zu meiner Freude ein *Ja* zu hören. Glücklich entschieden wir, uns noch vor der Geburt im kleinsten Kreise trauen zu lassen.

Zwei Tage nach dem Antrag kamen die neuen Drehbücher zur Lindenstraße. Mir lief es eiskalt den Rücken hinunter: Neyla sollte von Klaus schwanger werden. Und nicht nur das: Sie würde das Kind verlieren. Es sollte ihre dritte Fehlgeburt werden. Auch wenn ich wirklich nicht abergläubisch war, so verstärkte sich doch mein Magengrummeln.

Ich verschwieg Bine die Geschichte, um sie nicht aufzuregen. Es reichte völlig, mich selbst verrückt zu machen. Die beiden Fehlgeburten saßen uns in den Knochen, und wir gingen früh zu einem ersten Check, bei dem wir einen Puls im Ultraschall erkennen konnten. Das beruhigte uns ein wenig.

Im Juli 2018 sollte die Schwangerschaftsgeschichte in den Kasten. Da die Szenen in der Frauenarztpraxis nicht im Studio gedreht wurden, sondern außerhalb, sollte alles von der Schwangerschaftsnachricht über den ersten erkennbaren Puls bis hin zum mir nur allzu bekannten leblosen Körnchen im Rauschen des Ultraschalls in einem Rutsch an einem Drehtag aufgenommen werden.

Drei Tage vor dem Dreh stand unser eigener Zwölf-Wochen-Ultraschall an. Das rauschende Bild war eindeutig: Der Puls war verschwunden. Da war es also wieder, das leblose Körnchen. Wir waren wie gelähmt. Ich wusste beim besten Willen nicht weiter. Eigentlich wollte ich nur schreien und weglaufen, aber Sabine brauchte mich. Ich saß hilflos neben ihr und konnte nichts tun.

Noch während wir auf die erneute kleine Geburt warteten, würde ich zum Dreh müssen. Wie ich ihn überstehen sollte, war mir vollkommen schleierhaft.

Zwei Tage später saß ich also im Gewand meines zweiten Ichs schon wieder in der Ecke eines Untersuchungszimmers. Wieder und wieder hieß es: „Hier ist ein Puls, schaut mal." Irgendwo zwischen aufgesetzter Leichtigkeit und mühevoll unterdrückten Heulattacken brachte ich erst die freudigen und dann die traurigen Szenen hinter mich, denn auch das nur allzu bekannte „Es tut mir sehr leid!" wurde ein ums andere Mal gedreht. Den ganzen Tag über war mir speiübel. Diese Situation nur wenige Tage nach der eigenen Erfahrung wieder und wieder durchleben zu müssen war mit großem Abstand der schlimmste Arbeitstag, den ich je hatte. Mit jedem Satz, jedem Blick kam alles wieder hoch.

Ich versuchte, mich aufrecht zu halten und irgendwie die Kraft aufzubringen, für Sabine da zu sein. Bei jeder der Fehlgeburten habe ich mich unendlich einsam gefühlt. Denn wer ist eigentlich für die Männer da, wenn so etwas passiert? Wir haben nicht die körperlichen Folgen zu tragen, das stimmt schon. Die seelischen aber sehr wohl. Schon beim Frauenarzt läuft das ganze Gespräch nur in Richtung der Frau. Ich selbst stand hilflos in einer Ecke und musste wie ein Unbeteiligter zuschauen, was dort geschah.

Es lag nicht an Bine, dass ich mich alleingelassen fühlte. Wir waren füreinander da. Es lag an der Art, wie nach einem solchen Schicksalsschlag mit mir als Vater umgegangen wurde. Mir schien es, als hätte ich nicht das gleiche Recht zu trauern wie Bine. Denn sie war ja schwanger gewesen, nicht ich. Ein Kind verloren hatten wir aber beide.

Auch im Drehbuch der Lindenstraße wirkte es so, als sei Klaus sein Schicksal fast egal.

„Ich weiß, *du* hast dich auf das Kind gefreut", sagte er zu Neyla in einer Szene, „das schaffst *du* schon!"

Eine Woche später hatte er das Ganze schon vergessen. Ich habe mich bitterlich darüber beklagt, dass Klaus nicht eine einzige Szene zugestanden wurde, in der er richtig trauert und zwischen dem eigenen Schmerz, der Verantwortung für seine Frau, der Erwartung an sich selbst und der Erwartung des Umfeldes mal so richtig an seine Grenze geführt wird. Das wäre für mich eine typische Lindenstraßengeschichte gewesen. Mein Bitten hatte leider keinen Erfolg.

Kurz dachte ich schon, dass es nur mir so ging. Nachdem ich dann aber Monate später ein zweistündiges Feature über das einsame Leid der Väter nach Fehlgeburten im Deutschlandfunk hörte, wusste ich wenigstens: Ich war nicht allein.

Im Sommer ging Sabine in eine Reha, um sich zu erholen und wieder auf die Beine zu kommen. Nach den beiden vorangegangenen Fehlgeburten war sie immer gleich wieder zurück an die Arbeit gegangen. Diesmal rutschte sie in einen ausgewachsenen Burn-out.

Auch ich war kurz davor, die Segel zu streichen, und nutzte die drehfreie Zeit der Lindenstraßen-Sommerpause, um meine Gefühlswelt bei einer ausgedehnten Radwanderung zu sortieren. Als ich zurückkam, stand die Sterbefolge von Hans Beimer auf dem Programm. Und Klaus' vierzigster Geburtstag. Und meiner.

Klaus wollte seinen Geburtstag wegen des kürzlichen Todes seines Vaters nur widerwillig feiern. Aber nicht zu feiern bringt die Toten auch nicht zurück. Ich finde, dass man in schlechten Zeiten erst recht feiern sollte. Und so entschied auch ich mich trotz allem, zu meinem Vierzigsten ein Fest zu geben. Ohne Sabine, denn sie war im August 2018 noch in der Reha. Aber mit vielen Freunden. Es tat gut, nicht allein zu sein.

Zur Ausstrahlung der Beerdigungsfolge von Vater Beimer lud der WDR zahlreiche Fans ein. Das ganze Ensemble schaute sie mit ihnen gemeinsam im großen Konzertsaal des WDR, live begleitet vom Symphonieorchester des Senders. Ich sollte meine erste größere Moderation übernehmen und das Event für vier Stunden live begleiten. So traurig es war, Joachim Hermann Luger als Kollegen und wichtigen Teil unserer Lindenstraße zu verlieren, so sehr freute ich mich über diese Gelegenheit. Es machte richtig Spaß.

Am Ende des Sommers entschied ich mich, dass Bine und ich auch diesen jüngsten Rückschlag meistern würden. Irgendwie.

Sabine würde mindestens noch einige Monate nicht arbeiten, um sich vollständig zu erholen, und ich selbst würde vorerst nur meine Drehtage bei der Lindenstraße machen und mich ansonsten ebenfalls zurückziehen. Was sollte uns jetzt noch passieren? Das Tal war nun durchschritten. Es konnte nur noch bergauf gehen.

Am 22.11.2018 heirateten wir im Kreis der engsten Familie und gaben uns nach sechzehn Jahren Beziehung das Ja-Wort. Moritz Zielke, unser Momo, wurde Sabines Trauzeuge, seine Lebensgefährtin Wibke die meine.

Als er wenige Tage vor unserer Trauung, am 16. November, gegen 11 Uhr anrief, ging ich davon aus, es würde um unsere Hochzeit gehen.

„Moritz, hast du deine Mails in den letzten Minuten gelesen?", sagte er stattdessen. „Die Lindenstraße wird abgesetzt! Sie werden gleich eine Pressemitteilung rausgeben."

KAPITEL 24

ABSCHIED AUF RATEN

Die ersten Tage nach der Bekanntgabe des Endes der Lindenstraße verliefen in einer breiigen Mischung aus Erschrecken und Hochgefühl. Meine berufliche Heimat zu verlieren schreckte mich. Ernsthaft darüber nachdenken wollte ich aber noch nicht. Schließlich stand Sabines und meine Hochzeit vor der Tür. Darauf wollte ich mich nun konzentrieren.

In den wunderbaren historischen Räumen des Kölner Rathauses sagte ich nun, nachdem ich dies bereits drei Mal für Klaus getan hatte, endlich selbst Ja. Die Standesbeamtin outete sich nach der Trauung als Lindenstraßenzuschauerin. Mit Klausi und Momo vor ihrem Tisch war sie fast ebenso aufgeregt gewesen wie wir als Brautpaar.

Es folgte eine schöne Feier mit unserer Familie in einem Kölner Brauhaus. Dass meine Braut sich als Erstes ein Mettbrötchen mit Zwiebeln bestellte, trug zur allgemeinen Erheiterung bei, und auch ich konnte mir ein kleines Schmunzeln nicht verkneifen. Immerhin keinen Döner, dachte ich mir. Einen solchen nämlich hatten Jaqueline und ich verdrückt, als Klaus und Nina heirateten.

Gleich im Anschluss fuhren Bine und ich für ein verlängertes Honeymoon-Wochenende nach Texel. Mit dem

Nordseewind um die Nase genossen wir es, ganz in Ruhe stundenlang durch den Sand zu spazieren.

Als ich nach unserem Kurzurlaub wieder ans Set fuhr, hatte sich die Stimmung dort verändert. Die Leichtigkeit der letzten Jahre war wie weggeblasen. Die Gespräche vor Ort drehten sich nun nicht mehr um Familie und Freunde, es wurde nicht mehr über kleine Alltäglichkeiten gemeckert und über Albernheiten gelacht. Wo man hinkam, wurden Pläne geschmiedet. Wie würde es für uns weitergehen? Gab es die Möglichkeit, die Arbeitsplätze zu erhalten? Zumindest die der langjährigen Beschäftigten? Schwankend zwischen Wut und Trauer, bissen wir die Zähne zusammen und arbeiteten weiter.

Ein baldiges Ende der Serie war zuletzt niemandem mehr so richtig in den Sinn gekommen. Die Zuschauerzahlen waren nach Jahren des Niedergangs, in denen uns der Sender die Treue gehalten hatte, im vergangenen Jahr gestiegen, die Änderungswünsche des WDR waren umgesetzt worden. Zum ersten Mal seit Langem waren wir diesmal sicher gewesen, unsere Verlängerung zu erhalten, und guter Dinge. Und dann so was. Nach mehr als drei Jahrzehnten als wichtiger Teil der deutschen Fernsehlandschaft würde die Lindenstraße kein weiteres Jubiläum mehr feiern. Keine Folge 2000, keine 40 Jahre, nicht einmal die 35 würden wir vollmachen können. Was uns undenkbar erschienen war, würde nun eintreten: Mit Ablauf des nächsten Jahres, im Dezember 2019, würde die Produktion einfach auslaufen.

Nun ist ein Jahr in unserer Branche recht lang, die meisten Produktionen werden binnen weniger Wochen abgedreht. Wenn man aber über Jahrzehnte wo gearbeitet hat, wie viele von uns bei der Lindenstraße, ist es ein herzlich kurzer Zeitraum.

Mit der Weihnachtsfeier 2018 begann der schleichende Abschied. Dabei war es nicht einmal die letzte, denn 2019 würden wir ja bis Weihnachten noch drehen und sicherlich ebenso zusammenfinden. Es fühlte sich dennoch an wie Lebewohl.

Die letzte Winterpause folgte auf dem Fuße. Im Februar begann mit der letzten Staffel des Regieteams um Regisseur Herwig Fischer, der über zwanzig Jahre lang jährlich eine inszeniert hatte, das letzte Produktionsjahr. Parallel wurden die Geschichten, die zwischen August und Dezember gedreht werden sollten, umgeschrieben. Die Storylines waren entwickelt worden, als noch niemand etwas von der Absetzung ahnte, und wenigstens einige Geschichten mussten wir doch zu Ende erzählen. Also wurden Handlungsstränge verkürzt und verdichtet, andere gestrichen. Die Türen mussten geschlossen werden, wie wir es nennen, wenn Figuren und ihre Geschichten zu einem dramaturgischen Abschluss kommen. Andere geplante Türen wurden gar nicht erst aufgestoßen.

Bis die neuen Bücher fertig waren, befanden wir uns in einer absurden Situation. Produzenten, Autoren, der Sender, Regie, Cast – niemand wusste, wohin das Boot Lindenstraße nun steuerte. Also drehten wir das, was bis dahin vorgesehen war.

Das Team rückte noch näher zusammen. Zum Feierabendplausch fanden sich nun häufiger und zahlreicher Mitarbeiter ein. Hier konnten wir uns austauschen. So ganz verstand und versteht wohl niemand aus unserem Umfeld, wie es uns dabei ging, diesen Laden zu verlieren. Einige Mitarbeiter hatten ihr gesamtes Berufsleben hier verbracht. Die Bindung an

Firma und Produkt war entsprechend hoch. Plötzlich konnte ich nachvollziehen, wie es den Menschen geht, die man ab und an in den Nachrichten sieht, wenn Betriebe oder Betriebsstätten geschlossen werden. Diese Mischung aus Trauer, Trotz, Wut und Mut, die entsteht, wenn das Leben sich unerwünscht und ungefragt durch äußere Faktoren ändert. Wenn dreißig Berufsjahre plötzlich nichts mehr bedeuten.

Ich lief wie durch Watte. Als Herwigs Staffel im März dann mit der obligatorischen Abschlussfeier beendet wurde, bekam der Abschied die ersten Gesichter. Zwei Kameramänner, ein Ausstatter und ein Beleuchter, die über zwanzig Jahre regelmäßig bei uns gearbeitet hatten, verließen uns nun.

Herwig kannten wir seit vielen Jahren. Er hatte den Dreh der Live-Folge zu unserem 30-jährigen Jubiläum mit viel Ruhe sauber auf die Bildschirme gebracht. So etwas war in Deutschland, ich glaube auch in Europa, noch nie gemacht worden, folglich gab es keine Erfahrungswerte. Wie viele Dekorationen konnte man bespielen? Welche Umbauten waren schnell genug zu schaffen? Und konnte das Team dabei leise genug arbeiten, um die gerade laufende Szene hinter der nächsten dünnen Pressholzwand nicht zu stören? Brauchten wir neue Kabelwege, um gleichzeitig im Studio und in der Außenkulisse drehen zu können? Und schaffte es Marie-Luise Marjan rechtzeitig von Studio 1, wo die Wohnung Beimer lag, ins Studio 2 am anderen Ende des Produktionsgebäudes, wo die Wohnung Hans und Anna aufgestellt war? Das alles verlangte viel Planung.

Als wir im Dezember 2015 kurz vor dem Sendetermin standen, war klar: Es brauchte neun Kameras mit Kamerateams, die jeweils zu dritt arbeiten sollten. Denn wir würden für diese eine Folge noch einmal im Drei-Kamera-System drehen. Dazu je zwei Tonangler und viele neue Kabelwege.

Die Kabel trafen in einem Übertragungswagen zusammen, ein mobiles Schneide- und Sendezentrum, wie sie zum Beispiel für Nachrichten genutzt werden. Hier würde Herwig mit seiner Regieassistentin den Ablauf verfolgen, Zeichen geben und eingreifen, falls etwas schief ging. Neben ihm saßen der Cutter, um live zu schneiden, der Tonmeister und einige Aufnahmeleiter, die per Funk die Anweisungen in die beiden Studios und auf die Straßen funken konnten.

Wir probten sechs Tage am Stück. Erst die einzelnen Szenen, dann den ganzen Ablauf. Ähnlich wie im Theater. Und dann war es endlich so weit. In den Durchläufen hatte alles funktioniert, aber würde es das auch, wenn wir auf Sendung waren?

Neben dem technischen Aufwand war es auch inhaltlich für uns eine emotionale Folge, denn Klaus' Stiefvater Erich Schiller sollte versterben. Bill Mockridge würde uns nach mehr als zwei Jahrzehnten verlassen.

Kurz vor meinem ersten Auftritt hockte ich in einem kleinen Treppenhausteil vor der Wohnung Beimer in Deckung und rührte mich nicht.

„Achtung alle zusammen, noch sechzig Sekunden, dann gehen wir live. Ruhe und Konzentration bitte!"

Jetzt bloß keinen Lärm machen, schoss es mir durch den Kopf. War das Handy auch wirklich nicht in der Hosentasche? Außerdem hatte ich vergessen, noch einmal auf Toilette zu gehen, aber nun war es zu spät.

„Toi, toi, toi", sagte der Setrunner, der neben mir wartete um mir mein Auftrittszeichen zu geben.

„Toi, toi, toi!", gab ich zurück.

Am Ende ging alles gut. Der einzige Patzer war ein leichtes Heben und Senken von Bills Brust, als er als Leiche auf dem Bett lag. Er hatte sich schnell umziehen müssen, bevor er dort zum Liegen kam, und war entsprechend außer Atem.

Als die Folge zu Ende war, ging die Übertragung gleich weiter. Wir traten durch die Dekorationen auf die Lindenstraße hinaus und hoben so die Illusion einer *echten* Lindenstraße mit *echten* Wohnungen endgültig auf. Im Anschluss wurde die Live-Sendung nach einem kurzen Gespräch mit einigen Schauspielern und Hans Geißendörfer beendet, und wir gingen auf dem auf der Straße aufgebauten Weihnachtsmarkt gleich ins Feiern über.

An diesem Tag schrieben wir mit unserer alten Seriendame Fernsehgeschichte. Als man uns sagte, dass Herwig am Ende des letzten Drehjahres noch einmal zurückkommen würde, um die letzten Folgen mit uns zu drehen, freuten wir uns daher sehr. Es schien uns stimmig, die Lindenstraße unter seiner Regie zu verabschieden. Einen erfahrenen Kapitän, der die Mannschaft kennt, an Deck zu haben ist in stürmischen Zeiten eine gute Sache.

Im März 2019 folgte zunächst der letzte Regieblock von Dominikus Probst, der ebenfalls bereits seit über zwanzig Jahren bei uns war.

„Die Kapelle spielt noch! Lasst uns das Beste draus machen!", sagte er zur Begrüßung und teilte an jeden einen Lindenstraßenanstecker aus, die wir an Jacken, Mützen und Kameras, den Schneidetisch oder die Rechner der Buchhaltung hefteten. Sie prangten überall und machten uns Mut, weiterhin mit Freude an die Arbeit zu gehen, das Beste zu geben und schöne Folgen abzuliefern für die Zuschauer und für uns, während ein Kollege nach dem anderen ging. Kurz bevor wie die Bücher für die vorletzte Staffel erhielten, hatte ich dann einen Brief der Produktion im Briefkasten: „Lieber Moritz, mit Bedauern müssen wir dir …"

Weiter kam ich nicht. Schnell legte ich das Schreiben beiseite. Ich wusste ja, was drinstand. Meine Kündigung durchzulesen musste ich mir nicht auch noch geben. Ich nahm sie erst einige Tage später wieder zur Hand.

„Ich werde klagen", sagte nur wenig später der Erste, und Weitere folgten. „Wenn ich seit Jahrzehnten hier arbeite, sollte ich auch Kündigungsschutz genießen!"

Ich fand das nur richtig. Ob nun mit oder ohne Erfolgsaussichten hat meiner Meinung nach jeder Arbeitnehmer das Recht, für seinen Arbeitsplatz zu kämpfen. Insbesondere bei der Lindenstraße, die ihre Zuschauer über Jahrzehnte darin bestärkt hatte, für ihre Rechte einzustehen. In unseren Geschichten prangerten wir schließlich stets Mietspekulationen, prekäre Arbeitsverhältnisse und andere soziale Missstände an.

Etwa zur gleichen Zeit organisierten einige sehr engagierte Fans in verschiedenen Städten Proteste gegen die Absetzung ihrer Serie. Wir fühlten uns geehrt. Wenn ich auf die Straße ging, wurde ich wieder häufiger angesprochen: „Mensch, Moritz, das gibt es doch nicht, wie kann man die Lindenstraße nur absetzen? Sie ist doch eine Institution! Was denkt sich die ARD nur dabei?"

Interessanterweise machte das allgemeine Unverständnis nicht bei den eingefleischten Fans halt. Auch viele, die sonntags schon lange nicht mehr einschalteten, konnten es nicht fassen. Und sogar Menschen, die keine einzige Folge gesehen hatten, fragten mich ein ums andere Mal, wie es dazu kommen konnte.

Die Frage stellte sich uns natürlich auch. Zunächst wurde in der Öffentlichkeit seitens des Senders die Haltung vertreten, dass die Lindenstraße zu teuer sei und zu wenig Zuschauer habe. Nun lagen wir aber noch immer im Senderschnitt und hatten gerade 2017 und 2018 leichte Zuwächse zu verzeichnen. Als einige Journalisten dies monierten, änderte sich die Begründung. Die Serie verkörpere inhaltlich nicht mehr das, was die ARD sich vorstelle. Im Zuge des Vormarsches der Populisten, der Klimadebatte und des Zerfaserns des Zusammenhaltes der Gesellschaft nicht ganz nachvollziehbar und eine vertane Chance, wie ich finde. Man hätte die Lindenstraße wieder zur alten Bissigkeit zurückführen können. Das könnten wir heute gut brauchen.

Ich würde mir wünschen, dass andere fiktionale Fernsehformate den aufklärenden und kommentierenden Grundgedanken der Lindenstraße aufgreifen und daran arbeiten, die Welt mit Unterhaltung ein kleines bisschen besser zu machen. Diesen Anspruch dürfen wir als Bürger an die öffentlich-rechtlichen Medien ruhig stellen. Gut recherchierte Nachrichten, Satire und seriöse Einordnung der aktuellen Geschehnisse in Talk- und Dokumentationsformaten können das nicht alleine leisten. Ich bin froh und stolz, dass ich Teil eines gelungenen Versuches sein durfte, Unterhaltung und Verantwortung im Fernsehen zu kombinieren.

Was bleibt, ist die Erkenntnis, dass wohl das föderale Entscheidungssystem der ARD die Lindenstraße ihren Sendeplatz gekostet hat. Bei der entscheidenden Sitzung war die Mehrzahl der sieben Intendanten der Sendeanstalten eben gegen eine Fortführung. Deswegen lassen sich die oft gestellten Fragen „Wer ist schuld?" oder „An wen kann man sich denn wenden?" auch nicht wirklich beantworten.

Außerdem ist die Lindenstraße recht starr in ihrer Ausrichtung. Wegen des Tagesbezugs kann man uns schlecht verschieben, wenn am Sonntag Sport oder aktuelles Tagesgeschehen wie Wahlen das Programm durcheinanderwirbeln. Sonst wäre in der Lindenstraße Ostern bald Pfingsten, und Weihnachten wäre rund um Karneval. Bereits seit Jahren haben wir für bestimmte Sonntage keine Folgen mehr produziert, oder wir wurden kurzfristig verschoben. Zunächst zeitlich, dann in den Spartenkanal ONE. Wir passen also einfach nicht mehr ins Programm. Das mag schade sein, ist aber der Lauf der Dinge.

Die Klagen der Mitarbeiter wurden später im Jahr verloren. Und natürlich sorgte die Situation für Unmut im Team und seitens der Produktion. Dem allgemeinen Zusammenhalt, der uns immer ausgemacht hatte, tat es aber keinen Abbruch. Im Gegenteil. Das Wir-Gefühl nahm eher noch zu. Auch und gerade weil wir alle wussten, dass der Jobverlust zwar nicht schön war, aber für die meisten doch auf Dauer ein lösbares Problem darstellte. Der anstehende Verlust der vielen Freundschaften, die wohl zwangsläufig nicht mehr so eng sein würden, wenn man sich weniger sah, wog bei vielen schwerer. Und so entschlossen wir uns, Termine festzulegen, an denen wir Lindensträßler in Zukunft zusammenkommen könnten, auch ohne zusammen zu arbeiten. Wir würden den gemeinsamen Weihnachtsmarktbesuch, den wir seit einigen Jahren etabliert hatten, beibehalten, und auch ein offenes Sommerfest sollte es in Zukunft geben, das es allen ermöglichen würde, die langjährigen Kollegen wiederzusehen, die, in alle Winde zerstreut, woanders ihrer Arbeit nachgingen.

Kurz vor der letzten Sommerpause, für Regisseur Dominikus und sein Team hatte die Kapelle da bereits vor einigen Wochen aufgehört zu spielen, saßen wir schließlich tatsächlich allabendlich im Innenhof. Langsam wurde es ernst. Denn auch die dritte Staffel des Jahres stand kurz vor dem Abschluss. Mit ihrem Ende würden sich auch Regisseur Iain Dilthey und sein Kreativstab verabschieden, um letztmals an ein neues Regie-Team zu übergeben. In der finalen Staffel würden dann auch die großen Dauerrollen das Spielfeld verlassen. Schon bald stand der Tod von Dr. Dressler an. Jedem war klar, dass der Ausstieg von Ludwig Haas uns allen endgültig das Ende unserer gemeinsamen Zeit vor Augen führen würde. Das Sommerfest geriet zu einer Mischung aus Wehmut und Trotz. Jetzt erst recht, dachten wir uns.

Einen Tag später wollte ich los, ab in die Berge. Vier Wochen Alpenüberquerung hatte ich mir auf die Fahnen geschrieben: tolles Panorama, etwas Sport und vor allem viel Einsamkeit und Zeit für mich. Das sollte mich auf die kommenden Monate vorbereiten, Kraft tanken lassen und mir gleichzeitig die Gelegenheit geben, in mich zu gehen und endlich mit mir selbst auszumachen, welchen Weg ich nach der Lindenstraße einschlagen würde. So traurig und beängstigend es für mich war, meine berufliche Heimat zu verlieren, so klar war mir inzwischen auch, dass ich viel gewonnen hatte.

Der sichere Hafen war auch ein Mühlstein, der mich stets auf der Stelle hielt. Ich hatte für die Lindenstraße mein

Studium abgebrochen, um bleiben zu können, meine Karriere als Regieassistent und eine Tätigkeit als Regisseur ebenso hintangestellt wir, andere Rollen, Theater und die Arbeit an eigenen Projekten. Ich hatte mir nie die Haare so geschnitten, wie ich es gerade wollte, meine Urlaube schon als Kind so geplant, dass sie in den Drehplan passten, und ich war nicht aus Köln weggezogen, um als junger Mann in der Ferne mein Glück zu suchen. All das würde ich nun nachholen können. Ein Träumchen. Aber wie das alles unter einen Hut bringen? Wo lagen meine Hauptinteressen? Das wollte ich für mich in der Einsamkeit der Natur klären.

Stattdessen legte ich mich, noch bevor ich die Reise antreten konnte, mit meinem Liegefahrrad heftig auf die Nase und brach mir das rechte Bein gleich doppelt. Statt den Wind des Hochgebirges in den nur noch spärlich vorhandenen Haaren zu spüren, verbrachte ich den Sommer auf dem Sofa und war froh, wenn ich es bis zur Küche schaffte.

Es war frustrierend. Nicht im Ansatz erholt, geschweige denn mit mir selbst im Reinen, trat ich nach der Sommerpause zum ersten Dreh der vorletzten Staffel an. Ich war noch immer auf Krücken und, sehr zu meinem Leidwesen, um einige Kilos schwerer.

Noch immer trafen wir uns abends im Innenhof, als wollten wir jede Minute festhalten, die uns noch blieb. Mittlerweile aber hatten wir alle genug vom sich ewig hinziehenden Abschied. So langsam könnte der finale Drehtag dann auch mal kommen.

Im Oktober stand der letzte Silvesterdreh an. Wie es seit einigen Jahren üblich war, waren die rund 200 Komparsenrollen an eingefleischte Fans verlost worden. Diesmal war der Andrang besonders groß, denn alle wussten, dass dieser Dreh der letzte seiner Art sein würde. Auch viele ehemalige Teammitglieder und Angehörige nutzten die Gelegenheit, mit uns im obligatorischen Chaos des Silvesterdrehs Abschied zu nehmen von der schönen Zeit im fiktiven München des Kölner Westens. Sogar meine Bine war mit einer gemeinsamen Freundin gekommen.

Es regnete Bindfäden, die Massen an Leuten, der Zeitdruck, alles wie immer – nur die Stimmung war in diesem Jahr anders als sonst. Gemeinsam zählten wir gefühlte hundert Mal frenetisch das Jahr 2020 an, das uns allen die Lindenstraße entreißen würde. Plötzlich schien der lange Tag viel zu kurz, der Regen nicht zu stark, das Chaos nicht so groß. Allen Anwesenden war klar, dass dies ein besonderer Moment war. Über Jahrzehnte war der Silvesterdreh der Höhepunkt des Produktionsjahres gewesen. Absagen galt nicht, Sperrtermine Fehlanzeige. Krank wurde man an diesen Tagen ebenfalls nicht. Hier trafen sich alle zum Stelldichein.

Als die letzte Einstellung dieses Tages angesagt wurde, sah ich so manche Träne, die schnell verdrückt wurde. Vor der Kamera würden wir alle gemeinsam, aktuelle und ehemalige Kollegen, Freunde und Fans, das neue Jahr fröhlich begrüßen.

Im Anschluss an den langen, nassen Dreh saßen viele von uns bis in die Morgenstunden im Innenhof der Produktion beisammen. Bereits seit der Bekanntgabe des Endes nahm sowohl die Häufigkeit als auch die Intensität solcher feierabendlichen Zusammenkünfte wieder zu. Je näher wir dem finalen Drehtag kamen, desto deutlicher wurde uns allen, wir sehr wir die gemeinsame Zeit vermissen würden. Viele Freunde, Bekannte und Kollegen, die man wie selbstverständlich seit vielen Jahren, zum Teil seit Jahrzehnten, regelmäßig traf, ohne sich darüber je Gedanken machen zu müssen, würden nun bald aus unserem Alltag verschwinden.

„Wenn's nicht so traurig wäre, würde ich mir wünschen, heute wäre der letzte Tag, dieses schleichende Ende kann ich nicht mehr ertragen", sagte jemand in die Runde, als wir uns nach Drehschluss mitten in der Nacht im Hof zusammenfanden.

„Nein, ich bin doch gerade erst hier angekommen," schallte es von unserer Requisiteurin zurück, die erst im vergangenen Jahr zu uns gestoßen war. „Ich habe mich so an euch alle gewöhnt, ich fühle mich so wohl bei euch."

Ja, dachte ich mir. Das ist es. Egal, ob noch neu oder seit Jahrzehnten vor Ort. Das Team war wie eine Familie. Mit geliebten und weniger geliebten Mitgliedern, mit schrägen Vögeln, mit der stillen Nichte, die nie die Zähne auseinanderbekommt, und dem Onkel, der immer im Mittelpunkt stehen muss. Mit kleinen und großen Streitigkeiten. Mit allem, was dazugehört. Eine Familie, die ich unglaublich vermissen werde.

An einem typischen grauen Novembermorgen erhielt ich die letzten Drehbücher per Post. Aus nostalgischen Gründen hatte ich sie mir erstmals seit Jahren auf diesem Wege schicken lassen und nicht digital empfangen. Fieberhaft nahm ich die zehn Bücher zur Hand. Ich wollte endlich wissen, wie es enden würde, das hatten nämlich selbst wir bis dahin nicht in Erfahrung bringen können. Würde noch jemand sterben, würde es noch eine Trennung oder ein neues Paar geben? Und, auch nicht ganz unwichtig für mich, was würde aus Klaus werden? Insgeheim wünschte ich mir innig, auch in der letzten Folge dabei sein zu dürfen. Immerhin war ich auch in der ersten schon dabei gewesen, es hätte mich doch sehr traurig gestimmt, den Abschluss nicht zu erleben.

Ich war so ungeduldig, dass ich das letzte Buch noch im Stehen hochnahm. Vorsichtig blätterte ich auf die erste Seite, auf der die Rollen gelistet sind, die im Buch vorkommen. Und da stand es: Klaus.

„Bine", rief ich aufgeregt. „Ich bin drin! Tatsächlich!"

Sogar zu ein, zwei Tanzschritten im Wohnzimmer ließ ich mich hinreißen. Sabine, die inzwischen aus dem Schlafzimmer heruntergekommen war, schaute mich fragend an.

„Na, in der letzte Folge", erklärte ich. „Ha! Na also. Immerhin!"

Es war mir nicht bewusst gewesen, wie wichtig mir das war. Schnell schlug ich die letzte Szene auf. Was würde der letzte Satz sein? Wie würde die Lindenstraße enden?

Als ich die letzten Seiten einige Male durchgelesen hatte, atmete ich durch, gab Bine einen Kuss, brühte einen Kaffee und setzte mich warm eingemummelt in den Garten, um die Lektüre von vorn zu beginnen.

So erfuhr ich, dass mein Klaus fast noch seine Mutter verlieren, sich von seiner Frau trennen und zu „seiner" Nina zurückkehren würde, um mit ihr ein leider nur allzu relevantes Thema zu behandeln: Rechtsradikalismus im Polizeiapparat.

Ich las von Helgas Traum, in dem sie all die ehemaligen, verstorbenen Rollen wiedersehen würde: Hans, Benny, Erich, Benno, Olli, Mattias, Maja ...

Und mir fiel auf, dass viele fehlten: Berta, Eva, Else, Egon, Enrico. Sie konnten nicht erscheinen, denn nicht nur ihre Rollen, sondern auch sie selbst waren mit den Jahren verstorben.

Die Feier zu unserem 25-jährigen Jubiläum kam mir wieder in den Sinn. Dort wurde für einige Sekunden ein Bild von jedem verstorbenen Kollegen aus Cast und Team auf eine Leinwand projiziert. Eine schöne Idee, auch wenn es vielen von uns so naheging, dass wir erst mal keine Lust mehr hatten, zu feiern. Es dauerte damals schon mehr als eine Viertelstunde, bis wir alle gesehen hatten. Wie lange es wohl heute dauern würde, weitere zehn Jahre später?

In solchen Momenten wird einem klar, wie lang vierunddreißig Jahre eigentlich sind. Ein halbes Leben. Fast ein ganzes Berufsleben.

Regisseurin Esti Amrami drehte die ersten Folgen der letzten Staffel. Noch einmal Luftholen, bevor es dann mit Herwig Fischer ans Eingemachte gehen sollte. Je näher das Ende nun rückte, desto häufiger sah ich mich im Team, im Freundeskreis, aber auch in der Öffentlichkeit mit der Frage konfrontiert, wie es mir denn mit der Situation ginge und wie es sich nach der Lindenstraße für mich anfühlen würde. Ich konnte nur mit den Achseln zucken und ratlos aus der Wäsche schauen. Dies war für mich ebenso wenig zu beantworten wie die in all den Jahren immer wieder formulierte Frage, was denn aus mir geworden wäre, wenn ich nicht mit der Lindenstraße angefangen hätte.

Aber wie soll ich hierfür eine Antwort finden? Ich kann mich nicht daran erinnern, wie mein Leben vor der Lindenstraße war. Wie also soll ich wissen, wie es sich ohne sie anfühlt? Sie ist ein Teil von mir, der nicht wegzudenken ist, auch jetzt noch, während ich hier sitze und diese Zeilen schreibe und das Drehende bereits hinter uns liegt.

Die Erste, die mir aus der Seele sprach, war die kleine – inzwischen nicht mehr ganz so kleine – Katharina Witza, die Antonia Zenker spielte. Sie ist nun sechzehn und hat als kleines Mädchen bei uns angefangen. Obwohl sie noch zur Schule geht und ihr gesamtes Berufsleben vor sich hat, war sie ratlos, wie es weitergehen soll.

„Das hier ist doch mein Zuhause, Moritz", sagte sie, und ich war ebenso untröstlich wie sie.

„Ich weiß, es geht weiter, aber ich weiß nicht, wie ich mich fühlen soll. Es ist einfach leer. Ich kenne ein Leben ohne euch alle doch gar nicht!"

Anna Sophia Claus, die mit vier Jahren anfing, die Rolle der Lea Starck zu spielen und nun eine wundervolle Mittzwanzigerin ist, äußerte sich ganz ähnlich. Wie ich oder Katharina hat sie im Team der Lindenstraße fast ihr ganzes bisheriges Leben verbracht. Wir wurden hier aufgefangen, wenn wir mal Liebeskummer hatten oder Ärger, Freunde und Kollegen freuten sich mit uns über den Schulabschluss, trauerten mit uns über Todesfälle in der Familie, nahmen uns in den Arm, wenn das Leben hart war. Nach Sontje Peplows letztem Drehtag als Lisa Dagdelen erinnerte ich mich mit ihr an unsere gemeinsamen Erlebnisse als Kinder und Jugendliche. Dass wir nach einem PR-Termin im Teambus mal Händchen gehalten hatten.

„Ich habe mich damals echt in dich verguckt," gestand sie mir.

„Oh, das ging mir ganz genauso", gab ich zu und verdrückte ein kleines Tränchen der Rührung.

„Ob das wohl was geworden wäre mit uns, wenn wir den Mund aufgemacht hätten?", fügte ich hinzu. Dann mussten wir beide lachen. Wir waren damals zehn und zwölf Jahre alt.

Cosima Viola hielt am letzten Drehtag eine Abschlussrede, die klar umriss, dass die Lindenstraße für uns mehr war als ein Arbeitsplatz, den man mögen kann oder auch nicht.

„Egal wie es mir ging", sagte sie, „hier war die Welt eine andere. Hier war ein Rückzugsort, an dem ich immer sein konnte, wie ich bin. Dank euch."

„Ja!", wollte ich rufen. „Genau so ist es!"

Und wir sind so viele, die hier als Kinder oder Jugendliche angefangen haben. Sibylle Waury war 15, Rebecca Simoneit Barum zwölf, Willi Herren 15, Trixi Janson sechs, Sarah Turchetto 13, Julia Stark drei, Philipp Neubauer 16, Moritz Zielke 17, Ole Dahl zehn, Johan zehn. Und natürlich der Rekordhalter, Jan Grünig, der mit vier Monaten anfing. Die Liste der Kinder der Lindenstraße ist lang. Die Serie hat unser Leben in einer Lebensphase bestimmt, die prägender ist als jede andere. Und alle, mit denen ich gesprochen habe, äußerten sich ähnlich. Egal, ob sie inzwischen fast fünfzig oder noch Teenager sind. Dass wir alle uns bei der Lindenstraße so wohlgefühlt haben, sagt einiges über diesen Laden aus, den wir nun abgeschlossen haben. Und es ist schön zu sehen, was für feine Menschen sie alle geworden sind.

Inzwischen häuften sich die Presseanfragen. Da es das Studio bald nicht mehr geben würde, wollten alle noch mal hin und den einen oder anderen O-Ton aufnehmen, den Dreh beobachten oder auch mitmachen, um darüber zu berichten.

„Würdest du am 20.12. zu Bettina Böttinger in den Kölner Treff gehen?", wollte unsere Pressechefin von mir wissen. „Du müsstest um 17:30 Uhr dort sein. Der WDR wünscht sich, Marie-Luise und dich im Studio zu haben!"

Das war der letzte Drehtag. Wir hatten für ihn noch keinen Plan, aber ich wusste schon, wo ich um 17:30 sein würde. Im Studio, bei unserem Team, in meiner Lindenstraße. Die letzte Klappe würde ich mir nicht entgehen lassen.

„Auf keinen Fall!", sagte ich.

Als der letzte Drehplan dann zwei Tage vor Drehbeginn endlich vorlag, schaute ich als Erstes, wann ich meinen letzten Tag haben würde. Als ich ihn fand, rutschte mir das Herz in die Hose: letzter Tag, letzte Szene. Ein kurzer Dialog zwischen Klaus und Mila würde es sein.

Im Ernst? Die letzte Szene? Das schaffe ich nicht!, dachte ich eine schlaflose Nacht lang. Doch am Morgen schon fand ich die Vorstellung, den Laden buchstäblich zuzumachen, wirklich schön. Ob ich die Szene reißen würde oder gefasst zu Ende drehen, vermochte ich nicht abzuschätzen. Ich bin wirklich nah am Wasser gebaut, vor allem wenn es rührig wird. Aber ich empfand es als große Ehre, diesen Moment zu bekommen. Ich würde mich schon irgendwie zusammen-reißen. Hoffentlich.

An den letzten zehn Drehtagen war das Set dann für die Presse gesperrt. Immerhin wurden nun fast täglich Kollegen verabschiedet, das Drehen wurde zunehmend schwerer. Alle wurden etwas dünnhäutiger, und jeder von uns war froh, etwas Ruhe zu haben vom Rummel.

Abschied folgte auf Abschied. Rolle XY ist abgedreht, rief die Regie in die Runde, das Team kam zusammen, eine kleine Rede seitens der Regie, der Produktion und des Senders wurde gehalten. Die Schauspielerin oder der Schauspieler antworteten ebenfalls mit einer Rede, der eine oder andere Kollege sagte ein paar Worte. Und dann, wenn alles gesagt war, ging es weiter mit der nächsten Szene und bald auch mit dem nächsten Abschied.

Besonders hart war der Dreh einer Sequenz der letzten Folge, in der Rolle für Rolle an Klaus vorbei ins Akropolis geht. Einer nach dem anderen verschwand und ward in der Lindenstraße damit nicht mehr gesehen. Eine letzte Szene nach der anderen. Fließband in den Serienhimmel. Am Ende des Drehtages war ich fix und fertig.

Kurz darauf kam erneut die Anfrage, ob ich am letzten Drehtag zum Kölner Treff gehen könnte, gerne auch nur kurz. Ich könne ja nach der letzten Klappe rüber für einen kurzen Auftritt und danach gemeinsam mit Marie-Luise zurück ins Lindenstraßenstudio. Dazu muss man wissen, dass sich das Studio des Kölner Treffs auch auf dem Gelände in Köln-Bocklemünd befindet, genau gegenüber dem unsrigen.

Ich ließ mich also breitschlagen. Und hatte schon kurz darauf ein mulmiges Gefühl. Eben noch war ich mir nicht sicher, ob ich meine letzte Szene ohne Tränen würde drehen können. Und nun sollte ich gleich im Anschluss, während unser Team schon gegen das Ende anfeierte, einigermaßen Haltung bewahren und mich in der Öffentlichkeit präsentieren? Aber nun, es war zu spät. Ich hatte zugesagt.

„Noch drei und der Rest von heute!", wurde ich begrüßt, als ich am Dienstag, den 17. Dezember am Set erschien.

„Noch zwei und der Rest von heute!", antwortete ich. „Ich drehe am Donnerstag nicht."

Mit dem Herunterzählen hatte ich begonnen, als ich noch zehn Drehtage vor mir hatte. *Noch vier und der Rest von heute* war eigentlich ein Witz gewesen, der sich im Team etabliert hatte, um montags darauf hinzuweisen, dass es nicht mehr lang sei bis zum ersehnten Wochenende. Aus irgendeinem Grund fand ich es tröstlich, meine letzten Drehtage damit zu beginnen.

Die meisten Schauspieler hatten sich schon verabschiedet und würden erst am Freitag zum Abschlussfest wiederkommen. Einige Drehs standen aber noch auf dem Zettel.

Dienstag: Abschied von Nina, Iffi, Lea.

Mittwoch: Abschied von Gabi.

Donnerstag: Abschied von Carsten, Lisa, Murat und Paul.

Und dann war er also da, der letzte Drehtag. Für mich und für die Lindenstraße. Zunächst mal drehten Marie-Luise, die Mutter der Nation, meine Filmmama und schillernde Frontfrau unseres Formates und, wie sollte es anders sein, ihre Gegenspielerin, Irene Fischer alias Anna Ziegler, ihre letzten Szenen und bekamen zu Mittag ihren wohlverdienten Applaus. Zu diesem Zeitpunkt war das Studio bereits voller denn je. Viele Kollegen waren früher angereist, um die beiden zu verabschieden. Und auch viele Ehemalige kamen, um dabei zu sein, wenn ihre Lindenstraße endete. Am Vormittag noch traf ich im Gang auf Helga, unsere erste Cutterin, die inzwischen achtzig Jahre alt war. Ich wollte sie gerade herzlich in den Arm nehmen, da dröhnte Hans Geißendörfers Stimme um die Ecke: „Helga, Liebes, was machst du denn hier?"

„Na, am 11. September 1985 um 10:30 Uhr war ich hier und habe den Laden mit dir aufgemacht", sagte sie. „Da muss ich doch auch heute hier sein und ihn mit dir zumachen!"

Es war ein großes Hallo. Später drückte mir Helga noch ein Foto in die Hand, das sie auf unserer allerersten Staffelabschlussfeier gemacht hatte. Ich tanze zwischen Christine, meiner Kinderbetreuerin und Hans Geißendörfer. Sie hatte einen ganzen Stapel weiterer Fotos aus den Anfangsjahren dabei. Gerührt schaute ich sie mit ihr durch, ließ mir die Namen zu einigen Gesichtern sagen, die ich noch kannte, aber nicht mehr zuordnen konnte, und hörte mir Geschichten aus dem ersten Drehjahr an. Sie erzählte zum Beispiel, dass sie bei meinem Casting dabei gewesen war – woran ich mich beim besten Willen nicht erinnern konnte. Dass ich als kleiner Junge auf die Bühne gerannt war, um heftig zu protestieren, als Helga vor mehr als 30 Jahren ihren Abschied nahm, wusste ich hingegen noch.

Und nun also standen so viele andere Abschiede an. Thorsten Nindel, den guten Zorro, rannte ich fast über den Haufen, als ich zurück ins Studio eilte, um Amorn, unseren Gung, zu verabschieden. Und dann kam Cosima alias Jack. Sie hielt besagte bewegende Rede, die mir so aus dem Herzen sprach.

Dann stand die letzte Szene mit Dunja an, die Klaus' dritte Frau Nayla spielte, und gleich noch ein Abschied. Inzwischen hingen wir wie die Glocken, wie es Wolfgang Grönebaum alias Egon Kling mal so treffend ausdrückte. Marianne Rogeé, die Isolde spielte, hätte wohl ausgerufen: „Kinder, macht voran, sonst bin ich zu alt für die Rolle!"

Dann war es 17:00 Uhr. Im Studio nebenan begann nun die Voraufzeichnung für den Kölner Treff, aber ich musste auf mich warten lassen. Eine letzte Szene stand noch auf dem Plan: Mila und Klaus. Und an einem solchen Tag kann man nicht hetzen.

So, liebe Kollegen, weiter geht es mit einer Probe zum letzten Bild der Lindenstraße, dazu bitte Trixi, Moritz, Regie und das Team ans Set in Halle 1!", hallte es durch die kleinen Funkgeräte, die überall in den Räumlichkeiten verteilt standen. Unsere Durchsagenanlage hatte vor wenigen Tagen den Geist aufgegeben und wurde nicht mehr repariert. Das erste Bier öffnete sich, und als ich kurz vor dem Dreh noch eine kleine Frage an die Requisite hatte, blickte ich auf Tränen in den Augen meiner lieben Kollegen.

Das Studio war mittlerweile gerammelt voll. Den ganzen Tag über waren immer mehr ehemalige Kollegen gekommen, und auch die Büros waren nun leer.

„Seid doch alle mal bitte leise", rief Rene, unser Set-Aufnahmeleiter. Die letzte Klappe wurde von Hana Geißendörfer geschlagen und von der ganzen Tonabteilung gemeinsam über die Studiodecke angesagt. Dann war ich dran.

„Liebe Helga, liebe Mum, heute feierst du deinen achtzigsten Geburtstag …", sprach Klaus. Der Rest der Szene war schneller vorbei, als ich gucken konnte.

„Danke, aus. Damit ist die Lindenstraße abgedreht! Danke euch allen …", begann Herwig, und der Rest seiner Ansage ging im tosenden Applaus unter. Noch während der ersten Dankesworte von Hans Geißendörfer an sein Team rannte ich im Kostüm rüber ins Studio des Kölner Treffs, wo Marie-Luise schon mit Bettina Böttinger über die letzten Drehtage sprach. Hastig gesellte ich mich dazu. Keine Zeit für Rührseligkeiten, zehn Minuten Gespräch, und das war es. Auf dem Weg zurück in unser eigenes Studio mussten Marie-Luise und ich kurz innehalten. Lange drückte ich

meine Filmmutter, dann gingen wir Hand in Hand hinein zu
den anderen, damit auch Helga und Klausi beim Abschied
dabei sein konnten.

AUF WIEDERSEHEN

Für mich war die Zeit in der Lindenstraße ein unglaubliches Abenteuer und eine große Ehre. Ich werde sie sehr vermissen und musste mich ziemlich am Riemen reißen, um das letzte Kapitel schreiben zu können. Ich bin, wie erwähnt, sehr nah am Wasser gebaut. Noch immer ist es in meinem Kopf nicht ganz angekommen, dass dieses Leben nun vorbei sein soll. Aber ich freue mich auf das, was da kommt.

Dass ich etwas zu vermissen habe, liegt vor allem an jedem einzelnen Lindensträßler. Ihr wart es, die die Lindenstraße stets zu einem guten Ort gemacht haben. Joris Gratwohl sagte in seiner Abschiedsrede, sein Vater habe ihm geraten, schlechten Menschen immer aus dem Weg zu gegen. Das sei der Grund, warum er der Lindenstraße so lange die Treue gehalten habe. Dem ist wirklich nichts hinzuzufügen.

Bleibt noch, den treuen Zuschauern zu danken, die uns in ihr Herz geschlossen und über drei Jahrzehnte die Treue gehalten haben. Und von denen uns viele als Familienmitglieder ansehen und behandeln, wenn sie uns Schauspielern über den Weg laufen. Der Respekt und die Zuneigung, die uns entgegengebracht wurden und werden, sind einzigartig. Danke.

NACHTRAG

Auf der finalen Abschlussfeier am 20.12.2019 gegen 22 Uhr lief ein All-Time-Klappenfilm. Und darin lief auch, wie sollte es anders sein, die Szene aus Jahr eins, in der ich das Wort Tachometer nicht kannte und daher meinen Text vorlesen sollte. Tatsächlich lese ich dort das Wort „Geschwindigkeitsmesser!". Auf Nachfrage bei Cutterin Helga, die damals schon dabei gewesen war, stellte sich heraus, dass Hans Geißendörfer, Regieassistentin Anke und sie erst versucht hatten, mich mit dieser Änderung in die Lage zu versetzen, meinen Text zu sprechen. Erst als das kläglich scheiterte, kamen sie auf die grandiose Idee, mich ablesen zu lassen.

echtEMF ist eine Marke der Edition Michael Fischer

1. Auflage
Originalausgabe
© 2020 Edition Michael Fischer GmbH, Donnersbergstr. 7, 86859 Igling
Covergestaltung: Michaela Zander
Umschlagfotos: © Enno Kapitza
Bildteil: © WDR/Lindenstraße, Fotografen: Kevin Benjamin, Peter W. Engelmeier,
Edgar Gerhards, Thomas Kost, Harald Köster, Diane Krüger, Mara Lukaschek,
Steven Mahner, Martin Menke, Michael Palm, Thomas Rabsch, Eckbert Reinhard,
Dietmar Seip, Gudrun Stockinger
Layout/Satz: Michaela Zander
Gedruckt bei GGP Media GmbH, Karl-Marx-Straße 24, 07381 Pößneck

ISBN 978-3-96093-738-8

www.emf-verlag.de